PURE NARD

PURE  NARD

성령님을
아는
놀라운
지식

성령님을 아는 놀라운 지식

허 철 지음

PURE NARD

목차

서문 8

1. 성령을 아는 것은 필수적이고 가장 중요합니다. 11
2. 성경에서 성령의 의미와 누구에게 임하였는가? 16
3. 성령의 이름은 어떤 것들이 있는가? 31
4. 성령님의 실체는 어떤 분이신가? 41
5. 성령님을 진정으로 사랑하고 존귀히 여겨야 합니다. 66
6. 성령님은 직분을 가지고 놀라운 사역을 하십니다. 77
7. 성령님의 상징들을 통해 성령님을 더 알 수 있습니다. 106
8. 성령의 은사를 사모하여 받아 사용하여야 합니다. 120
9. 성령의 9가지 열매를 맺혀야 합니다. 198
10. 성령의 아홉 번째 열매는 절제입니다. 258
11. 성령의 임재하심 체험이 있어야 합니다. 262
12. 성령 세례를 받아야 합니다. 269
13. 성령 충만을 받아야 합니다. 282
14. 성령을 좇아 행하여야 합니다. 295
15. 오늘날 성령의 부어 주심을 받아야 합니다. 308
16. 성령님과 친밀함을 누려야 합니다. 313

서문

　나의 간절한 소망은 삼위 일체 하나님을 깊이 아는 지식입니다. 하나님을 아는 지식이 사람에게는 가장 중요하기 때문입니다. 하나님을 모르는 사람이 가장 무지하고 불쌍한 사람입니다. 그리고 하나님을 안다고 믿고 있는 사람들 중에도 하나님을 바르게 알고 믿는 사람들이 그리 많지 않음을 경험하게 됩니다. 사실 저 자신도 예전에는 하나님을 안다고 하였어도 '하나님이 어떤 분이신가?' 라는 질문에 몇 가지밖에 대답할 것이 없었습니다. 그러나 제가 성령을 체험하고 난 후부터 성경 속에서 계시한 하나님을 더 알고 더 깊이 아는 삶을 살고자 하는 갈망이 있었습니다. 이러한 갈망으로 인해 하나님이 어떤 분이신가에 초점을 맞추고 성경을 보게 되었고 하나님을 아는 지식에 대해 기술된 내용의 책들이 있으면 더 관심을 기울여 보았습니다. 그러한 결과 '하나님 아버지를 아는 지식' 과 '예수님을 아는 가장 고귀한 지식' 이라는 제목으로 정리해 보았습니다. 그런 상황 속에서도 저의 마음중심에 항상 하나의 아쉬움과 갈망함이 남아있었습니다.

　그것은 '성령 하나님을 아는 놀라운 지식' 에 관한 것도 함께 정리하고픈 마음이었습니다. 그러나 '성령 하나님을 아는 놀라운 지식' 에 관한 책을 쓸 수 없었습니다. 생각은 있으나 몸과 마음과 영이 함께 하지 않고 정리하는 것에 대한 어려움과 지혜가 떠오르지 않았습니다. 그럼에도 불구하고 항상 마음에는 '성령 하나님을 아는 지식' 을 정리 해야겠다는 마음이 떠나지 않았습니다.

　이런 가운데 어느 날 이른 아침 잠자리에서 '성령 하나님을 아는 지식' 을 정리해야겠다는 마음과 어떤 방식으로 정리할 것인가 하는 아이디어가 떠오르게 되었습니다. 그리고 그동안 성령님에 대한 자료가 어디에 있는가를 알려 주셨고 나는 곧바로 목양실로 가서 성령님에 관한 자료를 여러 곳에서 발견하였습니다. 나는 더 이상 지체하지 않고 작업을 시작하였습니다. 잠자는 시간을 제외한 3일간의 작업을 통해 정리와 편집 그리고 보충 작업을 마치게 되었습니다. 이런 작업을 마친 후에 아는 분에게 윤문과 교정을 맡겼는데 그 기간이 수개월이 지난 후에도 연기되고 지체되어 나오지 못했습니다. 그래서 더 이상 미룰 수 없어 다시 시작하여 뒤 늦게나마 책으로 나오게 되었습니다.

한 가지 독자 여러분들에게 죄송한 것은 책을 인용한 것을 일일이 소개하지 못한 것입니다. 이 내용들이 어떤 것들은 설교로, 어떤 것은 연구한 것들이 같이 합하여 짐으로 통일을 기하려고 책들에 주를 달지 못했습니다. 널리 양해하시고 읽어 주시기를 바랍니다.

'성령님을 아는 놀라운 지식'이 출판되게 된 것은 첫째로 전적으로 하나님의 인도하심과 전적인 은혜입니다. 두 번째는 저의 간절한 마음의 소망에 대한 하나님의 응답입니다. 세 번째는 많은 믿음의 선진들의 성령님에 대한 지식을 가르침에 도움을 받은 것입니다. 네 번째는 특별하신 은총으로 하나님께 영광을 돌릴 수 있도록 하기 위함입니다.

저의 이런 소원을 아신 하나님께서 미쁘게 보아 주셔서 이 책을 출판케 해 주셨습니다. 이제 저의 간절한 소망은 나와 이 책을 읽는 많은 믿는 사람들이 성령 하나님을 더 깊이 알고 올바르게 아는 지식을 가지는 것입니다. 그리고 성령 하나님과 더 친밀하게 교제하고 임재 가운데 거하여 살뿐만 아니라 성령의 능력의 기름 부으심을 받아 능력의 복음을 전하고 승리하는 삶을 살기를 원합니다.

마지막으로 이 책이 출판되기까지 함께 해 주신 하나님께 영광을 돌립니다. 그리고 성령님에 대한 책들을 먼저 저술하여 도움을 주신 분들과 교정과 편집해 주신 분들에게 감사드립니다.

2006년 6월 15일
허 철 목사

1. 성령을 아는 것은 필수적이고 가장 중요합니다.

나는 놀라우신 성령님을 만나는 체험과 함께 성령의 능력을 체험하고 나서 가장 관심을 가진 것은 성령님을 바르게 알뿐만 아니라 다른 사람들에게 성령님을 소개하는 것이었습니다. 성령님에 대하여 더 알기 원하는 갈망 때문에 성경을 읽을 때 성령님에 대한 말씀만 나오면 그냥 넘어가지 않았습니다. 그리고 성령님을 더 사모하게 되고 사랑을 고백하게 되었습니다. 또한 그 이후로 성령님에 대하여 쓰인 책들은 나에게 중요한 관심이 되었고 여러 책들을 읽게 되었습니다.

우리는 성경에 기록된 성령님에 대한 말씀을 주의 깊게 보아 성령님을 바로 알고 임재를 체험하며 살아야 합니다. 토머스 아놀드(Thomas Arnold)는 "성령 하나님을 모르는 사람은 하나님을 전혀 알 수 없다."라는 의미 깊은 말을 하였습니다.

우리는 하나님 아버지와 성자 예수님에 대해서 바르게 알뿐만 아니라 성령님에 대해서도 잘 알아야 합니다. 왜냐하면 그리스도인들이 삼위 일체 하나님 중에 성령님을 바로 알지 못한다면 영적 무지와 영적 무능력으로 승리하는 삶을 살 수 없기 때문입니다. 그러므로 우리는 성령을 받아야 될 뿐만 아니라 성경에 기록되어있는 성령에 관한 진리를 바르게 알아야 하겠습니다.

그리스도인이 성령님에 관하여 바로 아는 것은 필수적이고 가장 중요합니다.

많은 그리스도인이 성령님에 대하여 바르게 더 깊이 알지 못하거나, 성령을 받지 못하여 성령님을 사랑하지 않을뿐더러 무시하고 살아왔습니다. 그리고 더 나아가 성령님을 사모하거나 성령님을 알기 원하거나 능력을 받으려는 갈급함이 적었습니다. 어떤 교인들 중에는 성령님에 대하여 무지하거나 성령을 받지 못하여 신앙생활을 균형 있게 하지 못하거나 연약한 자로 살아가고 있음을 자주 보게 됩니다. 지금 우리 시대는 성령 하나님이 어느 때보다 자기를 계시하시고, 성령을 부어 주시고, 성령 안에 거하도록 하시고, 성령의 능력으로 복음을 전하게 하는 때입니다. 이런 영적인 계절에 우리는 성령님을 바르게 알고, 성령을 받아야 합니다. 그리고 성령님의 인도하심과 능력을 받아 복음을 증거하며 승리하는 그리스도인으로 살아가야 합니다.

바울이 에베소에 있는 소그룹의 제자들을 만나 "너희가 믿을 때에 성령을 받았느냐" 물었을 때 그들은 "우리는 성령의 있음도 듣지 못하였노라"고 대답하였습니다.

아볼로가 고린도에 있을 때에 바울이 윗지방으로 다녀 에베소에 와서 어떤 제자들을 만나 가로되 너희가 믿을 때에 성령을 받았느냐 가로되 아니라 우리는 성령이 있음도 듣지 못하였노라 바울이 가로되 그러면 너희가 무슨 세례를 받았느냐 대답하되 요한의 세례로다 바울이 가로되 요한이 회개의 세례를 베풀며 백성에게 말하되 내 뒤에 오시는 이를 믿으라 하였으니 이는 곧 예수라 하거늘 저희가 듣고 주 예수의 이름으로 세례를 받으니 바울이 그들에게 안수하매 성령이 그들에게 임하시므로 방언도 하고

예언도 하니 모두가 열 두 사람쯤 되니라(행 19:1-7)

바울이 에베소 교회를 세움으로써 복음 사업에 커다란 가능성을 보여 주었지만 그 가운데 많은 이들이 하나님을 위한 큰일들을 성취하기에는 너무나 무력하였습니다. 그 이유는 성령님이 있음을 듣지 못하였을 뿐만 아니라 성령을 받지도 못했기 때문입니다. 바울은 그들에게 성령을 받게 해 주었습니다.

영적 무기력함은 성령에 관해 알지 못했고 또 성령을 받지 못했기 때문입니다. 우리는 성경을 열심히 공부하고 또 거기서 성령님에 관해 가르치고 있는 바를 신실하게 믿으며 은혜 안에서 성장을 이루게 되어야 하나님의 군사로서 사명을 잘 감당 할 수 있습니다. 지금까지 전해 내려오는 유명한 격언이 있습니다. "만일 당신이 성경 없이 성령을 갖는다면 당신은 바람에 날리올 것이며 성령 없이 성경을 갖는다면 당신은 말라비틀어질 것이다. 그러나 성령과 말씀을 갖는다면 당신은 반드시 성장할 것이다."
 그리스도인들이 균형적인 신앙생활과 풍성한 열매 맺는 아름다운 삶을 영위해 나가려면 말씀과 성령님을 바로 알고 성령의 은사와 성령의 기름 부음의 권능을 받아야 합니다.

알 에이 토레이(R,A, Torrey) 목사님은 무엇보다도 먼저 성령님 그분 자신을 알아야 한다고 강조하였습니다. "성령님의 역사를 올바로 이해하려면 무엇보다도 먼저 성령님 그분 자신을 알아야 합니다. 성령님의 역사와 관련해서 흔히 발생케 되는 오류나 광신주의는 그분을 먼저 인격적으로 알지 못하고 단지 그분의 역사를 연구하고 이해하려는 시도에서 비롯된 것입니다."

잭 하일즈(Jack Hyles) 목사님은 '성령님을 영접하고 환영하며 친밀함을 누리는 것'을 이렇게 소개하였습니다. "그리스도를 영접할 때 그들의 몸은 성령님이 들어와 계시는 처소가 되었습니다. 그렇지만 그분을 인정하지 않습니다. 그분에게 말을 거는 일이 없습니다. 그들은 그리스도를 구주로 영접하였습니다. 그리스도께서 오실 때 성령님도 함께 오셨습니다. 그들 안에 내주하고 계십니다. 그렇지만 고백하지 못합니다. "성령님, 제가 그리스도를 영접한 것처럼 성령님을 영접합니다. 성령님도 이제 한 식구가 되셨습니다. 제가 주님을 그렇게 인정해 드리겠습니다." "성령님은 언제나 거기 계시면서 우리를 인도하시고 힘주시고 위로하실 준비를 하십니다. 우리가 그분을 영접해 줄 때를 기다리고 계십니다."

윌리엄 로우(William Law)는 '성령님의 조명'의 중요함을 가르쳐 주었습니다. "성령의 조명이 없으면 아무리 지혜롭고 교육을 많이 받은 사람에게도 하나님의 말씀은 죽은 문자에 불과할 것이다. 과거에 성령께서 성경 기자들에게 감동하셔야 하셨듯이 오늘날 성경을 읽는 사람들에게는 성령께서 성경의 진리를 조명해주시는 일이 필요하다."

앤드류 머레이(Andrew Murray)는 그의 책 "성령"에 다음과 같이 가르쳐 주었습니다. "성령께서 성부와 성자와 동등한 위치에 계신 분이지만 실상은 그렇게 인정되지 않는다는 것이 교회 안에서 일반적으로 묵인하고 있는 사실입니다. 사실 성부와 성자를 진정으로 모셔 들이고 인식하려면 성령 하나님의 인격을 통해야만 합니다. 또한 교회가 그 아름다움과 복됨을 유지할 수 있는 길도 오직 성령 안에서입니다."

많은 교인들이 성령님에 대하여 무지하거나, 성령님을 사모하지 않음으로 성령을 받지 못하는 가운데 살아가고 있습니다. 그 결과 성령의 능력을 받지 못하여 영적 자유와 성령의 임재의 능력을 체험하지 못함으로 무기력하게 살아갈 뿐만 아니라 다른 사람을 돕는 것을 힘들어 하고 있습니다.

스미스 위글스워스(Smith Wigglesworth) 목사님은 성령님의 임재하시는 것을 가장 값어치 있게 여겼습니다. "주님의 성령이 우리 위에 임하시는 것은 놀라운 일이다. 나는 백만 불을 받는 것보다 하나님의 성령이 내 위에 오 분 동안 임재하시는 더 것을 원한다."

그러므로 우리는 성령님을 바르게 아는 지식과 함께 더 성령님을 사모하여 성령을 받고 성령의 임재 안에 거하는 축복을 누려야 합니다. "성령님을 더 알게 하시고 더 부어 주옵소서!"

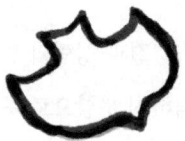

2. 성경에서 성령의 의미와 누구에게 임하였는가?

1) 구약에서의 성령은 "하나님의 영"으로 바람, 생기를 의미하였습니다.

구약성경에서 성령은 "영" 또는 "하나님의 영으로" 불렀습니다. 영어 단어 "영"은 항상 히브리 원어 "루아흐"(ruach)의 번역입니다. 바람, 입김, 생기 또는 영을 뜻합니다. 이 말이 뜻하는 것은 정확하고 뚜렷한 의미를 지니고 있는 영상단어입니다. 그것은 풍선을 불 때나 촛불을 끌 때나 경주할 때 거친 숨을 내쉬는 것처럼 숨을 불어내는 의미를 내포하고 있습니다.

에스겔 선지자는 성령을 "생기"라고 하였습니다.

여호와께서 권능으로 내게 임하시고 그 신으로 나를 데리고 가서 골짜기 가운데 두셨는데 거기 뼈가 가득하더라. 나를 그 뼈 사방으로 지나게 하시기로 본즉 그 골짜기 지면에 뼈가 심히 많고 아주 말랐더라. 그가 내게 이르시되 인자야 이 뼈들이 능히 살겠느냐 하시기로 내가 대답하되 주 여호와여 주께서 아시나이다. 또 내게 이르시되 너는 이 모든 뼈에게 대언하여 이르기를 너희 마른 뼈들아 여호와의 말씀을 들을지어다. 주 여호와께서 이 뼈들에게 말씀하시기를 내가 생기로 너희에게 들어가게 하리니 너희가 살리라 너희 위에 힘줄을 두고 살을 입히고 가죽으로 덮고 너희 속에 생기를 두리니 너희가 살리라 또 나를 여호와인 줄 알리라 하셨다 하라 이에 내가 명을 좇아 대언하니 대언할 때에 소리가 나고 움직이더니 이 뼈, 저 뼈가 들어맞아서 뼈들이 서로 연락하더라. 내가 또 보니 그 뼈에 힘줄이 생기고 살이 오르며 그 위에 가죽이 덮이나 그 속에 생기는 없더라. 또 내게 이르시되 인자야 너는 생기를 향하여 대언하라 생기에게 대언하여 이르기를 주 여호와의 말씀에 생기야 사방에서부터 와서 이 사망을 당한 자에게 불어서 살게 하라 하셨다 하라 이에 내가 그 명대로 대언 하였더니 생기가 그들에게 들어가매 그들이 곧 살아 일어나서 서는데 극히 큰 군대더라 또 내게 이르시되 인자야 이 뼈들은 이스라엘 온 족속이라 그들이 이르기를 우리의 뼈들이 말랐고 우리의 소망이 없어졌으니 우리는 다 멸절되었다 하느니라. 그러므로 너는 대언하여 그들에게 이르기를 주 여호와의 말씀에 내 백성들아 내가 너희 무덤을 열고 너희로 거기서 나오게 하고 이스라엘 땅으로 들어가게 하리라 내 백성들아 내가 너희 무덤을 열고 너희로 거기서 나오게 한즉 너희가 나를 여호와인 줄 알리라 내가 또 내 신을 너희 속에 두어 너희로 살게 하고 내가 또 너희를 너희 고토에 거하게 하리니 나 여호와가 이 일을 말하고 이룬 줄을 너희가 알리라 나 여호와의 말이니라 하셨다 하라(겔 37:1-14)

성령이 생기로 그들에게 들어가서 하나님의 큰 군대가 되게 하시고, 성령이 그 안에 거하고 살게 하였습니다.

2) 구약성경에서 성령이 영적 지도자들, 사사들, 선지자들에게 임하였습니다.

성령이 임하여 특별한 하나님의 도구로 쓰임 받은 대표적인 사람들은 다음과 같습니다.

모세: 모세는 이스라엘 안에서 하나님을 위한 주된 예언자요, 대언자입니다.

모세는 여호수아에게 **"여호와께서 그 신을 모든 백성에게 주사 다 선지자 되게 하시기를 원하노라"** (민 11:29)라고 말하였었습니다. 모든 사람이 그 위에 하나님의 영이 계속 머무는 선지자가 되어야 합니다. 모세는 선지자였으며 40년간 하나님의 영이 같이 하는 사람이었습니다.

여호수아: 여호수아는 모세의 후계자요, 이스라엘의 지도자입니다.

하나님의 영이 여호수아에게 임하였습니다. 모세를 감동시킨 영이 이제 여호수아를 인도하게 된 것입니다.

> 여호와께서 모세에게 이르시되 눈의 아들 여호수아는 신에 감동된 자니 너는 데려다가 그에게 안수하고(민 27:18)

> 모세가 눈의 아들 여호수아에게 안수하였으므로 그에게 지혜의 신이 충만하니 이스라엘 자손이 여호와께서 모세에게 명하신 대로 여호수아의 말을 순종하였더라(신 34:9)

기드온: 기드온은 이스라엘의 5대 사사로서 이스라엘 백성을 미디안으로부터 구원한 지도자입니다.

> 성령님이 기드온에게 강림하셨습니다. "여호와의 신이 기드온에게 강림하시니 기드온이 나팔을 불매 아비에셀 족속이 다 모여서 그를 좇고" (삿 6:34)

삼손: 삼손에게 성령님이 감동되었습니다.

그 아내가 그에게 이르되 여호와께서 우리를 죽이려 하셨더면 우리 손에서 번제와 소제를 받지 아니하셨을 것이요 이 모든 일을 보이지 아니하셨을 것이며 이제 이런 말씀도 우리에게 이르지 아니하셨으리이다 하였더라. 여인이 아들을 낳으매 이름을 삼손이라 하니라 아이가 자라매 여호와께서 그에게 복을 주시더니 소라와 에스다올 사이 마하네단에서 여호와의 신이 비로소 그에게 감동하시니라(삿 13:23-25)

성경에 보면 성령님은 삼손에게 세 번이나 임하였습니다.

여호와의 신이 크게 감동되어 손에 아무것도 없어도 그 사자를 염소새끼를 찢음같이 찢었으나(삿 14:6)

여호와의 신이 삼손에게 크게 임하시매 삼손이 아스글론에 내려가서 그곳 사람 삼십 명을 쳐 죽이고 노략하여 수수께끼 푼 자들에게 옷을 주고 심히 노하여 아비 집으로 올라갔고(삿14:19)

삼손이 레히에 이르매 블레셋 사람이 그에게로 마주 나가며 소리 지르는 동시에 여호와의 신의 권능이 삼손에게 임하매 그 팔위의 줄이 불탄 삼과 같아서 그 결박되었던 손에서 떨어진지라(삿15:14)

사울: 사울은 성령님께서 사무엘을 통하여 이스라엘 첫 번째 왕으로 기름부어 주신자입니다. 여호와의 성령이 사울위에 임했을 때 그는 예언을 말하였습니다.

네게는 여호와의 신이 크게 임하리니 너도 그들과 함께 예언을 하고 변하

여 새 사람이 되리라(삼상10:6)

그들이 산에 이를 때에 선지자의 무리가 그를 영접하고 하나님의 신이 사울에게 크게 임하므로 그가 그들 중에서 예언을 하니(삼상10:10)

사울 위에 성령이 임했지만 그 체험은 일시적이었으며 때론 중단되었습니다. 사무엘이 다윗에게 기름 부은 이후 주의 영이 사울로부터 떠났습니다.

여호와의 신이 사울에게서 떠나고 여호와의 부리신 악신이 그를 번뇌케 한지라(삼상 16:14).

사울에게 주님의 영이 떠났을 때는 여호와로부터 온 악신이 그를 괴롭혔습니다.

원컨대 우리 주는 주의 앞에 모시는 신하에게 명하여 수금 잘 탈 줄 아는 사람을 구하게 하소서 하나님의 부리신 악신이 왕에게 이를 때에 그가 손으로 타면 왕이 나으시리 이다(삼상16:16).

하나님의 부리신 악신이 사울에게 이를 때에 다윗이 수금을 취하여 손으로 탄즉 사울이 상쾌하여 낫고 악신은 그에게서 떠나더라(삼상16:23).

그 이튿날 하나님의 부리신 악신이 사울에게 힘 있게 내리매 그가 집 가운데서 야료하는 고로 다윗이 평일과 같이 손으로 수금을 타는데 때에 사울의 손에 창이 있는지라(삼상18:10).

> 사울이 손에 단창을 가지고 그 집에 앉았을 때에 여호와의 부리신 악신이 사울에게 하였으므로 다윗이 손으로 수금을 탈 때에(삼상19:9).

다윗: 다윗은 성령의 기름부음을 받고 이스라엘 2대 왕이 되었습니다. 그는 하나님의 신에 감동을 크게 받아 사울에게 든 악신을 수금을 켜서 낫게 해줍니다.

> 이날 이후로 다윗이 여호와의 신에게 크게 감동 되니라(사무엘상 16:13).

> 하나님의 부리신 악신이 사울에게 이를 때에 다윗이 수금을 취하여 손으로 탄즉 사울이 상쾌하여 낫고 악신은 그에게서 떠나더라(삼상16:23).

다윗은 성령님을 통하여 하나님의 임재를 알게 되었습니다(시편 139:7). "내가 주의 신을 떠나 어디로 가며 주의 앞에서 어디로 피하리이까" 다윗은 성령의 감동을 받아 은혜로운 많은 시편을 기록하고 노래하였습니다.

솔로몬: 솔로몬은 이스라엘의 3대 왕입니다. 솔로몬은 성령님을 통해 오는 영감과 지혜의 은사를 받았지만 성령에 대해서는 한번 언급하였습니다.

> "내가 나의 신을 너희에게 부어주며 나의 말을 너희에게 보이리라"
> (잠언1:23)

야하시엘: 여호와의 영은 야하시엘에게 임하여 그로 하여금 여호사밧왕을 권면하게 해서 왕이 하나님을 신뢰하고 굳게 서서 승리를 여호와께 맡기

도록 했습니다.

> 여호와의 신이 회중 가운데서 레위 사람 야하시엘에게 임하셨으니 저는 아삽 자손 맛다냐의 현손이요 여이엘의 증손이요 브나야의 손자요 스가랴의 아들이더라. 야하시엘이 가로되 온 유다와 예루살렘 거민과 여호사밧 왕이여 들을지어다. 여호와께서 너희에게 말씀하시기를 이 큰 무리로 인하여 두려워하거나 놀라지 말라 이 전쟁이 너희에게 속한 것이 아니요 하나님께 속한 것이니라. 내일 너희는 마주 내려가라 저희가 시스 고개로 말미암아 올라오리니 너희가 골짜기 어귀 여루엘들 앞에서 만나려니와 이 전쟁에는 너희가 싸울 것이 없나니 항오를 이루고 서서 너희와 함께한 여호와가 구원하는 것을 보라 유다와 예루살렘아 너희는 두려워하며 놀라지 말고 내일 저희를 마주 나가라 여호와가 너희와 함께 하리라 하셨느니라. 하매(대하20:14-17).

에스겔: 에스겔은 제사장 부시의 아들로서(겔 1:3), 특별하게 하나님의 성령께서 에스겔을 사로잡았습니다.

> 갈대아 땅 그발 강 가에서 여호와의 말씀이 부시의 아들 제사장 나 에스겔에게 특별히 임하고 여호와의 권능이 내 위에 있으니라(겔 1:3)

> 말씀하실 때에 그 신이 내게 임하사 나를 일으켜 세우시기로 내가 그 말씀하시는 자의 소리를 들으니(겔 2:2)

> 여호와께서 권능으로 내게 임하시고 그 신으로 나를 데리고 가서 골짜기 가운데 두셨는데 거기 뼈가 가득하더라(겔 37:1)

성신이 나를 들어 데리고 안뜰에 들어가시기로 내가 보니 여호와의 영광이 전에 가득하더라(겔 43:5).

그가 나를 데리고 전 문에 이르시니 전의 전면이 동을 향하였는데 그 문지방 밑에서 물이 나와서 동으로 흐르다가 전 우편 제단 남편으로 흘러내리더라. 그가 또 나를 데리고 북문으로 나가서 바깥 길로 말미암아 꺾여 동향한 바깥문에 이르시기로 본즉 물이 그 우편에서 스미어 나오더라. 그 사람이 손에 줄을 잡고 동으로 나아가며 일천 척을 척량한 후에 나로 그 물을 건너게 하시니 물이 발목에 오르더니 다시 일천 척을 척량하고 나로 물을 건너게 하시니 물이 무릎에 오르고 다시 일천 척을 척량하고 나로 물을 건너게 하시니 물이 허리에 오르고 다시 일천 척을 척량하시니 물이 내가 건너지 못할 강이 된지라 그 물이 창일하여 헤엄할 물이요 사람이 능히 건너지 못할 강이더라. 그가 내게 이르시되 인자야 네가 이것을 보았느냐 하시고 나를 인도하여 강가로 돌아가게 하시기로 내가 돌아간즉 강 좌우편에 나무가 심히 많더라. 그가 내게 이르시되 이 물이 동방으로 향하여 흘러 아라바로 내려가서 바다에 이르리니 이 흘러내리는 물로 그 바다의 물이 소성함을 얻을지라. 이 강물이 이르는 곳마다 번성하는 모든 생물이 살고 또 고기가 심히 많으리니 이 물이 흘러 들어가므로 바닷물이 소성함을 얻겠고 이 강이 이르는 각처에 모든 것이 살 것이며 또 이 강가에 어부가 설 것이니 엔게디에서부터 에네글라임까지 그물 치는 곳이 될 것이라 그 고기가 각기 종류를 따라 큰 바다의 고기같이 심히 많으려니와 그 진펄과 개펄은 소성되지 못하고 소금 땅이 될 것이며 강 좌우가에는 각종 먹을 실과나무가 자라서 그 잎이 시들지 아니하며 실과가 그치지 아니하고 달마다 새 실과를 맺으리니 그 물이 성소로 말미암아 나옴이라 그 실과는 먹을 만하고 그 잎사귀는 약 재료가 되리라(겔47:1-12).

에스겔 선지자는 다른 선지자들보다 말씀과 권능, 성령의 감동이 임하였음을 더 자주 언급하고 있습니다.

> 갈대아 땅 그발 강가에서 여호와의 말씀이 부시의 아들 제사장 나 에스겔에게 특별히 임하고 여호와의 권능이 내 위에 있으니라(겔 1:3).

> 주의 신이 나를 들어 올려 데리고 가시는데 내가 근심하고 분한 마음으로 행하니 여호와의 권능이 힘 있게 나를 감동하시더라(겔 3:14).

> 여호와께서 권능으로 거기서 내게 임하시고 또 내게 이르시되 일어나 들로 나아가라 내가 거기서 너와 말하리라 하시기로(겔3:22).

> 주의 신이 내게 임하사 나를 일으켜 세우시고 내게 말씀하여 가라사대 너는 가서 네 집에 들어가 문을 닫으라(겔3:24).

> 제 육 년 유월 오일에 나는 집에 앉았고 유다 장로들은 내 앞에 앉았는데 주 여호와의 권능이 거기서 내게 임하기로(겔8:1).

> 때에 주의 신이 나를 들어 데리고 여호와의 전 동문 곧 동향한 문에 이르시기로 본즉 그 문에 이십오 인이 있는데 내가 그 중에서 앗술의 아들 야아사냐와 브나야의 아들 블라댜를 보았으니 그들은 백성의 방백이라(겔11:1).

이사야: 이사야는 '여호와의 구원' 이라는 뜻의 이름입니다. 그는 유다의 웃시야, 요담, 아하스, 히스기야 왕 시대에 유다와 예루살렘에 대하여 주로 예루살렘에서 활동한 선지자이며 이사야서의 저자로서 '여호와의 신'에

대한 더 알려 주었습니다.

이사야 전체를 통하여 메시야를 언급할 때에 메시야와 함께 하시는 하나님의 영이 언급되어 있습니다.

이새의 줄기에서 한 싹이 나며 그 뿌리에서 한 가지가 나서 결실할 것이요 여호와의 신 곧 지혜와 총명의 신이요 모략과 재능의 신이요 지식과 여호와를 경외하는 신이 그 위에 강림하시리니 그가 여호와를 경외함으로 즐거움을 삼을 것이며 그 눈에 보이는 대로 심판치 아니하며 귀에 들리는 대로 판단치 아니하며 공의로 빈핍한 자를 심판하며 정직으로 세상의 겸손한 자를 판단할 것이며 그 입의 막대기로 세상을 치며 입술의 기운으로 악인을 죽일 것이며 공의로 그 허리띠를 삼으며 성실로 몸의 띠를 삼으리라 (사11:1-5).

필경은 위에서부터 성신을 우리에게 부어 주시리니 광야가 아름다운 밭이 되며 아름다운 밭을 삼림으로 여기게 되리라(사32:15).

내가 붙드는 나의 종, 내 마음에 기뻐하는 나의 택한 사람을 보라 내가 나의 신을 그에게 주었은즉 그가 이방에 공의를 베풀리라(사42:1).

주 여호와의 신이 내게 임하셨으니 이는 여호와께서 내게 기름을 부으사 가난한 자에게 아름다운 소식을 전하게 하려 하심이라 나를 보내사 마음이 상한 자를 고치며 포로된 자에게 자유를, 갇힌 자에게 놓임을 전파하며 여호와의 은혜의 해와 우리 하나님의 신원의 날을 전파하여 모든 슬픈 자를 위로하되 무릇 시온에서 슬퍼하는 자에게 화관을 주어 그 재를 대신하

며 희락의 기름으로 그 슬픔을 대신하며 찬송의 옷으로 그 근심을 대신하시고 그들로 의의 나무 곧 여호와의 심으신 바 그 영광을 나타낼 자라 일컬음을 얻게 하려 하심이니라 그들은 오래 황폐하였던 곳을 다시 쌓을 것이며 예로부터 무너진 곳을 다시 일으킬 것이며 황폐한 성읍 곧 대대로 무너져 있던 것들을 중수할 것이며(사61:1-4)

요엘: 요엘은 브두엘의 아들이며 두 번째 소선지서의 저자입니다. 그는 말세에 모든 육체 위에 하나님의 영이 임할 것을 예언했습니다.

그 후에 내가 내 신을 만민에게 부어 주리니 너희 자녀들이 장래 일을 말할 것이며 너희 늙은이는 꿈을 꾸며 너희 젊은이는 이상을 볼 것이며 그 때에 내가 또 내 신으로 남종과 여종에게 부어 줄 것이며(욜 2:28, 29)

아모스: 아모스는 선지자이며 소선지서의 하나인 아모스서의 저자입니다. 그리고 그는 베들레헴의 남쪽 약 6.6km 되는 곳에 있는 유대족의 영지 드고아의 목자입니다(암 1:1). "나는 선지자가 아니며 선지자의 아들도 아니요 나는 목자요 뽕나무를 배양하는 자"라고 말함으로써 자기 신분의 낮음을 말하고 있습니다. 그러나 아모스는 사자가 쫓아올 때처럼 강력한 성령의 내적 강권이 있었습니다(암 3:8). "사자가 부르짖은 즉 누가 두려워하지 아니하겠느냐 주 여호와께서 말씀하신 즉 누가 예언하지 아니하느냐?"

미가: 미가는 모라셋 사람이며 유다 왕 요담과 아하스, 그리고 히스기야 때의 사람으로, 소선지서 '미가'의 저자입니다. 미가 선지자는 자신이 이스라엘의 죄를 알게 하기위해 **여호와의 신으로 말미암아 능력의……. 채움을 얻은** 것을 알았습니다(미 3:8).

스가랴: 스가랴는 12 소선지서의 하나인 스가랴의 저자이며 잇도의 손자 베레갸의 아들 입니다(슥 1:1). 스가랴서에 보면 성령님에 관하여 매우 중요한 언급이 나옵니다(슥 4:6). **"이는 힘으로 되지 아니하며 능으로 되지 아니하고 오직 나의 신으로 되느니라."** 고 표현하고 있습니다.

3) 신약에서 성령은 구약과 같이 바람과 생기와 같은 의미와 다른 것들로 알려 주었습니다.

(a) 신약에서의 성령은 희랍 원어의 "프뉴마"(pneuma)가 번역된 것인데 이 단어도 히브리어 "루하흐"와 같이 바람과 생기와 같은 의미를 지니고 있습니다.

> **바람**이 임의로 불매 네가 그 소리를 들어도 어디서 오며 어디로 가는지 알지 못하나니 성령으로 난 사람은 다 이러하니라(요3:8)

> 삼 일 반 후에 하나님께로부터 **생기**가 저희 속에 들어가매 저희가 발로 일어서니 구경하는 자들이 크게 두려워하더라(계11:11)

(b) 성령은 그리스어 원어로 파라클레토스(parakletos)라고 묘사되기도 합니다(요한복음 14:16). 그 의미는 '함께 나란히 불려 오는 자'로 보혜사, 위로하는 자, 변호하는 자, 용기를 주는 자라는 뜻입니다.

성령의 실재에 대한 것은 창세기에서부터 요한계시록까지 성경 전체를 주관하고 있습니다. 신약의 책 가운데 성령을 언급하지 않은 책은 빌레

몬서, 요한 2,3서입니다.

(c) 신약성경 안에서는 성령의 실재성과 활동의 명확성에 관하여 확실하게 여러 곳에서 말씀하고 있습니다.

성령은 **비둘기 같이 보이는 형상으로** 예수님 위에 내려왔습니다.

> 예수께서 세례를 받으시고 곧 물에서 올라오실 새 하늘이 열리고 하나님의 성령이 비둘기같이 내려 자기 위에 임하심을 보시더니 하늘로서 소리가 있어 말씀하시되 이는 내 사랑하는 아들이요 내 기뻐하는 자라 하시니라(마3:16-17).

성령은 **바람소리와 불의 혀가** 오순절날 임재 하였습니다.

> 오순절 날이 이미 이르매 저희가 다 같이 한 곳에 모였더니 홀연히 하늘로부터 급하고 강한 바람 같은 소리가 있어 저희 앉은 온 집에 가득하며 (행2:1-2).

모든 신자들이 성령이 임하심으로 **다른 방언으로** 말하였습니다.

> 저희가 다 성령의 충만함을 받고 성령이 말하게 하심을 따라 다른 방언으로 말하기를 시작 하니라(행2:4)

> 이는 방언을 말하며 하나님 높임을 들음 이러라(행10:46)

바울이 그들에게 안수하매 성령이 그들에게 임하시므로 방언도 하고 예언도 하니(행19:6)

성령님이 임하시므로 모인 곳이 진동하고 모두 담대하게 하나님의 말씀을 전파하였습니다(행 4:31).

빌기를 다하매 모인 곳이 진동하더니 무리가 다 성령이 충만하여 담대히 하나님의 말씀을 전하니라(행 4:31).

사마리아 교회가 성령의 위로가 있고 초대 교회 성장의 중요한 요인이었습니다(사도행전 9:31).

그리하여 온 유대와 갈릴리와 사마리아 교회가 평안하여 든든히 서 가고 주를 경외함과 성령의 위로로 진행하여 수가 더 많아지니라(행9:31).

이방인 신자들도 성령을 받았습니다.

베드로가 이 말 할 때에 성령이 말씀 듣는 모든 사람에게 내려오시니 베드로와 함께 온 할례 받은 신자들이 이방인들에게도 성령 부어 주심을 인하여 놀라니 이는 방언을 말하며 하나님 높임을 들음이러라 이에 베드로가 가로되 이 사람들이 우리와 같이 성령을 받았으니 누가 능히 물로 세례 줌을 금하리요 하고 명하여 예수 그리스도의 이름으로 세례를 주라 하니라 저희가 베드로에게 수일 더 유하기를 청하니라(행 10: 44-48)

이렇게 성령님께서 초대교회와 여러 사람들과 무리에게 성령을 받음으로 열심과 능력과 기쁨을 제공해 주었습니다.

3. 성령의 이름은 어떤 것들이 있는가?

성령님의 이름(호칭)을 통해 성령님을 다양하게 알 수 있습니다.

1) **하나님의 신**: 하나님의 신은 세상을 창조하기 전부터 계셨습니다.

> 땅이 혼돈하고 공허하며 흑암이 깊음 위에 있고 하나님의 신은 수면에 운행하시니라(창 1:2)

2) **지혜와 총명의 신**: 성령님을 받아들이는 모든 사람에게 지혜와 총명을 나누어 주시는 것이 성령님이 하시는 일입니다.

> 여호와의 신 곧 지혜와 총명의 신이요 모략과 재능의 신이요 지식과 여호와를 경외하는 신이 그 위에 강림하시리니(사 11:2)

3) **주 여호와의 신**: 성령님은 영으로서 뿐만 아니라 하나님 자신 여호와로서 거룩한 약속의 하나님으로, 약속을 지키는 이스라엘의 하나님 여호와의 영으로 말씀되어집니다. 이사야 선지자는 주 여호와의 신이 메시아이신 예수님에게 임하시어 사역하실 것을 예언하였습니다.

> 주 여호와의 신이 내게 임하셨으니 이는 여호와께서 내게 기름을 부으사 가난한 자에게 아름다운 소식을 전하게 하려 하심이라 나를 보내사 마음

> 이 상한 자를 고치며 포로된 자에게 자유를, 갇힌 자에게 놓임을 전파하며 (사 61:1)

4) 선한 영: 하나님은 선한 신을 주셔서 가르쳐 주시고 꿀과 같은 하나님의 말씀을 계속 주실 뿐만 아니라 영적인 목마름을 채워 주시는 생수를 주십니다.

> 또 주의 선한 신을 주사 저희를 가르치시며 주의 만나로 저희 입에 끊어지지 않게 하시고 저희의 목마름을 인하여 물을 주시사(느 9:20)

5) 은총과 간구하는 심령: 우리로 하여금 강력하게 기도하게 하시는 은총을 나타내시는 성령님이십니다.

> 내가 다윗의 집과 예루살렘 거민에게 은총과 간구하는 심령을 부어 주리니 그들이 그 찌른 바 그를 바라보고 그를 위하여 애통하기를 독자를 위하여 애통하듯 하며 그를 위하여 통곡하기를 장자를 위하여 통곡하듯 하리로다(슥 12:10).

진실로 기도하는 모든 사람들에게 성령 안에 거하며 성령으로 기도하는 것을 가르쳐 주시는 분이시기에 은총과 간구하는 성령님이라고 부르는 것입니다.

6) 자유의 영(개역 성경, 현대어 성경은 "자원하는 심령"): 성령님이 우리 안에 들어오면 자유함이 있습니다.

> 주의 구원의 즐거움을 내게 회복시키시고 자원하는 심령을 주사 나를 붙

드소서(시 51:12).

7) 주의 성령: 예수님에게 주의 성령이 임하심으로 복음을 전하고 치유와 기적을 일으키는 사역을 하셨음을 말씀하셨습니다.

> 주의 성령이 내게 임하셨으니 이는 가난한 자에게 복음을 전하게 하시려고 내게 기름을 부으시고 나를 보내사 포로된 자에게 자유를, 눈먼 자에게 다시 보게 함을 전파하며 눌린 자를 자유케 하고(눅 4:18)

8) 그리스도의 영: 그리스도의 영이란 그리스도와 같은 영을 의미하는 것보다 더 넓은 의미를 지니고 있습니다. 예수 그리스도를 드러내는 것이 성령님의 일이기 때문에 성령님을 '그리스도의 영'이라 부르는 것입니다. 그리고 우리 안에 살아계신 존재로서 그리스도를 형성케 하시는 일을 성령님께서 하시기 때문에 성령님을 그리스도의 영이라 부르는 것입니다.

> 그 영광의 풍성을 따라 그의 성령으로 말미암아 너희 속사람을 능력으로 강건하게 하옵시며 믿음으로 말미암아 그리스도께서 너희 마음에 계시게 하옵시고 너희가 사랑 가운데서 뿌리가 박히고 터가 굳어져서(엡3:16-17).

> 만일 너희 속에 하나님의 영이 거하시면 너희가 육신에 있지 아니하고 영에 있나니 누구든지 그리스도의 영이 없으면 그리스도의 사람이 아니라(롬8:9)

9) 예수 그리스도의 영: 성령님은 영원한 말씀의 영뿐만 아니라 육신의 모습을 지닌 말씀의 영이며 그리스도의 영뿐만 아니라 예수 그리스도의 영

이십니다.

> 이것이 너희 간구와 예수 그리스도의 성령의 도우심으로 내 구원에 이르게 할 줄 아는 고로(빌 1:19이).

10) **예수의 영:** 영과 인간 예수와 연관이 있다는 것을 이름에서 명백하게 밝히고 있습니다.

> 성령이 아시아에서 말씀을 전하지 못하게 하시거늘 브루기아와 갈라디아 땅으로 다녀가 무시아 앞에 이르러 비두니아로 가고자 애쓰되 예수의 영이 허락지 아니하시는지라(행 16:6, 7)

11) **주의 영:** 주의 영을 시험하는 것은 심판을 받게 됩니다. 우리는 주의 영의 인도함에 순종하여야 합니다.

> 베드로가 가로되 너희가 어찌 함께 꾀하여 주의 영을 시험하려 하느냐 보라 네 남편을 장사하고 오는 사람들의 발이 문 앞에 이르렀으니 또 너를 메어 내가리라 한 대(행 5:9).

> 둘이 물에서 올라갈 새 주의 영이 빌립을 이끌어 간지라 내시는 혼연히 길을 가므로 그를 다시 보지 못하니라(행 8:39).

> 주는 영이시니 주의 영이 계신 곳에는 자유함이 있느니라(고후 3:17).

12) **아버지의 영:** 하나님 아버지께서 영으로 말씀하십니다.

> 말하는 이는 너희가 아니라 너희 속에서 말씀하시는 자 곧 너희 아버지의 성령이시니라(마 10:20)

13) **하나님의 아들의 영:** 성령님을 믿는 자는 하나님과의 자녀 됨을 증명하시는 특별한 관계에 있어 성령님께 주어지는 것임을 알 수 있습니다. 우리가 하나님의 자녀됨을 증명하시는 분은 하나님 아들의 영이십니다.

> 너희가 아들인 고로 하나님이 그 아들의 영을 우리 마음 가운데 보내사 아바 아버지라 부르게 하셨느니라(갈 4:6).

14) **양자의 영:** 하나님께서 우리에게 양자의 영을 받게 하심으로 하나님을 "아빠"라고 부르면서 기도합니다.

> 너희는 다시 무서워하는 종의 영을 받지 아니하였고 양자의 영을 받았으므로 아바 아버지라 부르짖느니라(롬 8:15).

15) **성령:** 가장 많이 사용되는 이름이며 가장 친숙한 이름입니다. 이 이름은 성령의 본질적이고 교훈적인 성격을 강조하는 의미를 지닙니다.

> 예수 그리스도의 나심은 이러하니라. 그 모친 마리아가 요셉과 정혼하고 동거하기 전에 성령으로 잉태된 것이 나타났더니(마 1:18).

> 너희가 악할지라도 좋은 것을 자식에게 줄 줄 알거든 하물며 너희 천부께서 구하는 자에게 성령을 주시지 않겠느냐 하시니라(눅 11:13).

가라사대 그러면 다윗이 성령에 감동하여 어찌 그리스도를 주라 칭하여
말하되(마 22:43).

16) **영(spirit)**: 성경에서 가장 간결한 성령님의 이름이 영입니다.
예수님께서는 성령을 "영"이라고 말씀하셨습니다.

"살리는 것은 영이니 육은 무익하니라. 내가 너희에게 이른 말이 영이요
생명이라"(요 6:63)

사도 바울도 "성령님을 "영"으로 살리는 것을 말씀하셨습니다."
"저가 또 우리로 새 언약의 일꾼 되기에 만족케 하셨으니 의문으로 하지
아니하고 오직 영으로 함이니 의문은 죽이는 것이요 영은 살리는 것임이
니라"(고후3:6).

17) **살아 계신 하나님의 영**: 성령님을 단순히 지적인 개념보다는 한 개인
의 경험 속에 살아 계시는 실제적 존재로써 하나님을 나타나게 하시므로
살아계신 하나님의 영이라 부르게 됩니다.

너희는 우리로 말미암아 나타난 그리스도의 편지니 이는 먹으로 쓴 것이
아니요 오직 살아 계신 하나님의 영으로 한 것이며 또 돌비에 쓴 것이 아
니요 오직 육의 심비에 한 것이라(고후 3:3)

성령님은 살아계신 하나님의 영이시며 우리가 알 수 있고 개인적으로
사귈 수 있으며 현실적으로 존재하는 살아계신 하나님으로 느끼게 만드는
것이십니다.

18) **약속의 성령:** 성령님은 약속의 영으로 반드시 약속을 지키시며 하나님의 사람들에게 명확하고 확실하게 인 치심으로 표시하여 받게 하십니다.

> 그 안에서 너희도 진리의 말씀 곧 너희의 구원의 복음을 듣고 그 안에서 또한 믿어 약속의 성령으로 인 치심을 받았으니(엡 1:13)

> 그의 증거를 받는 이는 하나님을 참되시다 하여 인 쳤느니라(요 3:33)

19) **생명의 영:** 성령님께서는 생명을 나누어 주시기 때문에 생명의 영이라고 부릅니다.

> 살리는 것은 영이니 육은 무익하니라. 내가 너희에게 이른 말이 영이요 생명이라(요 6:63).

성령님께서는 내적 생명을 주십니다. 하나님께 로서 오신 성령은 우리의 생명이 되시어 말씀을 받아들여 그 말씀을 우리 안에서 진리와 능력이 되게 하시는 것입니다. 우리가 육신적으로 약하여 율법으로만 할 수 없는 것을 믿는 사람에게는 생명을 주시고 마음속에 거하시는 하나님의 영은 승리하는 능력을 부어주십니다.

> "이는 그리스도 예수 안에 있는 생명의 성령의 법이 죄와 사망의 법에서 너를 해방 하였음이라"(롬8:2).

20) **하나님의 영:** 하나님의 영은 성령님과 본질적으로 같으며, 성령님의

신성적인 근원과 성격과 능력을 덧붙여 강조되어 표현하고 있음을 알 수 있습니다.

"너희가 하나님의 성전인 것과 하나님의 성령이 너희 안에 거하시는 것을 알지 못하느뇨"(고전 3:16)

21) 성결의 영(거룩함의 영): 성령님은 본질적으로 거룩합니다. 성결의 영이란 그 성격의 거룩하심을 강조하지만 다른 사람에게 거룩함을 나누어 준다는 의미도 지닙니다.

"성결의 영으로는 죽은 가운데서 부활하여 능력으로 하나님의 아들로 인정되셨으니 곧 우리 주 예수 그리스도시니라"(롬 1:4)

22) 심판의 영, 소멸하는 영: 성령님은 죄를 심판하십니다. 그리고 성령님은 그분께서 거하시는 마음 가운데 깨끗치 못함을 불같이 타며 소멸하여 버리시고 빛을 발하시며 따뜻하며 에너지를 소비하십니다.

이는 주께서 그 심판하는 영과 소멸하는 영으로 시온의 딸들의 더러움을 씻으시며 예루살렘의 피를 그 중에서 청결케 하실 때가 됨이라(사 4:4)

23) 진리의 영: 성령님은 진리를 알려주고, 진리를 나누어 주고, 받아들이는 모든 분들에게 연결시켜 주시는 분이시기에 진리의 영이라 부릅니다.

저는 진리의 영이라 세상은 능히 저를 받지 못하나니 이는 저를 보지도 못하고 알지도 못함이라 그러나 너희는 저를 아나니 저는 너희와 함께 거하

심이요 또 너희 속에 계시겠음이라(요14:17)

내가 아버지께 로서 너희에게 보낼 보혜사 곧 아버지께 로서 나오시는 진리의 성령이 오실 때에 그가 나를 증거하실 것이요(요15:26)

하나님 아버지께서는 모든 자녀에게 진리이시며, 모든 생명과 은혜의 실제이신 예수 그리스도를 주셨을 뿐 아니라 예수 그리스도의 영이요 진리이신 성령님을 주셨습니다.

24) 영광의 영: 예수 그리스도를 위하여 충성할 때 영광의 영이 함께하십니다.

"너희가 그리스도의 이름으로 욕을 받으면 복 있는 자로다 영광의 영 곧 하나님의 영이 너희 위에 계심이라"(벧전 4:14)

25) 살리는 영: 예수님을 살리신 영이 우리 안에 거하심으로 그의 영으로 말미암아 살게 합니다. 우리의 자연적인 육체는 언젠가는 죽지만 성령님이 우리 안에 거하시며 그분이 생명의 주가 되셔서 우리를 살려 주십니다.

살리는 것은 영이니 육은 무익하니라. 내가 너희에게 이른 말이 영이요 생명이라(요6:63)

예수를 죽은 자 가운데서 살리신 이의 영이 너희 안에 거하시면 그리스도 예수를 죽은 자 가운데서 살리신 이가 너희 안에 거하시는 그의 영으로 말미암아 너희 죽을 몸도 살리시리라(롬 8:11).

26) **은혜의 성령:** 하나님의 은혜를 적용하고 나누어 주시는 일이 성령님이 하시는 일입니다.

> 하물며 하나님 아들을 밟고 자기를 거룩하게 한 언약의 피를 부정한 것으로 여기고 은혜의 성령을 욕되게 하는 자의 당연히 받을 형벌이 얼마나 더 중하겠느냐 너희는 생각하라(히 10:29)

27) **영원한 영:** 성령님은 영원토록 살아 계신 분이십니다.

> 하물며 영원하신 성령으로 말미암아 흠 없는 자기를 하나님께 드린 그리스도의 피가 어찌 너희 양심으로 죽은 행실에서 깨끗하게 하고 살아 계신 하나님을 섬기게 못하겠느뇨(히 9:14)

4. 성령님의 실체는 어떤 분이신가?

1) 성령님 삼위 일체 가운데 독자적인 자리를 가지신 분이십니다.

성 패트릭(St. Patrick)은 "나는 오늘 하나 안에 셋이 있고 셋 안에 하나가 있는 삼위일체의 강력한 이름으로 기도한다."라고 하였습니다. 신구약 성경에서 항상 성령님은 성부, 성자와는 뚜렷이 구별되는 영원한 삼위로 나타나십니다. 삼위일체의 각 위들은 존재에 있어서는 하나이지만 지위나 작용에 있어서는 하나가 아닙니다. 한 하나님으로 존재하지만 인격성과 지위는 서로 다르고 구별됩니다. 성경에 보면 성령께서는 삼위일체 내에서 자신만의 독자적인 자리를 갖고 계시며 성부와 성자의 하시는 일과는 중복되지 않는 특별한 일을 하십니다.

> 그러므로 너희는 가서 모든 족속으로 제자를 삼아 아버지와 아들과 성령의 이름으로 세례를 주고 내가 너희에게 분부한 모든 것을 가르쳐 지키게 하라 볼지어다. 내가 세상 끝날 까지 너희와 항상 함께 있으리라 하시니라 (마 28:19-20)

> 그러므로 내가 너희에게 알게 하노니 하나님의 영으로 말하는 자는 누구든지 예수를 저주할 자라 하지 않고 또 성령으로 아니하고는 누구든지 예수를 주시라 할 수 없느니라. 은사는 여러 가지나 성령은 같고 직임은 여

러 가지나 주는 같으며 또 역사는 여러 가지나 모든 것을 모든 사람 가운데서 역사하시는 하나님은 같으니 각 사람에게 성령의 나타남을 주심은 유익하게 하려 하심이라(고전 12:3-7).

주 예수 그리스도의 은혜와 하나님의 사랑과 성령의 교통하심이 너희 무리와 함께 있을지어다(고후 13:13).

2) 성령님은 인격체이십니다.

어떤 종교도 그들이 숭배하는 대상을 성령님과 같은 인격체로 대하지는 않습니다. 모두 스스로 선행을 쌓아야만 그들이 추구하는 목적을 달성할 수 있습니다. 그러나 성령님은 우리의 모든 필요를 외면하지 않는 친근한 친구와 같습니다.

베니 힌 목사님은 성령님을 '가장 가까운 친구' 라고 불렀습니다. "여러분이 성령님의 역사를 체험할 준비가 되었다면 나는 여러분이 먼저 성령님을 인격을 가지신 분으로 알게 되기를 원합니다."

성령님은 어떤 추상적인 영향력이나 감지할 수 있는 에너지에 불과한 것이 아니고 지성과 감정과 의지를 지닌 실재 인격을 가진 분이십니다. 성령의 인격성과 신성에 관한 위대한 진리를 파악한 이후에야 생활에 능력과 축복을 얻게 됩니다.

핸들리 모울(Handley C. Moule) 감독은 이렇게 증거하였습니다. "성령의 사랑하시며 지극히 은혜로우신 인격성에 관해 좀 더 많이 알게 됨으로써 내 영혼이 얻게 된 믿음과 평화의 소득을 나는 결코 잊지 못할 것입니다. 그것은 말하자면 선하심과 능력으로 충만하신 구속자께서 행하시는 영원한 내면적 운동과의 새로운 접촉이었다."

우리는 성령의 인격성에 대한 진리를 조금이라도 잘못 이해하게 되면 장래 세상에서 얻을 영원한 은총뿐만 아니라 이 세상에서 얻을 축복과 승리와 열매마저도 빼앗기게 될 것입니다.

성경은 성령님을 인격체로 표현하고 있습니다.

성령님은 지식이 있습니다. : 지식은 지적 기능으로써 이해, 인식, 깨달음, 감지능력입니다.

> 오직 하나님의 성령은 이것을 우리에게 보이셨으니 성령은 모든 것 곧 하나님의 깊은 곳이라도 통달하시느니라(고전 2:10).

> 사람의 사정을 사람의 속에 있는 영(靈) 외에는 누가 알리요 이와 같이 하나님의 사정도 하나님의 영(靈) 외에는 아무도 알지 못하느니라
> (고전 2:11).

> 이와 같이 성령도 우리 연약함을 도우시나니 우리가 마땅히 빌 바를 알지 못하나 오직 성령이 말할 수 없는 탄식으로 우리를 위하여 친히 간구하시느니라. 마음을 감찰하시는 이가 성령의 생각을 아시나니 이는 성령이 하나님의 뜻대로 성도를 위하여 간구하심이니라(롬 8: 26-27)

> 또 주의 선한 신(성령)을 주사 저희를 가르치시며 주의 만나로 저희 입에 끊어지지 않게 하시고 저희의 목마름을 인하여 물을 주시사(느 9: 20)

성령님은 감정이 있습니다. : 감정은 사랑, 기쁨, 슬픔의 감정을 느끼고 표현하는 기능입니다.

> 형제들아 내가 우리 주 예수 그리스도로 말미암고 성령의 사랑으로 말미암아 너희를 권하노니 너희 기도에 나와 힘을 같이하여 나를 위하여 하나님께 빌라(롬 15: 30).

> 성령을 근심하게 하지 말라 그 안에서 너희가 구속의 날까지 인 치심을 받았느니라(엡 4:30).

성령님은 사랑을 주고받을 수 있는 분입니다. 성령님도 근심하시며 마음 아파하십니다.

성령님은 의지가 있습니다. : 의지는 이해하고 감정으로 느낀 후 자신의 진로를 결정 행동에 옮기는 의지적인 기능입니다.

> 이 모든 일은 한 성령이 행하사 그 뜻대로 각 사람에게 나눠주시느니라 (고전 12: 11).

> 주를 섬겨 금식할 때에 성령이 가라사대 내가 불러 시키는 일을 위하여 바나바와 사울을 불러 따로 세우라(행 13: 2).

> 성령이 아시아에서 말씀을 전하지 못하게 하시거늘 브르기아와 갈라디아 땅으로 다녀가(행 16: 6).

성령님은 그분 자신의 의지를 가지고 그 의지를 따라 의사를 결정할 책임을 갖고 계신 것입니다. 우리는 성령님과 인격적인 교제 안으로 부름 받았습니다. 성령님은 사람이 가진 모든 특성들을 가지고 계십니다. 그는 생각하시고(행 15:28), 말씀하시며(행 1:16), 인도하시고(롬 8:14), 슬퍼하십니다(엡 4:30).

우리는 성령님을 한 인격으로 신뢰하여야 합니다. 그리고 성령님을 성삼위 중 한 위격이심을 믿어야 할뿐 만 아니라 한 인격으로 대우해 드려야 합니다. 또한 한 인격이신 성령님께 우리의 사랑을 표현하고 그 분과 더 친밀한 대화를 나누며 그 영 안에 거하는 풍성한 아름다움을 누려야 하겠습니다.

3) 성령님은 하나님이십니다.

빌리 그래함 목사님은 "하나님께 속한 것 중 성령님께 속하지 않는 것이 하나도 없습니다. 신격의 모든 필수불가결한 요소가 성령님께 다 있습니다." 라고 성령 하나님을 강조하였습니다.

아버지와 아들이 하나님이신 것과 꼭 같이 성령님도 하나님이십니다. 베드로는 아나니아와 삽비라 부부가 자기의 전 재산을 그리스도인의 공동체에 다 바치지 않고서도 다 드렸다고 성령님을 속였을 때 사람에게 거짓말 한 것이 아니라 하나님께 한 것이라고 말하였습니다.

> 아나니아라 하는 사람이 그 아내 삽비라로 더불어 소유를 팔아 그 값에서 얼마를 감추매 그 아내도 알더라. 얼마를 가져다가 사도들의 발 앞에 두니 베드로가 가로되 아나니아야 어찌하여 사단이 네 마음에 가득하여 네가

성령을 속이고 땅 값 얼마를 감추었느냐 땅이 그대로 있을 때에는 네 땅이 아니며 판 후에도 네 임의로 할 수가 없더냐? 어찌하여 이 일을 네 마음에 두었느냐 사람에게 거짓말 한 것이 아니요 하나님께로다(행 5: 3-4).

성령님이 하나님이신 것을 다음과 같이 증거 할 수 있습니다.

(a) 성령님은 어디에나 계십니다.

성령님은 무소 부재하십니다. 이 말은 가장 놀랍고 은혜로운 분이 우리가 어디로 가든지 함께 계신다는 것입니다. 우리가 어디를 가든지 그분은 거기 계십니다.

내가 주의 신을 떠나 어디로 가며 주의 앞에서 어디로 피하리이까 내가 하늘에 올라갈지라도 거기 계시며 음부에 내 자리를 펼지라도 거기 계시니이다. 내가 새벽 날개를 치며 바다 끝에 가서 거할지라도 곧 거기서도 주의 손이 나를 인도하시며 주의 오른손이 나를 붙드시리이다(시 139: 7-10)

(b) 성령님은 모든 것을 아십니다.

루이스 스퍼리 쉐이퍼는 "만일 성령께서 소유한 지식이 하나님의 깊은 것까지 통달하신다면 이와 마찬가지로 성령님은 다른 모든 것도 알고 계신다는 것을 아무도 부인할 수 없을 것입니다." 라고 말하였습니다. 모든 것을 아시는 분은 하나님이십니다. 하나님은 모르는 것이 없으시며 하나님께는 어느 것 하나 감출 수가 없습니다. 마찬가지로 성령님께서도 모든 것 깊은 것까지도 아십니다.

여호와여 주께서 나를 감찰하시고 아셨나이다. 주께서 나의 앉고 일어섬

을 아시며 멀리서도 나의 생각을 통촉하시오며 나의 길과 눕는 것을 감찰하시며 나의 모든 행위를 익히 아시오니 여호와여 내 혀의 말을 알지 못하시는 것이 하나도 없으시니이다(시 139: 1-4)

누가 여호와의 신을 지도하였으며 그의 모사가 되어 그를 가르쳤으랴 그가 누구로 더불어 의논하셨으며 누가 그를 교훈 하였으며 그에게 공평의 도로 가르쳤으며 지식을 가르쳤으며 통달의 도를 보여 주었느뇨?
(사 40:13-14).

오직 하나님이 성령으로 이것을 우리에게 보이셨으니 성령은 모든 것 곧 하나님의 깊은 것이라도 통달하시느니라. 사람의 사정을 사람의 속에 있는 영외에는 누가 알리요 이와 같이 하나님의 사정도 하나님의 영 외에는 아무도 알지 못하느니라(고전 2: 10-11).

(c) 성령님은 전능하신 하나님이십니다.

성령님의 전능하심은 세 가지 역사를 통해 분명하게 입증되었습니다. 하나는 성령님께서도 천지 창조 사역시 무에서 우주를 창조하셨습니다. 우주를 창조하는 역사 가운데 성령님은 적극적으로 그리고 능동적으로 개입하셨습니다. 둘은 하나님께서 사람을 만들어 생기를 불어 넣음으로 생령이 들어가셨습니다. 셋은 살리는 영으로 죽음으로부터 우리의 생명을 살리셨습니다.

땅이 혼돈하고 공허하며 흑암이 깊음 위에 있고 하나님의 신은 수면에 운행하시니라(창 1: 2).
하나님의 신이 나를 지으셨고 전능자의 기운이 나를 살리시느니라

(욥 33: 4).

그리스도께서도 한 번 죄를 위하여 죽으사 의인으로서 불의한 자를 대신하셨으니 이는 우리를 하나님 앞으로 인도하려 하심이라 육체로는 죽임을 당하시고 영으로는 살리심을 받으셨으니(벧전 3: 18).

너희 마음 눈을 밝히사 그의 부르심의 소망이 무엇이며 성도 안에서 그 기업의 영광의 풍성이 무엇이며 그의 힘의 강력으로 역사하심을 따라 믿는 우리에게 베푸신 능력의 지극히 크심이 어떤 것을 너희로 알게 하시기를 구하노라 그 능력이 그리스도 안에서 역사하사 죽은 자들 가운데서 다시 살리시고 하늘에서 자기의 오른편에 앉히사 모든 정사와 권세와 능력과 주관하는 자와 이 세상뿐 아니라 오는 세상에 일컫는 모든 이름 위에 뛰어나게 하시고 또 만물을 그 발아래 복종하게 하시고 그를 만물 위에 교회의 머리로 주셨느니라 교회는 그의 몸이니 만물 안에서 만물을 충만케 하시는 자의 충만 이니라(엡 1: 18-23).

인간이 가진 온갖 재주와 과학의 능력으로도 죽은 사람을 살릴 수는 없습니다. 하지만 성령님은 죽은 자를 살릴 수 있는 능력을 갖고 계시며 또한 그렇게 하실 것입니다. 성령님을 알게 되면 그분이 "최고의 능력" 이심을 발견케 되며 그분의 능력을 의지하며 살아가게 됩니다.

(d) 성령님은 사랑이십니다.

하나님 아버지도 사랑이시고 예수님도 사랑이신 것 같이 성령님도 사랑이십니다.

사랑하지 아니하는 자는 하나님을 알지 못하나니 이는 하나님은 사랑이심

이라(요일 4:8).

하나님이 우리를 사랑하시는 사랑을 우리가 알고 믿었노니 하나님은 사랑이시라 사랑 안에 거하는 자는 하나님 안에 거하고 하나님도 그 안에 거하시느니라(요일 4:16).

우리에게 주신 성령으로 말미암아 하나님의 사랑이 우리 마음에 부은바 됨이니(롬 5:5).

형제들아 내가 우리 주 예수 그리스도로 말미암고 성령의 사랑으로 말미암아 너희를 권하노니 너희 기도에 나와 힘을 같이하여 나를 위하여 하나님께 빌어(롬 15:30).

성령님께서 우리 마음에 하나님의 사랑을 비춰주십니다. 하나님께서는 예수님을 통해 성령을 우리에게 풍성히 부어주셨습니다. 성령님은 사랑을 넘치도록 부어 주시고 성령의 사랑으로 계속 도와주고 위로해 주십니다.

누가 우리를 그리스도의 사랑에서 끊으리오. 환난이나 곤고나 핍박이나 기근이나 적신이나 위험이나 칼이랴 기록된바 우리가 종일 주를 위하여 죽임을 당케 되며 도살할 양같이 여김을 받았나이다 함과 같으니라 그러나 이 모든 일에 우리를 사랑하시는 이로 말미암아 우리가 넉넉히 이기느니라. 내가 확신하노니 사망이나 생명이나 천사들이나 권세자들이나 현재 일이나 장래 일이나 능력이나 높음이나 깊음이나 다른 아무 피조물이라도 우리를 우리 주 그리스도 예수 안에 있는 하나님의 사랑에서 끊을 수 없으리라(롬 8:35-39).

(e) 성령님은 우리 안에 들어와 내주 하십니다.

예수님께서는 자신이 아버지 안에 계신 것처럼 우리 안에도 성령님이 거하실 수 있도록 아버지께 구하겠다고 말씀하십니다.

> 내가 아버지 안에 있고 아버지께서 내 안에 계심을 믿으라 그렇지 못하겠거든 행하는 그 일을 인하여 나를 믿으라 내가 진실로 진실로 너희에게 이르노니 나를 믿는 자는 나의 하는 일을 저도 할 것이요 또한 이보다 큰 것도 하리니 이는 내가 아버지께로 감이니라(요 14:11-12).

> 내가 아버지께 구하겠으니 그가 또 다른 보혜사를 너희에게 주사 영원토록 너희와 함께 있게 하시리니 저는 진리의 영이라 세상은 능히 저를 받지 못하나니 이는 저를 보지도 못하고 알지도 못함이라 그러나 너희는 저를 아나니 저는 너희와 함께 거하심이요 또 너희 속에 계시겠음이라 내가 너희를 고아와 같이 버려두지 아니하고 너희에게로 오리라(요 14:16-18)

성령님이 우리 안에 거하시려면 먼저 그 거처가 될 우리가 정결케 되어야 합니다. 하나님의 영은 거룩한 영이므로 죄와 더러움이 있는 곳에는 거할 수 없습니다.

> 또 내 신을 너희 속에 두어 너희로 내 율례를 행하게 하리니 너희가 내 규례를 지켜 행할지라(겔 36:27).

> 또 마음을 아시는 하나님이 우리에게와 같이 저희에게도 성령을 주어 증거하시고 믿음으로 저희 마음을 깨끗이 하사 저희나 우리나 분간치 아니하셨느니라(행 15:8-9).

평강의 하나님이 친히 너희로 온전히 거룩하게 하시고 또 너희 온 영과 혼과 몸이 우리 주 예수 그리스도 강림하실 때에 흠없게 보전되기를 원하노라(살전 5:23).

우리의 육신이 더러우면 우리 안에서 우리를 통해 역사하시는 성령의 작용이 방해를 받습니다. 성령님이 우리 안에 내주하실 때 우리는 믿음과 순종으로 온전한 자유를 누리며 살 뿐만 아니라 예수님을 주로 증거 하게 됩니다. **"너희는 저를 아나니 저는 너희와 함께 거하심이요 또 너희 속에 계시겠음이라"** 이것은 하나님의 약속으로 성령님이 내 안에 가장 깊은 곳에 거하시며 임재 하신다는 것입니다. 성령의 임재가 교회와 그리스도인들 안에 각자 친밀하게 임하시는 것을 믿고 붙잡고 누려야 합니다.

(f) 성령님은 진리이십니다.

하나님 아버지는 진리이십니다. 예수님 자신이 진리이십니다. 예수님께서 진리라고 하신 것처럼 성령님도 진리의 영으로 진리 가운데로 인도하시는 분이십니다.

> 말씀이 육신이 되어 우리 가운데 거하시매 우리가 그 영광을 보니 아버지의 독생자의 영광이요 은혜와 진리가 충만하더라(요 1:14).

> 요한복음 14:6 예수께서 가라사대 내가 곧 길이요 진리요 생명이니 나로 말미암지 않고는 아버지께로 올 자가 없느니라(요 14:6).
> 율법은 모세로 말미암아 주신 것이요 은혜와 진리는 예수 그리스도로 말미암아 온 것이라(요 1:17)
> 진리를 알지니 진리가 너희를 자유케 하리라(요 8:32)

지금 하나님께 들은 진리를 너희에게 말한 사람인 나를 죽이려 하는도다 아브라함은 이렇게 하지 아니하였느니라 (요 8:40).

성부 하나님, 성자 하나님, 성령 하나님은 진리로서 진리를 말씀하시지만 마귀는 거짓말쟁이요 거짓의 아비입니다 (요 8:44).

너희는 너희 아비 마귀에게서 났으니 너희 아비의 욕심을 너희도 행하고자 하느니라 저는 처음부터 살인한 자요 진리가 그 속에 없으므로 진리에 서지 못하고 거짓을 말할 때마다 제 것으로 말하나니 이는 저가 거짓말쟁이요 거짓의 아비가 되었음이니라

우리는 성부, 성자, 성령 진리의 하나님을 쫓아야 하겠습니다.

진리를 쫓는 자는 빛으로 오나니 이는 그 행위가 하나님 안에서 행한 것임을 나타내려 함이라 하시니라 (요 3:21).

그러하나 진리의 성령이 오시면 그가 너희를 모든 진리 가운데로 인도하시리니 그가 자의로 말하지 않고 오직 듣는 것을 말하시며 장래 일을 너희에게 알리시리라 (요 16:13).

성령은 몸 전체의 유익을 위해 선택하신 사람들을 통해 역사하시는 영이십니다. 그러므로 진리의 성령님께서 오신 것을 믿는 자라면 하나님의 말씀의 진리를 따라야 합니다.

예수님은 자신의 제자들에게 성령을 약속하실 때 진리의 성령이신 그분을 말씀하셨습니다.

내가 아버지께로서 너희에게 보낼 보혜사 곧 아버지께 로서 나오시는 진리의 성령이 오실 때에 그가 나를 증거하실 것이요(요15:26).

그러하나 진리의 성령이 오시면 그가 너희를 모든 진리 가운데로 인도하시리니 그가 자의로 말하지 않고 오직 듣는 것을 말하시며 장래 일을 너희에게 알리시리라(요16:13).

성령님이 우리 안에 들어오실 때 진리를 우리 안으로 가져오시는 것입니다. 성령님께서는 우리를 가르치고 진리 가운데 인도하시며 생명과 진리로 그리스도와 그분이 우리를 위해 얻으신 모든 것을 계시하십니다. 진리의 성령님이 예수님을 증거하십니다. 성령님은 영광을 받으신 주님으로부터 강림하시어 우리를 통하여 예수 그리스도께서 성취하신 구속과 능력을 증거하실 것입니다. 우리 안에 진리의 성령님이 계실 때 우리 안에 거룩한 교사로서 역사하실 것이며 우리가 조용히 성령님의 음성에 귀를 기울일 때 그분은 주님의 비밀들을 계시하실 것입니다. 우리는 진리의 영이 우리 안에 거하시어 진리이신 예수님을 증거하는 사람들이 되어야 합니다.

(g) 성령님은 영원합니다.

성령님은 영원하시기에 어제도 계셨고 지금도 계시며 앞으로도 영원토록 계실 것입니다. 그분에게는 처음도 끝도 없습니다. 성령님은 지금도 변함이 없으시며 영원토록 변함이 없을 것입니다. 그분은 어제나 오늘이나 영원토록 동일하십니다. 성령님은 변함이 없으시며 언제나 이해가 많으시고 오래 참으십니다. 그분은 믿을 수 있고 사랑이 많으십니다. 히브리서 기자는 이렇게 선포하고 있습니다.

"하물며 영원하신 성령으로 말미암아 흠 없는 자기를 하나님께 드린 그리스도의 피가 어찌 너희 양심으로 죽은 행실에서 깨끗하게 하고 살아계신 하나님을 섬기게 못하겠느뇨."(히 9:14)

(h) 성령님은 말씀하실 수 있는 분이십니다.

하나님은 말씀으로 천지를 창조하셨습니다. 그리고 예수님은 말씀이 육신이 되셨습니다. 성령님은 하나님의 말씀과 진리로 말씀하십니다. 성령님이 하나님으로서 말씀하시는 것을 성경 여러 곳에 있습니다.

* 성령님은 개인에게도 말씀하십니다.

성령님께서 친히 빌립에게 말씀하셨습니다. "마차 가까이로 걸어가라."(행 8:29 현대어) "가까이 가서 이 마차에 함께 타라." 하시더라(한글 킹제임스). 성령님께서는 에디오피아 여왕의 신하 내시에게 복음을 전하게 하셨습니다. 빌립은 성령님의 말씀에 순종하여 내시에게 복음을 전하여 신앙 부흥을 일으키게 하셨습니다.

어떤 사람들은 하나님이 말씀하실 때에는 선지자나 사도 등 특별한 사람에게만 말씀하신다고 생각하고 하나님의 말씀을 듣는 것에 거부하거나 귀를 기울이지 않습니다. 그러나 성령 하나님께서 빌립에게 말씀하셨던 것처럼 오늘날 우리에게도 말씀하십니다. 성령 하나님께서 오늘 우리에게 누구에게 복음을 전하라고 명령하신다면 순종해야 합니다.

* 성령님은 새로운 선교 사업을 어떻게 시작해야 하는지에 대해 말씀해 주십니다.

하루는 그들이 금식하며 예배를 드리고 있는데 성령께서 "너희는 바나바와 사울을 따로 세워 내가 두 사람에게 맡길 특별한 일을 하게 하여라"하고 말씀하셨다. 그래서 그들은 금식기도를 끝낸 후에 두 사람에게 안수를 하고 떠나보냈다. 성령의 지시를 따라 실루기아로 내려간 바나바와 바울은 배를 타고 구브로 섬으로 건너갔다(행 13:3-4 현대어).

성령님은 개인에게 직접 말씀하실 뿐만 아니라 금식하고 기도하고 있을 때 믿음의 공동체에게 어떤 특정인을 선교사로 세워 어디로 파송하고 무엇을 해야 할지 말씀해 주십니다. 어떤 경우에는 어떤 특정의 장소로 가라고 강요하기도 합니다. 그리고 충실한 종이 자신이 맡은 일을 수행하는 데 동반될 고난에 대해서 미리 경고해 주시기도 합니다.

이제 보라, 내가 영 안에 매인 바 되어 예루살렘으로 가노니, 거기에서 내게 무슨 일이 일어날는지 알 수 없지만 다만 성령께서 각 성읍에서 증거하여 말씀하시기를 결박과 고난이 나를 기다리고 있다고 하시니라 (행 20:22-23).

바울은 성령님의 말씀에 따라 에베소 장로들과 작별인사를 하시면서 이렇게 말씀하였습니다.

이제 나는 거역할 수 없는 성령의 강한 힘에 이끌려 예루살렘으로 갑니다. 거기서 무슨 일이 나를 기다리고 있는지는 잘 모릅니다. 다만 한 가지 내가 아는 것은 내가 가는 도시마다 투옥과 고난이 기다리고 있다는 것을 성령께서 알려 주신다는 사실입니다. 그러나 주 예수께서 내게 맡기신 이 일, 하나님의 전능하신 자비와 사랑의 복음을 다른 사람에게 전하는 이 일을 다 할 수만 있다면 나는 목숨이 조금도 아깝지 않습니다. 나는 여러분들을 찾아다니면서 하나님 나라를 가르쳐 왔습니다. 그러나 이제 여러분이 다시는 내 얼

굴을 보지 못하게 될 것입니다(행 20: 22-25, 현대어).

* **성령님은 교회들에게도 말씀하십니다.**

　성령님께서 요한 계시록 아시아의 일곱 교회에 말씀하십니다.

에베소 교회를 향하여 성령님께서 하신 말씀.

　귀 있는 자는 성령께서 교회들에게 말씀하시는 것을 들을지어다. 이기는 자에게는 내가 하나님의 낙원 가운데 있는 생명나무를 주어서 먹게 하리라(계 2:7).

서머나 교회에 하시는 성령님의 말씀.

　귀 있는 자는 성령께서 교회들에게 말씀하시는 것을 들을지어다. 이기는 자는 둘째 사망으로부터 해를 받지 아니하리라(계 2:11).

　서머나 교회에 성령 하나님이 주시는 말씀은 '**주를 위하여 당하는 고난을 두려워하지 않고 끝까지 충성하여 이기는 자는 지옥의 고통을 당하지 아니 하리라**' 성령님은 주를 위하여 고난을 당하는 것이나 사단의 앞잡이들을 두려워하지 않고 끝까지 충성하면 생명의 면류관을 주신다고 말씀하십니다.

버가모 교회에 하시는 성령님께서 하시는 말씀.

　귀 있는 자는 성령께서 교회들에게 말씀하시는 것을 들을지어다. 이기는 자에게는 내가 감추어진 만나를 주어서 먹게 하리라. 또 그에게 흰 돌을 주리니, 그 돌에는 새로운 이름이 기록되어서 그것을 받는 자 외에는 아는 사람이 없으리라(계 2:17).

버가모 교회에 주시는 성령님의 말씀은 성적 범죄와 우상을 멀리하여 이기는 자에게는 하나님의 말씀을 먹게 하고 예수님을 보내주시겠다고 하셨습니다. 성령님은 성적 범죄와 우상을 섬기지 말라고 하십니다.

두아디아 교회에 하시는 성령님의 말씀.

그러나 너희가 이미 가진 것을 내가 올 때까지 굳게 잡고 있으라. 이기고 나의 일들을 끝까지 지키는 자에게는 내가 민족들을 다스리는 권세를 줄 것이요 그가 철장으로 그들을 다스리리니, 그들이 질그릇같이 산산조각으로 부서지리라. 나도 내 아버지께로부터 받은 것이 그러하니라. 또 내가 그에게 새벽별을 주리라. 귀 있는 자는 성령께서 교회들에게 말씀하시는 것을 들을지어다(계 2:25-29).

두아디아 교회에 하시는 성령님의 말씀은 잘못된 교리의 가르침과 영적인 간음을 멀리하는 사람에게는 권세를 주시고 예수님을 보내주시겠다는 것입니다.

사데 교회에 하시는 성령님의 말씀.

사데에 있으면서 자기들의 옷을 더럽히지 아니한 몇 이름들이 네게 있어 그들이 흰 옷을 입고 나와 함께 다니리니, 이는 그들이 합당한 자들이기 때문이라. 이기는 자는 흰 옷을 입을 것이요, 내가 그의 이름을 생명의 책에서 결코 지우지 아니할 것이며, 또 그의 이름을 내 아버지 앞과 그의 천사들 앞에서 시인할 것이니라. 귀 있는 자는 성령께서 교회들에게 말씀하시는 것을 들을지어다(계 3:4-6).

사데 교회에 하시는 성령님의 말씀은 행위를 완전하게 거룩한 생활을 하면 생명책에 영원히 기록하고 하나님과 천사들이 그 아름다운 모습을 인정할 것이라고 말씀하십니다. 깨어 거룩한 행실을 하는 자는 성령님이 하나님의 생명책에 영원히 기록하실 것이고 하나님 아버지가 인정하십니다.

빌라델비아 교회에 하시는 성령님의 말씀.

이기는 자는 내 하나님 성전에 기둥이 되게 하리니 그가 결코 다시 나가지 아니하리라 내가 하나님의 이름과 하나님의 성 곧 하늘에서 내 하나님께로부터 내려오는 새 예루살렘의 이름과 나의 새 이름을 그이 위에 기록하리라 귀 있는 자는 성령이 교회들에게 하시는 말씀을 들을지어다
(계 3:12-13)

빌라델비아 교회에 하시는 성령님의 말씀은 사단의 거짓말에 속지 않고 인내하고 순종으로 '이기는 자는 하나님 성전에 기둥이 되게 하고 하늘에서 하나님께로부터 내려오는 새 예루살렘의 이름과 새 이름을 그 위에 기록하리라' 하신 것입니다.

성령님은 사단의 앞잡이들의 거짓말에 속지 않고 예수님을 붙잡으면 성전 기둥과 같이 쓰임 받고 하늘나라의 시민이 될 것이라고 말씀하십니다.

라오디게아 교회에 하시는 성령님의 말씀.

무릇 내가 사랑하는 자를 책망하여 징계하노니 그러므로 네가 열심을 내라 회개하라 볼지어다 내가 문 밖에 서서 두드리노니 누구든지 내 음성을 듣고 문을 열면 내가 그에게로 들어가 그로 더불어 먹고 그는 나로 더불어 먹으리라 이기는 그에게는 내가 내 보좌에 함께 앉게 하여 주기를 내가 이기고 아버지 보좌에 함께 앉은 것과 같이 하리라 귀 있는 자는 성령이 교회들에게 하시는 말씀을 들을지어다(계 3:19-22).

라오디게아 교회에 하시는 성령님의 말씀은 열심을 내고 회개하고 마음의 문을 열어 예수님을 영접하고 친밀하게 지내면 "이기는 자에게 아버지 보좌에 함께 앉은 것과 같이 하리라" 하신 것입니다.

성령님은 우리에게 회개의 합당한 열매를 맺고 예수님을 마음을 열어 영접하여 친밀하게 지내면 하나님의 보좌에 앉은 것 같이 높여 주신다고 합니다.

* **성령님은 앞으로 일어날 것도 미리 말씀해 주시면서 미혹되지 않게 하십니다.**

  "성령이 밝히 말씀하시기를 훗일에 어떤 사람들이 믿음에 떠나 미혹케 하는 영과 귀신의 가르침을 좇으리라 하셨으니"(딤전 4: 1)

성령 하나님은 하나님을 믿다가 배반하고 미혹케 하는 마귀와 귀신의 가르침을 좇는 사람들이 있다고 미리 말씀하셨습니다. 예수님은 베드로가 사단에게 미혹케 될 것을 아시고 '사탄아 물러가라' 고 하셨을 뿐만 아니라 닭이 두 번 울기 전에 세 번 예수님을 부인 할 것을 아셨습니다.

* **성령님은 기적을 통해서도 말씀하십니다.**

  유명한 복음 전도자인 모리스 세룰로 목사님이 하나님의 음성을 듣고 그의 생명을 보존케 되었던 이야기를 다음과 같이 소개하였습니다.

세룰로는 해이티 프랑코 두발리어로부터 그곳에서 전도 집회를 인도해 달라는 초청을 받았습니다. 세룰로가 그곳에 도착하였을 때 그는 대 전도 집회를 광고하는 모든 포스터들이 부두 점쟁이들에 의해 찢겨져 있고 심지어는 그들의 집과 거리에 자신을 반대하는 저주 문구들이 나붙어 있는 것을 보았습니다. 세룰로는 공항에서 자신을 마중 나온 많은 수의 국회의원들, 사업가들, 기타 고급 공무원을 만났습니다. 정부는 장관으로 하여금 자동차 퍼레이드를 제공하여 그를 데리고 대통령 궁을 지나 다음의 호텔까지 인도하기로 되어 있었습니다.

모리스 세룰로가 자신을 태우러 온 리무진의 뒷자리에 앉은 순간 갑자기 배에 지독한 통증이 일어났습니다. 그 통증은 도저히 참을 수 없을 정도로 점점 더 심해졌습니다. 세룰로는 자기 옆에 있는 찬양 인도자에게 다음과 같이 말했습니다. "운전사에게 부탁해서 자동차 퍼레이드를 벗어나서 나를 호텔로 데리고 가주시오." 그런데 그는 "그렇게 할 수 없습니다." 그는 이어서 "대통령은 우리보고 그의 왕궁을 거쳐 가라고 명하셨습니다."라고 말했습니다.

세룰로는 앞자리에 앉아 있는 국회의원에게 아주 큰소리를 질렀습니다. "이 행렬에서 나가 주십시오! 질문은 하지 마십시오!" 자동차는 다음 거리로 돌아나가 호텔로 돌진하였습니다. 세룰로는 땀을 뻘뻘 흘리며 그의 방으로 들어가 무조건하고 바닥에 엎드렸습니다. 그의 기도는 단순한 것이었습니다. "하나님 무슨 일이 벌어지고 있는 것입니까?"

그 다음 세룰로는 "아들아 나는 한 가지 이유가 있어 이일이 일어나는 것을 허락하노라 나는 네가 자동차 퍼레이드에서 빠져나와 온전한 주의를 하므로 내가 너에게 말할 수 있기를 원했노라"고 말씀하시는 하나님의 음성을 들었습니다. 그 시점에서 그 고통은 세룰로의 몸에서 갑작스럽고도 완전하게 사라졌습니다.

세룰로는 바닥에 엎드린 채 "하나님 저에게 무엇을 말씀하시길 원하십니까?" 라고 물었습니다. "나는 너에게 오늘밤 300명의 점쟁이들이 너를 죽이러 네 모임에 오고 있음을 말하기 원하였다!" 세룰로는 "좋습니다. 저는 죽음에 몸을 받칠 각오가 되어 있습니다. 이제 저는 죽음에 몸을 바칠 각오가 되어 있습니다. 이제 저는 무엇을 하게 되어 있습니까? 당신은 저에게 순교자로 죽기를 원하십니까?" 이렇게 답변하고 울었습니다.

하나님께서는 이렇게 말씀하셨습니다. "아니다. 대신에 나는 너에게 그들을 식별하는 방법을 알려주려 한다." 그러고 나서 하나님은 그에게 군중 가운데서 부두 점쟁이들의 옷 색깔을 보여주셨을 뿐 아니라 부두 점쟁이들의 이름을 골라내는 방법까지도 정확히 보여주셨습니다. 그때 하나님께서는 "아들아, 네가 전하는 말씀은 내가 그들에게 직접 말하는 것처럼 들릴 것이다. 나는 네가 말한 것을 전하러 나갈 것이다"라고 말씀하셨습니다. 이 구체적인 상황은 하나님께로부터 온 직접적이고 분명한 말씀이었습니다.

모리스 세룰로가 체육관에 1만 5천 명 앞에 말씀을 전하기 위해 섰을 때 청중 여기저기서 어떤 사람들이 염창을 부르기 시작하고 있음을 곧 알아차렸습니다. 이들은 반복하여 염창을 부르기 시작하였고, 이 시나리오는 여러 번 되풀이되었습니다. 보이지 않는 세계에서 영적 전투는 극히 신속하게 증가하고 있었습니다. 세룰로는 무서움으로 온 몸에 땀이 흥건했습니다. 세룰로는 이 가장 긴장된 시점에서 엘리야가 갈멜산에서 영적 대결을 했던 것만큼의 능력 대결을 할 준비가 되어 있었습니다.

그는 이렇게 선언하였습니다. "헤이티 사람이여, 오늘밤 여기 수많은 점쟁이들이 있습니다. 이들은 나를 죽이러 왔습니다. 당신들은 그것을 어떻게 압니까? 라고 묻겠지만 저는 살아 계신 하나님께서 저에게 말씀하셨기 때문에 압니다. 이제 그대 점쟁이들은 내 말에 귀를 기울이십시오. 나는 그대들이 누구인지 정확히 알고 있으며 그대들이 어디에 앉아 있는지를 압니다! 살아 계신 하나님께서 나에게 그대들을 보여주셨기 때문입니다!

그 다음 세룰로는 그 사람들을 한 사람 한 사람씩 가리키기 시작하였고 이렇게 말하였습니다. "오늘 우리는 그대들이 섬기는 마귀와 내가 섬기는 하나님 중 누가 더 능력 있는가를 알아내고자 합니다." 세룰로는 강단 손님 석에 앉아 있었던 모든 고관들과 그들의 아내들을 향해 이렇게 말했습니다. "나는 이제부터 일어날 일들에 대해서 책임을 질 수 없습니다."

세룰로는 점쟁이들을 대면하면서 이렇게 말하였습니다. "그대들이 입을 한번만 더 열면 나는 그대들이 이 모임에서 죽어 실려 나가도 책임질 수 없습니다!" 그 순간 이후로 한 사람도 염창을 하거나 말하거나 움직이는 사람이 없었습니다.

세룰로가 20분가량 복음을 전하는데 체육관 뒤편에서 괴성소리가 들렸습니다. 소요가 시작되었고 군중들의 머리 위로 4-5살 난 어린 아이가 강단으로 옮겨졌습니다. 통역자는 이렇게 말하였습니다. "이들은 아기가 날 때부터 소경이었으나 이제는 볼 수 있다고 외치고 있습니다! 이들은 무슨 일이 일어난 것인지를 알 수 없기 때문에 그를 이곳으로 올려 보냈습니다." 곧 그 아이의 어머니와 아버지가 군중을 뚫고 나와 강단에 도착하였습니다. 그들의 자녀는 완전히 고침을 받았습니다. 바로 이어서 강단에 있었던 고관 중 육군 대장은 문자 그대로 그 자리를 박차고 일어나서 손을 위로 올리며 "나의 하나님! 이 아이는 나의 이웃입니다!"라고 소리쳤습니다.

대전도 집회는 아침, 오후, 저녁으로 나뉘어서 3주간 동안 계속 이어졌는데 그때 수많은 사람들이 구원받고 고침 받기 위해 앞으로 나왔습니다. 모리스 세룰로가 와서 전파하고 있는 살아 계신 하나님은 가장 뛰어나신 능력의 신이라는 사실에 모두가 관심 두었음은 분명하였습니다.

성령님의 말씀은 하나님 아버지의 음성을 듣는 것과 같이 우리에게 유익합니다. 빌 하이벨스 목사는 "하나님께서 성령을 통하여 말씀하시는 것에 귀를 기울이는 것은 정상적일 뿐만 아니라 필수적입니다."라고 하였습니다.

오늘날도 성령님은 우리와 교회들에게 말씀하십니다.

성령님은 개인에게 직접 말씀하시기도 합니다. 목회자들에게 뿐 아니라 평신도에게도 말씀하십니다. 성령님은 교회 전체에게 말씀하십니다. 그리고 성령님은 앞으로 일어날 일들을 미리 말씀하시며 기적을 통해서도 말씀하십니다.

성령 하나님의 말씀을 경청하고 순종하면 아버지 하나님의 말씀을 순종한 자들에게 주시는 축복을 받을 수 있습니다.

너희가 나의 규례와 계명을 준행하면 내가 너희 비를 그 시후에 주리니 땅은 그 산물을 내고 밭의 수목은 열매를 맺을지라. 너희의 타작은 포도 딸 때까지 미치며 너희의 포도 따는 것은 파종할 때까지 미치리니 너희가 음식을 배불리 먹고 너희 땅에 안전히 거하리라 내가 그 땅에 평화를 줄 것인즉 너희가 누우나 너희를 두렵게 할 자가 없을 것이며 내가 사나운 짐승을 그 땅에서 제할 것이요 칼이 너희 땅에 두루 행하지 아니할 것이며 너희가 대적을 쫓으리니 그들이 너희 앞에서 칼에 엎드러질 것이라 너희 다섯이 백을 쫓고 너희 백이 만을 쫓으리니 너희 대적들이 너희 앞에서 칼에 엎드러질 것이며 내가 너희를 권고하여 나의 너희와 세운 언약을 이행하여 너희로 번성케 하고 너희로 창대케 할 것이며(레 26:3-9)

성령님은 지금도 살아 계셔서 말씀하십니다. 성령님께서 우리 개인과 교회에 하시는 말씀을 귀를 기울이고 듣고 순종하여 하나님께 영광을 돌리며 축복을 누려야 합니다.

우리는 반드시 성령님을 더 알기 원하는 갈망함이 있어야 합니다.

안드류 메레이 목사님은 그의 저서 "성령"에서 성령님을 더 알 수 있는 방법을 다음과 같이 가르쳐 주었습니다.

그러나 한편으로 성령의 임재가 거의 인식되지 않고 그분의 역사하심이 제한받는 경우에는 어떻게 우리가 성령을 알 수 있습니까? 그 질문에 대한 답은 매우 간단합니다. 누구든지 그가 성령을 소유하고 있으며 성령을 인격으로, 즉 그가 개인적으로 소유하고 있는 분이자 교사가 되시는 분으로 알기를 진심으로 원한다면 우리는 그에게 이렇게 말하겠습니다. 성령에 관한 말씀의 가르침을 연구하십시오. 성령에 관한 교회의 가르침이나 사람들의 가르침에 만족하지 말고 하나님의 말씀 앞에 나아가십시오. 당신이 일상적으로 성경 읽는 것에 만족하거나 이미 아는 성경 교리에 만족하지 마십시오. 만일 당신이 간절하게 성령을 알고자 한다면 이러한 관점을 가지고 목마른 사람이 생수를 갈급하듯이 말씀 앞에 나아가 탐구하십시오.

또 성령에 대하여 하신 모든 말씀 구절들을 함께 모으십시오. 예를 들어 성령의 - 내주하심, 성령의 역사, 성령께서 당신의 마음에 숨어 계심 등입니다. 그리고 말씀이 가르치시는 것 외에는 어떤 것도 받아들이지 않으며 또한 말씀이 가르치시는 것은 마음을 다해 받아들이겠다고 결심하시오.

말씀을 연구할 때 성령의 가르치심을 의지하십시오. 만일 당신이 인간의 지혜를 사용하여 말씀을 연구한다면 그 말씀 연구는 당신의 잘못된 관점을 확인하는 것일 뿐입니다. 만일 당신이 하나님의 자녀라면 성령께서 당신 안에 어떻게 역사하시는지를 아직 잘 모를지라도 당신을 가르치시는 성령님을 모시고 있는 것입니다. 아버지께서 성령을 통하여 당신 안에 역사하시기를 구하십시오. 그리고 말씀이 당신에게 생명과 빛이 되기를 구하십시오. 만일 겸손한 영을 그리고 하나님의 인도를 신뢰함으로 마음을 다해 말씀 앞에 엎드리면 약속이 확실하게 성취되었음을 발견할 것이며, 당신은 하나님께 가르침을 받을 것입니다.........

우리가 어떤 과일을 먹어 보기 전에는 그것에 대해 알 길이 없습니다. 또 우리가 빛 아래 있어서 그것을 사용하지 않는 한 그 빛을 알 길이 없습니다. 우리가 어떤 사람을 알려면 그에게 가까이 가서 그와 교제해 보아야 합니다. 마찬가지로 성령을 알기 위해서는 그분을 소유하고 또 그분께 소유되어야 합니다. 성령 안에서 사는 것만이 성령을 아는 유일한 길입니다. 성령님이 우리 안에 계셔서 그분의 역사를 행하시고 그분의 교통을 우리에게 베푸시는 것을 주님이 "너희는 저를 아나니 저는 너희와 함께 거하심이요"(요 14:17)라고 말씀하실 때 우리에게 열어 놓으신 길입니다.

5. 성령님을 진정으로 사랑하고 존귀히 여겨야 합니다.

성령님을 참으로 존중히 여겨야 하는 이유들은 다음과 같습니다.

1) 성령님은 모욕 당하실 수 있습니다.

은혜의 성령을 모욕하는 것은 당연히 받을 형벌이 큰 것임을 생각하라고 하였습니다.

> 하물며 하나님 아들을 밟고 자기를 거룩하게 한 언약의 피를 부정한 것으로 여기고 은혜의 성령을 욕되게 하는 자의 당연히 받을 형벌이 얼마나 더 중하겠느냐 너희는 생각하라(히 10: 29)

모세의 율법을 모독한 자들에게 임한 하나님의 공의의 징계로 인해 그들은 아무런 자비를 얻지 못하고 죽었습니다. 이들은 자기를 거룩하게 한 언약의 피를 부정한 것으로 여기고 은혜의 성령을 욕되게 하였기 때문입니다. 이들은 성령을 슬프게 하고 거역하였습니다. 우리는 이와 같이 은혜를 베푸시는 성령을 모욕하거나 은혜의 복음의 구원을 받아들이기를 거부함으로써 큰 심판을 받게 된다는 사실을 인지해야 합니다.

2) 성령님은 거절 당하실 수 있습니다.

> 목이 곧고 마음과 귀에 할례를 받지 못한 사람들아 **너희가 항상 성령을 거스려 너희 조상과 같이 너희도 하는도다**(행 7: 51)

> 그들이 청종하기를 싫어하여 등으로 향하며 듣지 아니하려고 귀를 막으며 그 마음을 금강석 같게 하여 율법과 만군의 여호와가 신으로 이전 선지자를 빙자하여 전한 말을 듣지 아니하므로 큰 노가 나 만군의 여호와께 로서 나왔도다. 만군의 여호와가 말하였었노라 내가 불러도 그들이 듣지 아니하였은즉 그들이 불러도 내가 듣지 아니하고(슥 7: 11-13)

캠벨 몰간(Campel Morgan)은 성령을 거역하는 것에 대하여 다음과 같이 말하고 있습니다. "성령을 거역하는 위험은 거듭나 성령께서 내주하시는 사람들이 안고 있는 위험입니다. 성령을 거역한다는 것은 그분의 목적과 활동에 분명하게 반대하는 것을 의미합니다. 하나님의 성령의 활동에 거역하는 것은 반드시 고의적인 것은 아닙니다. 그것은 무지의 결과일 수도 있습니다……. 자신이 성령을 거역하고 있는지 그렇지 않은지 성령께 적대적인 세상 세력의 일부처럼 행하고 있는 것은 아닌지에 대한 물음의 대답은 은밀한 중에 계시는 하나님께 다음과 같은 진실한 기도를 드리는 가운데 빛과 같이 분명하고 불과 같이 명백하게 다가오는 판단을 통해서만 얻을 수 있는 것입니다."

우리는 시편의 저자처럼 자신을 살펴서 악한 행위를 회개하고 성령님의 인도하심을 받고 따라가야 하겠습니다.

"하나님이여 나를 살피사 내 마음을 아시며 나를 시험하사 내 뜻을 아옵소서 내게 무슨 악한 행위가 있나 보시고 나를 영원한 길로 인도하소서."
(시 139:23, 24).

3) 성령님을 속일 수 있습니다.

베드로가 가로되 아나니아야 어찌하여 사단이 네 마음에 가득하여 네가 성령을 속이고 땅 값 얼마를 감추었느냐 땅이 그대로 있을 때에는 네 땅이 아니며 판 후에도 네 임의로 할 수가 없더냐 어찌하여 이 일을 네 마음에 두었느냐 사람에게 거짓말 한 것이 아니요 하나님께 로다(행 5: 3-4)

성령님께서는 아나니아가 땅 값을 얼마 숨겨 놓고 다 가져왔다는 거짓말에 속지 않았습니다. **"아나니아야 어찌하여 사단이 네 마음에 가득하여 네가 성령을 속이고 땅 값 얼마를 감추었느냐"** 성령님께 거짓말함으로 아나니아와 삽비라 부부는 그 자리에서 엎드러져 죽는 결과를 초래했던 것입니다(행 5: 5, 9, 10).

4) 성령님을 근심케 할 수 있습니다.

하나님의 성령을 근심하게 하지 말라 그 안에서 너희가 구속의 날까지 인치심을 받았느니라(엡 4:30).

근심케 한다는 말속에는 '고통을 준다' 는 의미가 내포되고 있습니다.
신자들은 성령을 근심케 하는 행동이나 말은 하지 않도록 조심하여야 합니다. 우리가 거짓말을 하면 성령님은 근심하시고 방해를 받으십니다.

"그런즉 거짓을 버리고 각각 그 이웃으로 더불어 참된 것을 말하라 이는 우리가 서로 지체가 됨이라"(엡 4:25).

캠벨 몰간은 성령을 근심케 하는 것에 대하여 다음과 같이 설명하였습니다. "성령을 근심하게 하는 위험은 거듭나 성령께서 내주하시는 사람들이 안고 있는 위험이다. 성령은 훼방을 받을 때마다, 사람들이 불순종할 때마다, 그리스도에 관해 계시하지만 반응도 얻지 못할 때마다 근심하신다. 하나님의 자녀들이 하나님께 불순종할 때, 그분의 목적이 방해를 받을 때, 하나님의 마음이 슬퍼진다. 성령께 근심하신 적이 얼마나 많았던가! 성령께서 교회 안에서 근심하심으로 말미암아 하나님의 도래가 늦어지고 있다는 사실을 생각할 때 두려워하지 않을 수 없다"

우리가 다른 사람에게 불친절하게 말하면 성령님은 근심하시고 제한을 받으십니다.

성전인 몸이 더럽혀지면 성령님은 근심하십니다. 하나님의 자녀는 근심하시는 성령님을 근심하게 하지 않도록 살아야 합니다. 우리가 알아야 할 것은 모든 죄는 예외 없이 성령님을 근심케 합니다. 성령님을 근심케 하는 마음이나 행동을 한다면, 알고 있는 죄를 즉시 고백하십시오. 그리하면 성령님을 제한하고 있는 장애물이 곧 제거 될 것입니다.

5) 성령님을 소멸케 할 수 있습니다.

바울은 데살로니가전서 5: 19, 20 "성령을 소멸하지 말라" "예언을 멸시치 말라" 라고 명령하셨습니다.

소멸(quench)이라는 말은 보통 갈증이나 불과 연관되어 사용됩니다.

여기서는 불에 대한 언급으로 사용되고 있습니다. 죠지 메트슨(George Matheson)은 이에 관하여 다음과 같이 말했습니다. 소멸되어서는 안 될 갈증이 있으니 이는 바로 하나님께 대한 갈증이다. 이는 세상의 갈증과는 전혀 다르다. 세상 갈증은 그 대상을 만나게 되면 소멸하지만 하나님께 대한 갈증은 그 분을 만나지 못하면 소멸한다. 목마른 사슴이 시냇물을 찾을 때 시냇물에 목을 축이면 갈증이 해소되지만 하나님께 대한 내 영혼의 목마름은 하나님을 맛볼 때 살아난다. 하나님을 맛보지 못하면 주님께 대한 목마름은 그치게 되고 성령도 소멸된다. 주님께 대한 목마름이 소멸되는 것은 영적 빈곤의 무덤 안으로 빠져드는 것이다. 거룩한 것을 사모하게 만드시는 분은 성령이시다. 그는 하나님께 대한 우리 영의 갈증을 불러일으키신다. 성령을 소멸하는 때이다. 그리하여 우리는 이같이 명령을 받는다. '성령을 소멸치 말라'

성령을 소멸한다고 말할 때는 불을 끈다는 의미의 은유법을 사용하고 있는 것입니다. 내 안에서 하나님을 영화롭게 하는 빛이 비치고 있을 때는 성령이 소멸되지 않습니다. 왜냐하면 성령은 불꽃이기 때문입니다. 소멸되어서는 안 될 갈증이 있는데 그것은 하나님이신 성령님에 관한 것입니다.

캠벨 몰간은 "성령을 소멸하는 위험은 성령께서 특별한 봉사의 은사를 허락하신 사람들이 안고 있는 위험입니다."라고 말했습니다. 그리고 캠벨 몰간은 '성령을 소멸하지 말라'에서 다음과 같이 기록하고 있습니다.

성령님의 도우심을 기다리지 않고 성급하게 봉사함으로써, 혹은 하나님의 제단에 잘못된 제물을 드림으로써 성령을 소멸케 하는 일이 흔하였다. 하나님의 나라의 일을 세속적인 수단에 의지하여 이루려는 것, 불경한 것과 타협함으로써 거룩성을 훼손시키는 것, 하나님을 섬기는 일에 재물을 개입시키는 것 등이 성령을 소멸하는 것이다. 하나님은 자기 백성들을 성령의 은사로 무장시켜 봉사케 하신다. 그러나 많은 사람들이 그것을 본래의 목적에 사용하지 않고 자신을 영화롭게 하는데 사용함으로써 그 은사를 상실해 버리고 만다. 사람들이 먼저 자신의 능력으로 일을 하고 나서는 자신들에게 부족한 것을 하나님이 보충해 주시기를 바랄 때 성령은 소멸케 된다. 하지만 하나님은 그들이 하나님의 일을 위해서는 자신을 포기해야 한다고 요구하신다.

성령님이 소멸 될 때는 다음과 같은 경우입니다. 성령님의 인도하심에 이끌리려 하지 않을 때, 그 때가 성령을 소멸하는 때입니다. 주님이 봉사하도록 부르실 때 충성치 아니하시고 주의 명령 행하기를 거부한다면 성령님은 소멸됩니다. 봉사를 위한 은사를 베풀어주시는 분은 바로 성령님이시기 때문에 그 은사를 사용하고 있는 자만이 자기 안에 타오르는 생명의 불길을 누릴 수 있습니다. 사람들이 주님을 섬기는 일을 거부하거나 하나님의 계획에 따라 성령님이 일하실 때 우리가 자신에게 맡겨진 일을 거부하면 성령님은 소멸됩니다.

물이 불을 꺼뜨리고 낙심이 열망을 소멸시키듯이 그리스도인의 불순종은 주님의 생명 안에 있는 성령님의 인도하심을 소멸시키십니다. 주님께서 우리를 부르실 때 그분의 모든 명령에 즉각 순종치 않고 구실과 변명을 대면 우리 안에서 우리를 통하여 이루시는 주님의 활동과 역사가 제한되게 됩니다. 우리는 주님의 권리와 특권을 인정하여 성령님이 소멸되지 않도록 해야 합니다.

엘버트 벤저민 심슨 목사(A. B. Simpson)는 '성령을 소멸하는 죄'에 대하여 다음과 같이 말하였습니다.

우리는 성령을 소멸시킬 수도 있습니다. 이 표현은 우리 자신의 영혼을 다루시는 성령님의 특별한 사역에 대한 언급이라기보다는, 하나님의 교회 내에서와 다른 사람들의 심령들에 대해 역사하시는 그분의 공적인 사역에 대한 언급일 것입니다. 우리는 우리의 사나운 태도와 비판으로 인해 성령님의 사역과 예배 및 증거의 자유를 방해할 수 있습니다. 또한 우리 자신의 소심함과 불순종으로 말미암아, 성령을 증거하고 다른 사람들에게 그들의 영혼의 상태에 대해 말해 주라고 우리의 마음에 말씀하시는 그분의 감동을 거부할 수도 있습니다.

그리스도의 사역자는 세속적이고 선정적인 화제들을 즐겨 사용함으로써, 그리고 교회에서 이루어지는 기도와 구별됨과 부흥의 영을 방해함으로써 성령을 소멸시킬 수 있습니다. 그리고 성령은 세속적인 것, 유행, 죄악된 쾌락에 의해 소멸되기도 하며, 잘못된 행동, 열광주의, 교회의 지나친 자부심에 의해서도 소멸됩니다.

잃어버린 영혼을 찾아 얻고자 하는 겸손한 마음을 갖는 대신 세속 음악이나 애매모호한 웅변 기술에 지나친 관심을 가지고 계발하고자 하는 것도 성령을 소멸하게 합니다. 그리고 투쟁, 말싸움, 악한 말을 하는 것, 하나님의 백성 사이의 분열보다 더 성령님의 분열보다 더 성령님의 부흥케 하시는 능력을 소멸시키는 것을 없을 것입니다. 또한 하나님의 집이나 성스러운 대상과 관련하여 천박한 대화를 나누는 것은 다른 사람의 심령으로부터 '죄를 일깨우는 성령님의 영향력'을 사라지게 할 수 있습니다.

……우리는 교회 안에서 성령을 소멸하게 할 수 있고, 우리의 자녀들 안에 있는 성령을 소멸시키며, 우리의 손에 영원히 다른 사람의 영혼을 죽인 피를 묻힐 수 있다는 사실을 잊지 말아야 합니다.

우리가 늘 깨어 정신을 차려야 할 것은 성령님을 소멸하는 죄를 범하지 않도록 성령님께 민감하여야 합니다. 그리고 성령의 불이 타오르도록 더 사모하여야 합니다.

6) 성령님을 훼방할 수 있습니다.

성경에 보면 성령을 훼방한 죄에 대해서는 무서운 형벌이 있을 것을 말씀하셨습니다. 성령의 훼방 죄에 대한 분별은 어렵습니다.

> 바리새인들은 듣고 가로되 이가 귀신의 왕 바알세불을 힘입지 않고는 귀신을 쫓아내지 못하느니라. 하거늘 예수께서 저희 생각을 아시고 가라사대 스스로 분쟁하는 나라마다 황폐하여질 것이요 스스로 분쟁하는 동네나 집마다 서지 못하리라 사단이 만일 사단을 쫓아내면 스스로 분쟁하는 것이니 그리하고야 저의 나라가 어떻게 서겠느냐 또 내가 바알세불을 힘입어 귀신을 쫓아내면 너희 아들들은 누구를 힘입어 쫓아내느냐 그러므로 저희가 너희 재판관이 되리라 그러나 내가 하나님의 성령을 힘입어 귀신을 쫓아내는 것이면 하나님의 나라가 이미 너희에게 임하였느니라. 사람이 먼저 강한 자를 결박하지 않고야 어떻게 그 강한 자의 집에 들어가 그 세간을 늑탈하겠느냐 결박한 후에야 그 집을 늑탈하리라 나와 함께 아니하는 자는 나를 반대하는 자요 나와 함께 모으지 아니하는 자는 헤치는 자니라. 그러므로 내가 너희에게 이르노니 사람의 모든 죄와 훼방은 사하심을 얻되 성령을 훼방하는 것은 사하심을 얻지 못하겠고 또 누구든지 말로 인자를 거역하면 사하심을 얻되 누구든지 말로 성령을 거역하면 이 세상과 오는 세상에도 사하심을 얻지 못하리라(마12:24-32).

예루살렘에서 내려온 서기관들은 저가 바알세불을 지폈다 하며 또 귀신의 왕을 힘입어 귀신을 쫓아낸다 하니 예수께서 저희를 불러다가 비유로 말씀하시되 사단이 어찌 사단을 쫓아낼 수 있느냐 또 만일 나라가 스스로 분쟁하면 그 나라가 설 수 없고 만일 집이 스스로 분쟁하면 그 집이 설 수 없고 만일 사단이 자기를 거스려 일어나 분쟁하면 설 수 없고 이에 망하느니라. 사람이 먼저 강한 자를 결박치 않고는 그 강한 자의 집에 들어가 세간을 늑탈치 못하리니 결박한 후에야 그 집을 늑탈하리라 내가 진실로 너희에게 이르노니 사람의 모든 죄와 무릇 훼방하는 훼방은 사하심을 얻되 누구든지 성령을 훼방하는 자는 사하심을 영원히 얻지 못하고 영원한 죄에 처하느니라. 하시니 이는 저희가 말하기를 더러운 귀신이 들렸다 함이러라(막3:22-30).

누구든지 말로 인자를 거역하면 사하심을 받으려니와 성령을 모독하는 자는 사하심을 받지 못
하리라(눅12:10).

성령의 훼방죄를 다루는 구절들은 예수님의 사역이 성령의 능력 가운데 되어진 때에 있었습니다. 예수님의 사역 초기부터 예수님은 귀신을 내어 쫓음으로 사람들의 주의를 끌고 놀라움을 금치 못하게 했습니다
(막 1:27-28).

예수님은 눈멀고 귀먹은 귀신들린 자를 사람들이 데려왔을 때 그를 고치셨습니다(마 12:22). 놀란 사람들이 그를 보고 "이는 다윗의 자손이 아닌가?" 하고 물었을 때 바리새인들은 동요되었습니다. 그때 그들은 예수님을 깎아내리는 어조로 사탄의 왕 바알세불을 힘입어 하는 일이라고 비난

했습니다. 예수님은 먼저 그들의 어리석음을 지적하고(마 12:28-30) 난 다음에 엄한 경고를 하였습니다. "사람의 모든 죄와 훼방은 사하심을 얻되 성령을 훼방하는 것은 사하심을 얻지 못하겠고 또 누구든지 말로 인자를 거역하면 사하심을 얻되 누구든지 말로 성령을 거역하면 이 세상과 오는 세상에도 사하심을 얻지 못하리라"

마태는 성령에 대한 훼방은 예수님의 사역들을 의도적으로 사탄의 권세에 돌리는 것으로 말합니다. 바리새인들은 성경을 알면서도 오직 예수께로서만 오는 구원을 인정하려 하지 않았습니다. 우리를 이끌어 예수님께 나아가게 하는 성령님의 사역에 대한 전적인 부인으로 이 세상에서의 구원의 문을 닫아 버리게 하였던 것입니다.

마가는 "누구든지 성령을 훼방하는 자는 사하심을 영원히 얻지 못하고 영원한 죄에 처하느니라." 즉 성령을 훼방한 자들은 영원한 죄의 죄과가 있거나 그 죄를 짓는 자들이라는 뜻입니다. 마가는 성령의 훼방 죄를 예수님께서 부정한 영을 가졌다는 훼방의 말과 연결시킵니다. 그것은 다른 말로 하면 그 안에 계신 성령이 악한 영이라는 말이었습니다. 그리고 이것은 또한 예수님이 성령으로 세례를 베푼 후 주어진 성령은 하나님께로부터 오신 것임을 부인하는 것이었습니다. 마가복음 3:29의 "영원한 죄에 처하느니라." 는 어떤 이들로 하여금 성령의 훼방 죄는 그 죄에 처하여 있는 동안에만 용서받지 못하는 것으로 생각하게 합니다. 즉 예수님을 주요, 구세주로서의 주에 대한 성령의 증거를 부인하는 한에서만 구원받을 가능성이 없다는 것입니다. 이러한 죄에 처한 자들은 본문에 있는 바리새인들이라고 말하는 것입니다.

누가는 성령의 훼방 죄를 사람들 앞에서 예수를 완전히 부인하고 배격하는 것으로 말하면서 성령의 훼방 죄는 의도적인 것임을 지적해 줍니다. 이것은 성령님이 예수님에 대한 증거, 우리로 하여금 그리스도를 주요, 구세주로 고백케 하는 증거하심에 대한 최종적인 부인입니다. 그러므로 이런 유일한 결과는 심판 때에 용서의 기회를 갖지 못하고 그리스도에 의해 부인당하는 것일 수밖에 없습니다.

우리가 더 알아야 할 것은 성령에 대한 훼방이 한 순간의 분노나 좌절, 혹은 반항에서 나온 것이 아닙니다. 잘못된 가르침이나 성령에 대한 오해에서 생겨난 불신앙에서 나온 것도 아닙니다. 그것은 성령님을 악한 것, 지옥의 구덩이에서 나오는 것으로 의도적으로 부인하게 하는 것입니다. 그리고 다른 사람들까지도 예수님께서 돌아서게 하려는 작정된 행위였습니다. 선한 것을 악한 것으로 보고 빛 대신 어두움을 갖다놓던 반역자들입니다. 현대적으로 적용해 보면 교회 안에서 교회를 통하여 성령으로 역사하는 그리스도의 권위를 거절하는데서 찾아볼 수 있는 바리새인들과 같은 입장에 처하는 것입니다.

6. 성령님은 직분을 가지고 놀라운 사역을 하십니다.

1) 성령님은 보혜사로서 위로하십니다.

예수님께서 제자들에게서 떠나시기 전에 보혜사 성령님을 주사 영원토록 함께 있게 해 주시겠다고 약속하셨습니다.

내가 아버지께 구하겠으니 그가 또 다른 보혜사를 너희에게 주사 영원토록 너희와 함께 있게 하시리니 저는 진리의 영이라 세상은 능히 저를 받지 못하나니 이는 저를 보지도 못하고 알지도 못함이라 그러나 너희는 저를 아나니 저는 너희와 함께 거하심이요 또 너희 속에 계시겠음이라 (요 14: 16-17).

"그러하나 내가 너희에게 실상을 말하노니 내가 떠나가는 것이 너희에게 유익이라 내가 떠나가지 아니하면 보혜사가 너희에게로 오시지 아니할 것이요 가면 내가 그를 너희에게로 보내리니"(요 16: 7)

성령님은 헬라어 원어로 '파라클레토스' 라고 묘사되기도 합니다. 파라클레토스는 우리나라 말로 '보혜사', '곁에서 도움을 베풀도록 부름 받은 자' 라는 뜻으로 즉 '우리 곁으로 오셔서 우리를 북돋우시는 분' 이십니다. 다른 말로는 도와주시는 분, 보모, 위로자, 변호사, 대변자, 상담자,

강하게 하는 자, 용기를 주는 사람이라는 뜻도 있습니다. 성령님은 우리에게 이와 같은 사역을 해 주십니다.

예수님은 하나님께서 '다른' 보혜사를 너희에게 보내시리라고 말씀하셨습니다. '다른' 이라는 말은 '같은 종류의' 라는 뜻입니다. 다른 말로 말하면 예수님과 똑같다는 것입니다.

2) 참된 교사로서 모든 것을 가르쳐 주십니다.

보혜사 곧 내 아버지께서 내 이름으로 보내실 성령 그가 너희에게 모든 것을 가르치시고 내가 너희에게 말한 모든 것을 생각나게 하시리라(요 14: 26).

너희는 주께 받은 바 기름부음이 너희 안에 거하나니 아무도 너희를 가르칠 필요가 없고 오직 그의 기름부음이 모든 것을 너희에게 가르치며 또 참되고 거짓이 없으니 너희를 가르치신 그대로 주안에 거하라(요일 2: 27).

우리가 성령님을 인정하고 의지할 때 그때 상황에 따라 우리에게 진리를 가르쳐 주십니다.

3) 예수님을 증거하게 하십니다.

내가 아버지께로서 너희에게 보내실 보혜사 곧 아버지께 로서 나오시는 진리의 성령이 오실 때에 그가 나를 증거 하실 것이요(요 15: 26).

성령님은 예수님이 이 세상에 오시기 전부터 뿐만 아니라 태어났을 때도 증거하고 계속 증거하였습니다. 가장 중요한 것은 성경의 저자들 40여명에게 성령의 감동으로 각 책들을 기록할 때 그 속에 예수님을 증거하게 하셨습니다. 그래서 성령님의 감동이 없이는 성경을 바르게 해석할 수 없으며, 예수님을 발견할 수 없습니다.

4) 진리 가운데로 인도하십니다.

> 내가 아직도 너희에게 이를 것이 많으나 지금은 너희가 감당치 못하리라. 그러하나 진리의 성령이 오시면 그가 너희를 모든 진리 가운데로 인도하시리니 그가 자의로 말하지 않고 오직 듣는 것을 말하시며 장래 일을 너희에게 알리시리라(요 16: 12-13)

> 무릇 하나님의 영으로 인도함을 받는 그들은 하나님의 아들이라(롬 8: 14).

성령의 인도하심을 받는 자들은 누구든지 하나님의 아들입니다. 성령님은 거룩한 생명의 영이십니다. 그러므로 성령님은 거룩함 안에서 인도하십니다. 성령님으로 말미암아 하나님의 뜻을 온전케 하시며 선하게 인도하십니다. 성령님께서 빛을 비추시고, 바르게 분별하시게 하고 인도하십니다.

성령님은 우리로 하여금 예수 그리스도를 아는 지식을 생명과 진리가 되게 하시어 구원하는 능력을 체험하게 하십니다. 그리고 우리를 진리 가운데로 인도하십니다. 성령님은 중대한 고비들과 중요한 결정들이 있을 때 우리를 바르게 인도하시려고 하십니다. 또한 성령님은 사소한 일들에서도 우리를 인도하시려고 하십니다. 성령님이 우리를 인도하실 때에는 그분 뒤에서 순종하며 따라 한걸음씩 발을 맞춰 걸어야 합니다. 우리는 서로 줄을 맞추어서 하나님의 뜻을 이행하고 따를 때 놀라운 축복을 받으며 살아 갈 수 있습니다.

바울은 갈라디아서 5장 16절에서 우리에게 "성령으로 살라"고 권고하였습니다. 바울은 두 구절 뒤에서 "성령으로부터 인도 받는 것"에 대하여 말을 합니다.

> 내가 이르노니 너희는 성령을 좇아 행하라 그리하면 육체의 욕심을 이루지 아니하리라 육체의 소욕은 성령을 거스리고 성령의 소욕은 육체를 거스리나니 이 둘이 서로 대적함으로 너희의 원하는 것을 하지 못하게 하려 함이니라. 너희가 만일 성령의 인도하시는 바가 되면 율법 아래 있지 아니하리라(갈 5:16-18).

5) 죄와 의, 심판에 대하여 세상을 책망하십니다.

> 가면 내가 그를 너희에게 보내리니 그가 와서 죄에 대하여, 의에 대하여, 심판에 대하여 세상을 책망하시리라 죄에 대하여라 함은 저희가 나를 믿지 아니함이요 의에 대하여라 함은 내가 아버지께로 가니 너희가 다시 나를 보지 못함이요 심판에 대하여라 함은 이 세상 임금이 심판을 받았음이니라(요 16:7-11).

(a) 성령님은 죄를 깨닫게 하시고 책망하십니다.

누구라도 마음 안에서 성령의 역사가 없으면 하나님께서 그를 보시는 것처럼 자신을 실제로 볼 수 없습니다. 성령님은 인간의 마음을 열어서 죄를 드러내고 또 하나님 앞에 유죄를 선언하십니다. 성령님이 죄를 보여주시는 것은 그 사람으로 하여금 구세주를 찾게 하시기 위함입니다. 샘 슈메

커는 "성령은 위로자가 되시기에 앞서 먼저 불안을 주시는 분이시다. 그분이 우리를 혼란시키는 것은 우리를 바로 잡기 위해서이다." 참 의미 있는 말입니다.

성령님이 하시는 은혜의 역사입니다. 이성과 논증으로 이룰 수 없었던 것을 성령님이 이루셨던 것입니다. 성령님은 죄를 책망하실 뿐 아니라 우리를 하나님 아버지께로 인도하셨던 것입니다.

앤드류 머레이 목사님은 성령님께서 죄를 책망하시기도 한다는 것을 다음과 같이 가르쳐 주었습니다.

성령께서는 죄를 책망하고 그 죄로부터 구원하신 구주 그리스도를 증거하는 일을 하도록 우리를 자원하게 하시고 담대하게 하십니다. 성령께서 언행 간에 우리를 통하여 또는 우리의 증거를 통하여 세상을 책망하시고자 한다면 그분은 먼저 세상의 죄에 대하여 우리에게 깨달음을 주셔야 합니다. 성령께서는 먼저 우리 각자에게 세상이 우리 구주를 믿지 않고 거부하는 데 대한 통찰력과 죄책감을 주셔야 합니다. 또한 우리가 세상의 죄 하나하나가 바로 주님을 거절하는 원인이요 증거이며 결과라는 것을 깨닫고 느낄 때 우리도 어느 정도 성령께서 죄를 보시는 것과 같은 차원에서 죄를 볼 수 있게 되고 생각하고 느끼게 되는 것입니다. 그럴 때만이 우리를 통하여 일하시는 성령님을 위해 내적으로 준비될 것이고, 우리가 죄에 대하여 그리고 하나님을 향하여 증거하는 것 사이에 내적 통일성이 있게 될 것이며, 그것이 듣는 이의 양심에 이르러 위로부터 오는 능력으로 책망하게 될 것입니다. 성령께서 우리로 세상의 죄를 깨닫게 하실 때 그분의 사역은 두 가지 방법으로 표현되고 있습니다. 하나는 하나님과 그분의 존

귀하심을 열렬히 사모하면서 범죄를 심히 애통해하는 가운데 자신을 희생하는 것입니다. 다른 하나는 구원의 능력에 대한 견고하고 강한 믿음을 갖는 것입니다. 하나님께서 그분의 백성에게 그리스도를 거절한 세상의 죄에 대하여 참되고 깊은 깨달음을 주시기 바라며 그럼으로써 성령이 그들을 사용하여 죄에 대하여 세상을 책망하는 일을 하시는 데에 적합하게 준비되기 바랍니다.

(b) 성령님은 의에 대하여 책망하십니다.

그분은 우리 자신의 도덕과 선행이 하나님 앞에서는 아무런 의미가 없으며 진정한 의는 예수 그리스도 안에서만 찾을 수 있다는 것을 우리에게 보여주십니다. 그분은 의란 받는 것이지 성취하는 것이 아니라는 것을 우리에게 가르치십니다. 의는 하나님의 선물이지 인간의 소산물이 아닙니다. 우리들 가운데 많은 사람들은 우리의 영적 상태에 만족합니다. 그러나 성령의 역사로 인하여 전적으로 완전하신 그리스도 앞에 서게 되면 죄와 불완전으로 얼룩진 우리 자신을 보면서 우리는 그분 앞에 부끄러워하게 됩니다. 우리는 얼마나 하나님의 영광으로부터 멀리 떨어져 있는가를 보게 됩니다.

(c) 성령님은 인간에게 심판에 대하여 책망하십니다.

그분은 이 세상의 왕으로써, 곧 사단이 우리 주 예수 그리스도의 죽음에 의하여 이미 심판을 받았으며, 우리도 하나님의 은혜 밖에서는 하나님의 심판대 앞에서 정죄된다는 것을 우리에게 계시하십니다. 그분은 어느 날 우리 각자가 하나님의 심판대 앞에 서서 우리의 언어와 행위, 기회와 특권, 그리고 재능과 소유에 대하여 직접 고백해야 할 것을 알려 주십니다. 우리는 모두 하나님에게 고백해야 합니다. 성령님이 이것을 명백하게 하십니다.

성령의 충만을 받은 베드로가 사람들에게 설교할 때 다음과 같은 반응이 일어났습니다.

> "저희가 이 말을 듣고 마음에 찔려 베드로와 다른 사도들에게 물어 가로되 형제들아 우리가 어찌할고. 하거늘"(행 2: 37)

세상에서 가장 큰 죄는 하나님을 믿지 않는 것입니다. 곧 예수 그리스도를 거절하는 것입니다. 사실 예수님을 거절하는 것은 세상이요. 이것이 바로 세상의 영입니다. 이렇게 성령님은 믿지 않는 죄에 대하여 세상을 책망하고 거룩한 삶을 살기 원하십니다.

6) 거듭난 새 생명을 주십니다.

예수님은 니고데모와 대화 가운데 중생의 필요함을 교훈하십니다.

> 바리새인 중에 니고데모라 하는 사람이 있으니 유대인의 관원이라 그가 밤에 예수께 와서 가로되 랍비여 우리가 당신은 하나님께 로서 오신 선생인 줄 아나이다. 하나님이 함께 하시지 아니하시면 당신의 행하시는 이 표적을 아무라도 할 수 없음이니이다 예수께서 대답하여 가라사대 진실로 진실로 네게 이르노니 사람이 거듭나지 아니하면 하나님 나라를 볼 수 없느니라. 니고데모가 가로되 사람이 늙으면 어떻게 날 수 있삽나이까 두 번째 모태에 들어갔다가 날 수 있삽나이까 예수께서 대답하시되 진실로 진실로 네게 이르노니 사람이 물과 성령으로 나지 아니하면 하나님 나라에

들어갈 수 없느니라. 육으로 난 것은 육이요 성령으로 난 것은 영이니 내가 네게 거듭나야 하겠다. 하는 말을 기이히 여기지 말라 바람이 임의로 불매 네가 그 소리를 들어도 어디서 오며 어디로 가는지 알지 못하나니 성령으로 난 사람은 다 이러하니라(요 3:1-8).

거듭난 것은 성품의 변화나 새 성품의 시작이 아닙니다. 태초이신 그 분이 우리 속에 들어오시는 것입니다. 그리스도의 성품이 친히 우리 안으로 들어오는 것입니다. 거듭난다는 것은 하나님의 성품이 들어오는 것입니다. 우리가 태초이신 그분으로부터 난 것입니다. 거듭난다는 것은 새로 거듭난 신자 안에 '영원' 이 태어난다는 것입니다.

사도 바울은 에베소 교인들에게 보낸 편지에서 성령의 중생의 사역에 대하여 말씀하였습니다.

너희의 허물과 죄로 죽었던 너희를 살리셨도다 그 때에 너희가 그 가운데서 행하여 이 세상 풍속을 좇고 공중의 권세 잡은 자를 따랐으니 곧 지금 불순종의 아들들 가운데서 역사하는 영이라 전에는 우리도 다 그 가운데서 우리 육체의 욕심을 따라 지내며 육체와 마음의 원하는 것을 하여 다른 이들과 같이 본질상 진노의 자녀이었더니 긍휼에 풍성하신 하나님이 우리를 사랑하신 그 큰 사랑을 인하여 허물로 죽은 우리를 그리스도와 함께 살리셨고 (너희가 은혜로 구원을 얻은 것이라) 또 함께 일으키사 그리스도 예수 안에서 함께 하늘에 앉히시니 이는 그리스도 예수 안에서 우리에게 자비하심으로써 그 은혜의 지극히 풍성함을 오는 여러 세대에 나타내려 하심이니라 너희가 그 은혜를 인하여 믿음으로 말미암아 구원을 얻었나니 이것이 너희에게서 난 것이 아니요 하나님의 선물이라 행위에서

난 것이 아니니 이는 누구든지 자랑치 못하게 함이니라 우리는 그의 만드신 바라 그리스도 예수 안에서 선한 일을 위하여 지으심을 받은 자니 이 일은 하나님이 전에 예비하사 우리로 그 가운데서 행하게 하려 하심이니라(엡 2:1-10)

중생은 하나님의 은혜입니다. 우리는 중생 전에는 주로 육체 안에서 육체를 따라 살았습니다. 그러나 성령께서 중생케 하심으로 새롭게 되었습니다(딛 3: 5).

우리를 구원하시되 우리의 행한 바 의로운 행위로 말미암지 아니하고 오직 그의 긍휼하심을 좇아 중생의 씻음과 성령의 새롭게 하심으로 하셨나니

거듭남과 성령의 관계에 대해 바른 관계와 의미를 알아야 합니다. 거듭나다는 것은 성령으로 새롭게 태어난다는 의미입니다. 이것은 우리가 그리스도인이 될 때 일어나는 일입니다. 사람이 육체적으로 태어나면 그는 한 가족에 속합니다. 영적으로 다시 태어나면 그리스도인 가족에 속하게 됩니다. 성령님은 우리에게 아버지와의 관계에 대한 확신을 주시며 그 관계를 키워나가도록 도우십니다.

성령님은 지나간 일을 없던 것으로 하실 뿐만 아니라 우리를 아들과 딸로서 하나님과 새로운 관계 속으로 들어가게 하십니다. 예수님을 영접한 사람들에게만 그의 이름을 믿는 사람들에게만 하나님의 자녀가 되는 권세를 주시는 것입니다. 우리는 자연적으로 태어나는 것으로만 되는 것이 아니라 성령으로 다시 태어남으로써 하나님의 자녀가 되는 것입니다. 출생과 중생 이 두 가지는 모두 성령의 역사의 결과입니다.

예수님께서는 거듭나기 전 인간의 상태를 '육으로 난 것은 육이요' 라는 말씀으로 요약하신 뒤에 곧바로 거듭난 후의 변화된 인간의 모습을 영으로 난 것은 영이라는 말씀으로 간단하면서도 명백하게 묘사하셨습니다. 거듭난 결과는 새로운 생명이 전에 잃어버렸던 시각을 되찾음으로 말미암아 육에 속해 있을 때는 발견할 수 없었던 것들을 볼 수 있게 되고 인간의 영혼은 하나님을 보고 아버지라 부를 수 있게 되었습니다.

거듭나지 않으면 세상에서 썩어질 것을 피할 수 없습니다. 거듭남이 없이는 신의 성품에 참여할 수 없습니다.

"이로써 그 보배롭고 지극히 큰 약속을 우리에게 주사 이 약속으로 말미암아 너희로 정욕을 인하여 세상에서 썩어질 것을 피하여 신의 성품에 참여하는 자가 되게 하려하였으니"(벧후 1:4)

성령은 영원하신 분이십니다. 영원하신 그분은 시작도 없고 끝도 없으십니다. 그분이 우리 생명 속으로 들어오는 것입니다. 성령님은 영생과 하나님의 생명 즉 새 생명을 주십니다.

7) 성령님은 하나님의 임재 속으로 이끄십니다.

무릇 하나님의 영으로 인도함을 받는 그들은 곧 하나님의 아들이라 너희는 다시 무서워하는 종의 영을 받지 아니하였고 양자의 영을 받았으므로 아바 아버지라 부르짖느니라. 성령이 친히 우리 영으로 더불어 우리가 하나님의 자녀인 것을 증거하시나니 자녀이면 또한 후사 곧 하나님의 후사요 그리스도와 함께 한 후사니 우리가 그와 함께 영광을 받기 위하여 고난

도 함께 받아야 될 것이니라(롬 8:14-17)

하나님의 영은 우리가 하나님과의 관계를 발전시키도록 도와주십니다. 이방 사람과 유대 사람 양쪽 모두 그리스도로 말미암아 한 성령 안에서 아버지께로 나아가게 되었습니다(엡 2:18).

예수님을 통해, 성령으로 인해, 우리는 하나님 앞으로 나아갈 수 있게 되었습니다. 우리는 성령으로 말미암아 그분 앞으로 즉시 나아갈 수 있습니다. 성령님은 우리가 하나님 앞에 나아갈 수 있게 하실 뿐만 아니라 우리가 기도하는 것을 도우십니다. 모든 기도는 성령님의 인도함을 받아야 합니다. 그분의 도움이 없는 기도는 생명이 없고 단조로운 것이 되기 쉽습니다. 우리가 성령 안에서 하나님께 사로잡히게 되면 기도는 우리 삶의 가장 중요한 활동이 됩니다. 하나님의 영은 우리가 하나님과의 관계를 발전시키도록 도우시며 그 관계를 유지할 능력을 주십니다.

예수님은 우리가 성령을 받을 때 하나님과 친밀한 관계를 함께 나누어 누리도록 허락하시는 것입니다. 자녀를 삼으시는 영을 받았습니다. 그리고 성령은 하나님에 대한 깊은 경험을 우리에게 주십니다.

8) 성령님은 성경을 통해 우리에게 하시는 하나님의 말씀을 이해하게 합니다.

우리 주 예수 그리스도의 하나님, 영광의 아버지께서 지혜와 계시의 영을 여러분에게 주셔서 아버지를 알게 하시고 여러분의 마음의 눈을 밝혀 주시기를 빕니다(엡 1:17-18).

하나님의 영이 성경을 통해 우리에게 하시는 말씀을 이해하도록 하십니다. '하나님의 영' 즉 성령이 임하지 않으면 성경을 많이 읽어도 아무런 의미도 없습니다. 그 이유는 하나님의 영이 없었기 때문입니다. 하나님의 영은 하나님이 하신 말씀의 해설자입니다. 성령님께서 우리의 눈을 밝혀 주시지 않으면 우리는 하나님의 말씀과 그리스도교를 이해할 수 없습니다. 성령님을 믿고 받을 때만이 하나님의 계시를 진정으로 이해할 수 있습니다. 말씀을 전하는 설교자는 하나님의 말씀을 알리는데 지속적으로 성령의 가르침을 받아야 합니다.

9) 성령님은 믿는 자들을 자유롭게 하십니다.

성령님은 타락한 성품이 지배하는 힘으로부터 마음과 감정과 의지를 자유케 합니다. 죄와 사망으로부터 영혼을 해방시킵니다.

> 그러므로 이제 그리스도 예수 안에 있는 자에게는 결코 정죄함이 없나니 이는 그리스도 예수 안에 있는 생명의 성령의 법이 죄와 사망의 법에서 너를 해방하였음이라 율법이 육신으로 말미암아 연약하여 할 수 없는 그것을 하나님은 하시나니 곧 죄를 인하여 자기 아들을 죄 있는 육신의 모양으로 보내어 육신에 죄를 정하사 육신을 좇지 않고 그 영을 좇아 행하는 우리에게 율법의 요구를 이루어지게 하심이니라 (롬 8: 1-4)

진정한 자유란 예수 그리스도 안에 있는 것입니다. 성령님이 우리 안에 거하시고 역사하실 때 우리는 진정한 자유 가운데 살 수 있습니다.

(a) 성령은 율법으로부터 자유함을 주십니다.

본래 율법은 사람들의 죄와 권세로부터 자유롭게 할 수 없었습니다.

율법은 사람을 의롭게 만들지 못합니다. 율법은 단지 불법한 자를 밝히고 유죄를 증명하는 역할을 합니다. 그러나 성령님은 인간을 율법과 정죄와 저주로부터 자유롭게 하는 것입니다. "모든 믿는 자에게 의를 이루기 위하여 율법의 마침이 되신"(롬 10:4). 우리가 성령님을 통해 얻은 이 영광스러운 자유는 모든 성도들의 기업입니다. 왜냐하면 성령께서 우리의 율법의 책벌과 죽게 하는 율법의 권세로부터 자유하게 하셨기 때문입니다.

> 그리스도께서 우리로 자유케 하려고 자유를 주셨으니 그러므로 굳세게 서서 다시는 종의 멍에를 메지 말라(갈 5:1)

> 주는 영이시니 주의 영이 계신 곳에 자유함이 있느니라(고후 3:17).

(b) 성령님은 담대하게 말할 수 있는 자유를 주십니다.

> 저희가 다 성령의 충만함을 받고 성령이 말하게 하심을 따라 다른 방언으로 말하기를 시작하니라(행 2:4)

성령님은 새 생명을 부여하실 뿐 아니라 복음을 담대하게 전하게 하였습니다. 예수님의 제자인 베드로는 성령을 받기 전에는 비겁하고 겁쟁이였습니다. 그러나 오순절에 성령을 받고 대적들 앞에서 담대하게 복음을 전했습니다.

> 이 사람들을 어떻게 할고 저희로 인하여 유명한 표적 나타난 것이 예루살렘에 사는 모든 사람에게 알려졌으니 우리도 부인할 수 없는지라. 이것이 민간에 더 퍼지지 못하게 저희를 위협하여 이후에는 이 이름으로 아무 사

람에게도 말하지 말게 하자 하고 그들을 불러 경계하여 도무지 예수의 이름으로 말하지도 말고 가르치지도 말라 하니 베드로와 요한이 대답하여 가로되 하나님 앞에서 너희 말 듣는 것이 하나님 말씀 듣는 것보다 옳은가 판단하라. 우리는 보고 들은 것을 말하지 아니할 수 없다 하니 관원들이 백성을 인하여 저희를 어떻게 벌할 도리를 찾지 못하고 다시 위협하여 놓아 주었으니 이는 모든 사람이 그 된 일을 보고 하나님께 영광을 돌림이러라(행 4:16-21)

사도 바울은 성령의 도우심으로 기도 없이는 청중들에게 설교하기가 무척 어렵다는 사실을 깨닫고 기도해 줄 것을 간절히 권면하였습니다.

모든 기도와 간구로 하되 무시로 성령 안에서 기도하고 이를 위하여 깨어 구하기를 항상 힘쓰며 여러 성도를 위하여 구하고 또 나를 위하여 구할 것은 내게 말씀을 주사 나로 입을 벌려 복음의 비밀을 담대히 알리게 하옵소서. 할 것이니 이 일을 위하여 내가 쇠사슬에 매인 사신이 된 것은 나로 이 일에 당연히 할 말을 담대히 하게 하려 하심이니라(엡 6:18-19)

성령님이 우리를 주관하게 하시면 말의 자유를 주십니다. 성령님이 말의 자유를 주심으로 우리가 하나님의 말씀을 전하는데 중요하게 사용되어집니다. 고든(A.J Gordon)은 이렇게 말했습니다. "참된 설교자란 단지 성령을 이용하는 자가 아니라 성령에 의해 사용당하는 자이다."

(c) 성령님은 예배의 자유를 주십니다.

많은 교회가 예배의 참된 의미에 대하여 거의 모르고 있습니다. 예배란 인간의 모든 것 즉 마음, 생각과 의지, 인격, 소유 등을 써서 하나님께 고백과 찬미, 찬양, 기도를 드리는 것입니다. 단순한 외적 형식과 예식이 예배가 아니라 하나님의 임재를 체험하며 주님의 말씀을 듣는 것이 예배입니다.

> 하나님은 영이시니 예배하는 자가 신령과 진정으로 예배할지니라(요 4:24).

> 시와 찬미와 신령한 노래들로 서로 화답하며 너희의 마음으로 주께 노래하며 찬송하며 범사에 우리 주 예수 그리스도의 이름으로 항상 아버지 하나님께 감사하며 그리스도를 경외함으로 피차 복종하라(엡 5:19-21)

성령님은 예배를 드리는 데 있어 우리의 힘으로는 주를 찬양하고 영화롭게 할 수 없다는 것을 알게 하십니다. 성령으로 찬양하고, 성령으로 기도하고, 성령의 선물을 기대하여야 합니다.

> 그러면 어떻게 할고. 내가 영으로 기도하고 또 마음으로 기도하며 내가 영으로 찬미하고 또 마음으로 찬미하리라(고전 14:15).

> 그런즉 형제들아 어찌할고. 너희가 모일 때에 각각 찬송시도 있으며 가르치는 말씀도 있으며 계시도 있으며 방언도 있으며 통역함도 있나니 모든 것을 덕을 세우기 위하여 하라(고전14:26).

10) 성령은 중보기도와 어떻게 기도할 것을 도와줍니다.

예수님은 말씀하셨습니다. "내가 너희를 고아와 같이 버려두지 아니하겠다."(요 14:18). 성령님은 돕는 자요, 대언자요, 교사요, 인도자요, 우리의 필요를 채워주는 친근한 친구이십니다. 그리고 우리가 연약할 때 중보 기도까지 해 주십니다.

이와 같이 성령도 우리 연약함을 도우시나니 우리가 마땅히 빌 바를 알지 못하나 오직 성령이 말할 수 없는 탄식으로 우리를 위하여 친히 간구하시느니라. 마음을 감찰하시는 이가 성령의 생각을 아시나니 이는 성령이 하나님의 뜻대로 성도를 위하여 간구하심이니라(롬 8:26-27).

앤드류 머레이는 "기도의 성령" 이라는 주제로 기도의 성령으로서 행하는 일을 다음과 같이 가르쳐 주었습니다.

"우리에게는 우리가 기도드릴 수 있는 아버지와 우리의 기도를 들으시는 아버지가 계십니다. 우리에게는 또 아들이 계시는데 우리는 그분을 통하여 응답받고 그분과의 연합을 힘입어 실제로 그 응답이 우리의 것이 됩니다. 그리고 우리에게는 성령이 계시고 우리는 그분 안에서 기도하며 그분은 우리 안에 깊이 숨어 계시면서 말할 수 없는 탄식으로 하나님의 뜻을 따라 간구하시며, 하나님께서는 마음을 감찰하사 성령의 생각이 어떤가를 알아내십니다. 보좌에서 은혜로 이 기도를 들으시고 효과적으로 기도에 응답하시는 하나님의 거룩한 역사가 놀랍고 실제적인 것처럼 그리고 위로부터 오는 응답을 기다리시며 얻으시는 성령의 사역 또한 놀랍고 실제적입니다 우리 속에서의 중재 역시 하늘 보좌 위에서의 중재만큼 신성한 것입니다.

성령은 하나님의 자녀들이 연약함과 고난 중에서 몹시 괴로워할 때 도움을 베풀어 주십니다. '도우시나니' 에 해당되는 헬라어의 의미는 '참여하다' 혹은 '하나가 되어 붙들다' 입니다. 성령은 그리스도인의 연약함을 도우시는데 단지 동정 어린 관심으로만이 아니라 인격적으로 참여함으로써 하십니다. 마치 어머니가 걸음마를 배우는 어린 자식을 도와주듯이 혹은 젊은 청년이 노인에게 팔을 내밀어 기댈 수 있게 하듯이 연약한 것들의 안으로 들어가 떠받쳐 주시는 것입니다.

성령은 우리에게 믿음, 유순함, 복종, 용기, 혹은 그 무엇이 부족한 것을 깨닫게 하시는 분이십니다. 성령은 우리로 하여금 영적인 필요를 보고 느끼도록 하며 은혜의 보좌앞에 아뢰게 하시는 분이십니다. 성령은 두려움을 정복함으로써 우리의 연약함을 도우시며 믿음을 증가시키고 소망을 강하게 하시며 우리 마음을 하나님께로 인도하십니다. 성령은 그리스도인의 영혼이 억압을 받고 있거나 낙담함이 있어 무엇을 위해 기도해야 할지 모를 때 그 마음에 간구 할 바를 알게 하시며 성령 안에서 믿음과 기도의 생활을 하게 하십니다.

> 그러면 어떻게 할고. 내가 영으로 기도하고 또 마음으로 기도하며 내가 영으로 찬미하고 또 마음으로 찬미하리라(고전 14:15).

> 사랑하는 자들아 너희는 너희의 지극히 거룩한 믿음 위에 자기를 건축하며 성령으로 기도하며(유1:20).

> 모든 기도와 간구로 하되 무시로 성령 안에서 기도하고 이를 위하여 깨어 구하기를 항상 힘쓰며 여러 성도를 위하여 구하고(엡 6:18).

우리의 영의 지성소에 계신 성령님이 하나님과 우리 사이를 중재하시며 하나님의 뜻에 따라 기도하시고 계시는 은혜에 대해 감격과 감사와 체험으로 기뻐해야 합니다. "이는 성도를 위하여 간구하심이니라.", "무시로 성령 안에서 기도하고 이를 위하여 깨어 있어 항상 여러 성도를 위하여 구하고" 영원하신 성령님이 우리를 위해 기도하시며 우리가 누구를 위해 어떻게 기도할 것을 알려 주십니다.

11) 성령은 지혜를 주십니다.

성령님은 여러분의 지혜가 되기 위해 와 계십니다. 이것은 구약 이사야 11장 2절에 상세하게 설명되어져 있습니다. 이사야 11장 2절에서 성령님은 다음과 같은 분이시라고 말씀하셨습니다. "여호와의 신 곧 지혜와 총명의 신이요 모략과 재능의 신이요 지식과 여호와를 경외하는 신이 그 위에 강림하시리니"

지혜의 영: 여러분이 사물의 본질과 목적을 깊이 깨닫도록 도우시는 능력, 하나님의 능력을 성취하는 올바른 수단을 찾을 수 있도록 도우시는 능력입니다.
총명의 영: 여러분의 환경, 관계, 사람들을 분별할 수 있도록 도우시는 능력입니다.

상담의 영: 여러분이 올바르게 결정을 하고 다른 사람들에게 정보를 주고 다른 사람들을 인도할 수 있도록 도우시는 능력입니다.

지식과 주님 경외의 영: 하나님에 대한 경험적인 지식 (그분이 누구신지, 어떻게 하면 그분을 기쁘게 할 수 있는지, 그분이 무엇을 하고 계신지) 그분의 뜻, 그분의 길들을 여러분에게 알려 주시는 능력입니다.

이런 성령의 지혜는 예수님께 부여되었고 우리에게도 부여됩니다. 그리스도는 우리에게 말씀과 지혜를 주시겠다고 약속하셨습니다

"내가 너희의 모든 대적이 능히 대항하거나 변박할 수 없는 구재와 지혜를 너희에게 주리라"(눅 21:15)

성령이 공급하시는 지혜는 위로부터 오는 지혜입니다(약 3:17). 경건한 지혜는 순결하고 평화를 사랑하고 사려 깊으며 복종적이며 자비가 풍성하고 선한 열매가 가득하고 편벽됨이 없으며 신실하며 겸손합니다.

성령은 우리로 하여금 생활, 성격, 사건들, 그리고 다른 사람들의 삶들을 관찰할 수 있게 하시며, 또 여러분이 본 것으로부터도 관찰과 총론을 할 수 있게 하십니다. 성령께서 여러분에게 들을 수 있는 귀를 여시기를 원하시는 것과 같이 성령께서는 세상의 사건 속에서 하나님의 손길을 발견해 내고 하나님이 주시는 교훈들을 분별해 낼 수 있는 눈을 주시기를 원하십니다. 여러분들이 가지고 있는 성경에 대한 통찰은 일종의 성령으로부터 받은 지혜입니다(시 105:105). 성령은 말씀을 조명해 주시고 그 말씀을 우리 마음과 우리 상황에 적용하시기 위해서 오셨습니다. 우리가 하나님께 지혜를 달라고 구하고 성령이 우리 가운데에 충만히 임하고 우리를 조명하실 때 비로소 우리는 항상 더 많은 그리스도의 지혜를 받게 됩니다.

바울은 회심자를 위해 끊임없는 영광스러운 아버지 하나님께서 그들에게 지혜와 계시의 영을 부어 주십사 하는 것과 인도하심에 특별한 지혜, 조명, 계시가 있기를 위하여 기도 하였습니다.

> 우리 주 예수 그리스도의 하나님, 영광의 아버지께서 지혜와 계시의 정신을 너희에게 주사 하나님을 알게 하시고(엡 1:17)

> 내가 기도하노라 너희 사랑을 지식과 모든 총명으로 점점 더 풍성하게 하사 너희로 지극히 선한 것을 분별하며 또 진실하여 허물없이 그리스도의 날까지 이르고 예수 그리스도로 말미암아 의의 열매가 가득하여 하나님의 영광과 찬송이 되게 하시기를 구하노라(빌 1:9-11)

다음과 같이 덧붙여서 말씀하였습니다.

> 너희 중에 누구든지 지혜가 부족하거든 모든 사람에게 후히 주시고 꾸짖지 아니하시는 하나님께 구하라 그리하면 주시리라 오직 믿음으로 구하고 조금도 의심하지 말라 의심하는 자는 마치 바람에 밀려 요동하는 바다 물결 같으니(약 1:5-6)

우리는 하나님으로부터 오는 지혜가 항상 필요합니다. 하나님께서는 성령을 우리의 상담자로 보내셔서 매일 인도하심으로 지혜로운 선택을 할 수 있도록 도와주시며 지혜를 주십니다.

> 그러나 하나님께서 세상의 미련한 것들을 택하사 지혜 있는 자들을 부끄럽게 하려 하시고 세상의 약한 것들을 택하사 강한 것들을 부끄럽게 하려 하시며(고전 1:27)

> 너는 마음을 다하여 여호와를 의뢰하고 네 명철을 의지하지 말라(잠 3:5)

> 아무도 자기를 속이지 말라 **너희 중에 누구든지 이 세상에서 지혜 있는 줄로 생각하거든 미련한 자가 되어라 그리하여야 지혜로운 자가 되리라**(고전 3:18)

우리에게는 세상으로부터 오는 지혜가 아니라 하나님께 속한 지혜가 있어야 합니다.

12) 성령님은 재주(기술)와 힘을 주었습니다.

하나님의 신인 성령님이 브사렐과 오홀리압을 감동하게 하여 성막의 도구들을 만들게 하였습니다.

> 여호와께서 모세에게 일러 가라사대 내가 유다 지파 훌의 손자요 우리의 아들인 브사렐을 지명하여 부르고 하나님의 신을 그에게 충만하게 하여 지혜와 총명과 지식과 여러 가지 재주로(출 31:1-3)

> 모세가 이스라엘 자손에게 이르되 볼지어다 여호와께서 유다 지파 훌의 손자요 우리의 아들인 브사렐을 지명하여 부르시고 하나님의 신을 그에게 충만케 하여 지혜와 총명과 지식으로 여러 가지 일을 하게 하시되 공교한 일을 연구하여 금과 은과 놋으로 일하게 하시며 보석을 깎아 물리며 나무를 새기는 여러 가지 공교한 일을 하게 하셨고 또 그와 단 지파 아히사막의 아들 오홀리압을 감동시키사 가르치게 하시며 지혜로운 마음을 그들에게 충만하게 하사 여러 가지 일을 하게 하시되 조각하는 일과 공교로운 일과 청색 자색 홍색실과 가는 베실로 수놓은 일과 짜는 일과 그 외에 여러 가지 일을 하게 하시고 공교로운 일을 연구하게 하셨나니(출 35:30-35)

학개서에 보면 성전건축 사역을 하는 지도자들에게 성령님이 임하게 하셨습니다.

> 그러나 나 여호와가 이르노라 스룹바벨아 스스로 굳세게 할지어다. 여호사닥의 아들 대제사장 여호수아야 스스로 굳세게 할지어다. 나 여호와의 말이니라. 이 땅 모든 백성아 스스로 굳세게 하여 일할지어다. 내가 너희와 함께 하노라 만군의 여호와의 말이니라. 너희가 애굽에서 나올 때에 내가 너희와 언약한 말과 나의 신이 오히려 너희 중에 머물러 있나니 너희는 두려워하지 말지어다. 나 만군의 여호와가 말하노라 조금 있으면 내가 하늘과 땅과 바다와 육지를 진동시킬 것이요 또한 만국을 진동시킬 것이며 만국의 보배가 이르리니 내가 영광으로 이 전에 충만케 하리라 만군의 여호와의 말이니라. 은도 내 것이요 금도 내 것이니라 만군의 여호와의 말이니라. 이 전의 나중 영광이 이전 영광보다 크리라 만군의 여호와의 말이니라. 내가 이곳에 평강을 주리라 만군의 여호와의 말이니라(학 2:4-9).

13) 성령님께서는 신자들을 연합시킵니다.

> 그러므로 주 안에서 갇힌 내가 너희를 권하노니 너희가 부르심을 입은 부름에 합당하게 행하여 모든 겸손과 온유로 하고 오래 참음으로 사랑 가운데서 서로 용납하고 평안의 매는 줄로 성령의 하나 되게 하신 것을 힘써 지키라 몸이 하나이요 성령이 하나이니 이와 같이 너희가 부르심의 한 소망 안에서 부르심을 입었느니라(엡 4:1-4).

은사는 여러 가지나 성령은 같고(고전 12:4).

> 이 모든 일은 같은 한 성령이 행하사 그 뜻대로 각 사람에게 나눠 주시느니라 몸은 하나인데 많은 지체가 있고 몸의 지체가 많으나 한 몸임과 같이 그리스도도 그러하니라. 우리가 유대인이나 헬라인이나 종이나 자유자나 다 한 성령으로 세례를 받아 한 몸이 되었고 또 다 한 성령을 마시게 하셨느니라 (고전 12:11-13)

바울은 성령님께서 믿는 이들은 하늘에 계신 그리스도에게만 아니라 이 땅에 있는 그리스도의 몸과 연합시키셨다고 말씀하셨습니다. 그리고 성령님께서는 하늘에 계신 그리스도와 이 땅의 그리스도인 모든 지체 안에 거하십니다.

모든 하나님의 자녀안에는 같은 성령님이 있으며 하나님이 원하시는 것은 우리가 하나 되는 것입니다. 모든 그리스도인은 어디에 있든지 그들의 종파, 배경, 피부색, 혹은 인종이 무엇이든지 간에 같은 성령이 계십니다. 가장 중요한 것은 성령이 있느냐 없느냐 하는 것입니다. 성령님이 그 안에 살고 계시다면 그 사람은 그리스도인이고 한 형제자매입니다. 그러므로 우리는 성령의 하나 됨을 지키기 위해 언제나 힘써야 합니다.

은사들을 수여하시고 신자들을 결합시키는 것은 성령이십니다

"각 사람에게 성령의 나타남을 주심은 유익하게 하려 하심이라"
(고전 12:7)

우리는 성령의 하나 됨을 힘써 지켜야 합니다. 제가 목회하는 팔복교회는 영어 회중과 한국 회중이 함께 자주 예배를 드리면서 찬양 중에 성령으로 하나 됨을 경험하였습니다. 그러므로 그리스도인의 삶에 성령의 하

나 됨을 인식하여 겸손과 온유와 사랑으로 서로 용납하며 대제사장이신 우리 주님의 기도가 응답되도록 하여야 하겠습니다.

"거룩하신 아버지여 내게 주신 아버지의 이름으로 저희를 보전하사 우리와 같이 저희도 하나가 되게 하옵소서. 저희로 하나가 되게 하려 함은 아버지께서 나를 보내신 것과 또 나를 사랑하심같이 저희도 사랑하신 것을 알게 하려 함이로소이다"(요 17:11, 23).

교회는 그리스도의 생명과 성령의 사랑 안에서 하나입니다. 내가 소유한 성령님은 그리스도인 안에 거하시는 성령님이십니다. 우리는 성령의 하나 되게 하신 말씀을 적극적으로 실천하는 모본을 보여야 하겠습니다.

14) 성령님은 선교 사역을 책임지고 계십니다.

안디옥 교회에 선지자들과 교사들이 있으니 곧 바나바와 니게르라 하는 시므온과 구레네 사람 루기오와 분봉왕 헤롯의 젖동생 마나엔과 및 사울이라 주를 섬겨 금식할 때에 성령이 가라사대 내가 불러 시키는 일을 위하여 바나바와 사울을 따로 세우라 하시니 이에 금식하며 기도하고 두 사람에게 안수하여 보내니라 두 사람이 성령의 보내심을 받아 실루기아에 내려가 거기서 배 타고 구브로에 가서(행 13:1-4)

안디옥 교회는 이방인에게 복음을 전하게 하기 위하여 금식하고 기도하여 바울과 바나바 두 사람을 안수하여 보냅니다. 이 두 사람은 성령님의 보내심을 받아 이방 지역으로 선교하러 갔습니다. 성령님께서 특별히 두 사람을 따로 세워 복음을 전하게 하신 것입니다. 이방에 대한 선교는 성령님의 목표입니다. 성령님께서 선교 사역을 할 사람들을 선택하여 보내어 감당하게 하시는 것입니다. 그리고 선교 사역을 잘 감당할 수 있게 하기 위하여 성령의 능력을 주셨습니다. 성령님께서는 예수님의 제자들에게 땅 끝까지 예수 그리스도의 복음을 증거하도록 성령을 부어 주셨습니다. 성령님께서 이방인들의 문을 열고 예비케 하셨습니다.

15) 성령님은 예수님과 긴밀한 관계 속에 있습니다.

예수님은 "성령께 속한 사람"의 원형이십니다. 예수님이 지상에 계실 때에 성령이 내내 예수님 안에, 예수님과 함께 계셨습니다. 성령으로 동정녀 마리아에게 잉태되었습니다. 세례 받으실 때에 비둘기 같은 모양으로 성령이 강림하였습니다(눅 3:21).

성령에게 이끌리어 마귀에게 시험을 받으러 광야로 나갔습니다. 성령으로 귀신들을 쫓아냈습니다. "그러나 내가 하나님의 성령을 힘입어 귀신을 쫓아내는 것이면 하나님의 나라가 이미 너희에게 임하였느니라."(마 12: 28).

예수님은 성령의 능력으로 말씀 전하셨습니다. 또한 예수님은 성령으로 기뻐하셨습니다(눅 10: 21). '영원하신 성령으로 말미암아' 흠 없는 자기를 십자가상에서 하나님께 드리셨습니다(히 9: 14). 성령으로 살리심을 받았습니다(벧전 3: 18). 부활에서 그리고 승천하시기 전에 제자들에게 명령 내리신 것은 바로 그 성령으로 말미암은 것입니다. 그의 택하신 사도들에게 성령으로 명하시고 승천하신 날까지의 일을 기록하였노라(행 1:2).

16) 성령님은 예수 그리스도를 영화롭게 하십니다.

성령님이 하시는 일 가운데 가장 중요한 것은 하나님의 아들 예수님을 영화롭게 하는 것입니다. "성령이 나를 영화롭게 하실 것이요 내가 그로 인하여 영광을 얻으리라"(요 16:14). 아버지께서는 하늘에서 아들을 영화롭게 하십니다. 성령님은 우리 마음에서 아들 예수님을 영화롭게 하십니다. 성령님이 예수 그리스도를 영화롭게 할 수 있습니다.

성령님께서 예수 그리스도를 영화롭게 하신다는 것은 예수님의 탁월함과 가치를 나타내는 것입니다. 아버지께서 모든 정사와 능력을 주관하는 자 위에 뛰어나게 하사 만물을 그 발아래 복종하게 하셨습니다. 그리고 모든 이름 위에 뛰어난 이름을 그에게 주사 모든 무릎을 예수의 이름에 꿇게 하셨습니다. 또한 예수님은 하나님의 영광 보좌에 앉으사 만물을 그 발아래 복종하게 하심으로 영광을 받으셨습니다.

앤드류 머레이 목사님은 "성령님께서는 우리 각자에게 예수 그리스도를 현재 우리 안에 계시는 분으로 그 영광에 참여하게 하십니다. 성령님께서는 우리 안에서 예수님을 영화롭게 하실 때 영광 안에 계신 예수님을 우리에게 계시합니다. 우리가 예수님에 대해 아는 지식은 모두 하나님의 성령으로 말미암아 오신 것입니다."

우리가 알아야 분명하게 알아야 할 것은 성령님을 안다는 것은 정확하게 그리스도를 안다는 것을 의미합니다. 성령님을 영화롭게 한다는 것은 정확하게 말하여 그리스도를 영화롭게 하는 것과 같습니다. 그리고 성령님께서는 사랑으로 순종하는 자들 안에 거하시며 그러한 사람들을 통하여 예수 그리스도의 영광을 나타내십니다.

17) 성령님은 하나님의 능력을 주셔서 사역하게 하십니다.

예수님께서는 세상에 태어나실 때 성령님이 함께 하셨습니다. 성령님께서는 예수님을 광야로 이끄시고 성령의 능력을 입으신 후에 마귀에게 승리를 하였습니다.

"예수께서 성령의 권능으로 갈릴리에 돌아가시니 그 소문이 사방에 퍼졌고" (눅 4:14)

성령님은 그리스도인과 교회를 통하여 세상에서 예수님의 능력 있는 증인이 되게 하기 위하 하늘로부터 오는 능력을 주셨습니다.
예수님께서는 아버지께 구하는 자에게 성령을 주실 것을 약속하셨습니다.

볼지어다. 내가 내 아버지의 약속하신 것을 너희에게 보내리니 너희는 위로부터 능력을 입히 울 때까지 이 성에 유하라 하시니라(눅 24:49)

사도와 같이 모이사 저희에게 분부하여 가라사대 예루살렘을 떠나지 말고 내게 들은 바 아버지의 약속하신 것을 기다리라 요한은 물로 세례를 베풀었으나 너희는 몇 날이 못 되어 성령으로 세례를 받으리라 하셨느니라. 저희가 모였을 때에 예수께 묻자와 가로되 주께서 이스라엘 나라를 회복하심이 이 때니이까 하니 가라사대 때와 기한은 아버지께서 자기의 권한에 두셨으니 너희의 알 바 아니요 오직 성령이 너희에게 임하시면 너희가 권능을 받고 예루살렘과 온 유대와 사마리아와 땅 끝까지 이르러 내 증인이 되리라 하시니라(행 1:4-8)

예수님께서는 약속하신 대로 성령을 임하시게 하여 부활의 증인이 되게 하셨습니다. 하나님은 예수님의 증인이 되게 하시기 위하여 성령의 능력을 주셨습니다. 왜냐하면 하나님의 나라는 말에 있지 않고 능력에 있기 때문입니다.

> **내 말과 내 전도함이 지혜의 권하는 말로 하지 아니하고 다만 성령의 나타남과 능력으로 하여 너희 믿음이 사람의 지혜에 있지 아니하고 다만 하나님의 능력에 있게 하려 하였노라 그러나 우리가 온전한 자들 중에서 지혜를 말하노니 이는 이 세상의 지혜가 아니요 또 이 세상의 없어질 관원의 지혜도 아니요 오직 비밀한 가운데 있는 하나님의 지혜를 말하는 것이니 곧 감추었던 것인데 하나님이 우리의 영광을 위하사 만세 전에 미리 정하신 것이라 이 지혜는 이 세대의 관원이 하나도 알지 못하였나니 만일 알았더면 영광의 주를 십자가에 못 박지 아니하였으리라(고전2:4-8).**

성령님께서 예수 그리스도를 증거하고 세상을 정복하기 위하여 하나님의 크신 능력을 주셨습니다. 성령의 능력은 예수님께서 하늘 보좌와 그분의 생명을 희생하여 이루신 사역을 수행하기 위해 위로부터 임하시는 능력입니다. 그리고 우리의 연약함이 성령의 능력으로 강건케 되는 역사입니다. 우리는 위로부터 임하시는 능력을 받기를 사모할 뿐만 아니라 받아 그리스도의 증인의 사명을 잘 감당하여야 합니다. 예수님께서 "성령이 나를 증거하실 것이요"라고 말씀하셨습니다.

베드로는 오순절 날 아버지께 성령을 받아 예수 그리스도를 담대하게 증거하였습니다. "하나님이 그를 높이사 임금과 구주를 삼으셨느니라. 우리는 이 일에 증인이요 성령도 그러하니라." 베드로가 이렇게 그리스도를 증거할 수 있는 것은 성령의 능력을 힘입은 것입니다.

하나님은 갈망하는 자와 순종하는 사람에게 성령을 주십니다. 앤드류 머레이는 하나님의 능력이 역사하는 법을 다음과 같이 가르쳐 주었습니다. "우리가 하나님의 능력이 역사하시도록 하려면 작은 일에도 그분의 인도하심에 순종하는 거룩한 임재-당신 안에 거하시는 분-앞에 경외하는 마음으로 겸손히 무릎을 꿇어야 합니다. 어떤 일에서든지 하나님의 거룩한 뜻을 깨닫고 행하는 데 실패하지 않도록 거룩한 두려움으로 극히 겸손하게 행하십시오. 당신을 전적으로 다스리며 당신의 가장 깊은 부분을 온전히 소유하는 능력에게 완전히 내어드린 자로서 사십시오. 성령과 그분의 능력이 당신을 사로잡게 하십시오. 그리하면 그분의 능력이 당신 안에 역사하고 계심을 알 것입니다."

우리는 능력의 성령님이 우리 안에 내주하시며 그분의 능력으로 충만하여 하나님을 영화롭게 할뿐만 아니라 예수 그리스도의 증인으로 사명을 잘 감당하여야 합니다.

7. 성령님의 상징들을 통해 성령님을 더 알 수 있습니다.

성경은 성령 하나님의 모습을 그리는 것이 어려운 일임을 알고 성령에 대한 비유와 상징들로 자주 불, 바람, 기름, 물, 비둘기 등을 자주 사용하였다. 이 모든 비유와 상징들은 중요한 진리를 담고 있습니다.

1) 불: 구약성경에서 불은 하나님의 현현과 자주 연결되었습니다. 그분의 임재의 상징이었던 것입니다. 떨기나무 불꽃 가운데서 모세에게 나타나신 하나님(출 3: 2). 구름 기둥과 불기둥으로 광야 여행 내내 나타난 하나님의 임재(출 13:21-), 시내산 위에 강림하신 하나님(출 19: 18), 엘리사를 둘러싼 불 병거(왕하 6: 17). 등입니다.

하나님의 불이 어떻게 초자연적으로 임하는가는 성경 여러 곳에서 볼 수 있습니다.

(a) 언약의 불로 언약을 보증하실 때 횃불이 지나갔습니다.
　해가 져서 어두울 때에 연기 나는 풀무가 보이며 타는 횃불이 쪼갠 사이로 지나더라(창15:7).

(b) 동행하시는 불 하나님께서 이스라엘과 동행하실 때 불기둥으로 함께 하셨습니다.

여호와께서 그들 앞에 행하사 낮에는 구름 기둥으로 그들의 길을 인도하시고 밤에는 불 기둥으로 그들에게 비취사 주야로 진행하게 하시니 낮에는 구름 기둥 밤에는 불 기둥이 백성 앞에서 떠나지 아니하니라 (출13:21,22).

낮에는 구름 기둥으로 인도하시고 밤에는 불기둥으로 그 행할 길을 비취셨사오며 …주께서는 연하여 긍휼을 베푸사 저희를 광야에 버리지 아니하시고 낮에는 구름 기둥으로 길을 인도하시며 밤에는 불기둥으로 그 행할 길을 비취사 떠나게 아니하셨사오며 (느9:12,19).

낮에는 구름으로, 온 밤에는 화광으로 인도하셨으며(시 78:14).
여호와께서 구름을 펴사 덮개를 삼으시고 밤에 불로 밝히셨으며(시 105:39).

여호와께서 그 거하시는 온 시온산과 모든 집회 위에 낮이면 구름과 연기, 밤이면 화염의 빛을 만드시고 그 모든 영광 위에 천막을 덮으실 것이며(사4:5).

(c) 하나님의 현현의 불(하나님의 임재)로 하나님이 현현하실 때 불로 나타나셨습니다.

여호와의 사자가 떨기나무 불꽃 가운데서 그에게 나타나시니라 그가 보니 떨기나무에 불이 붙었으나 사라지지 아니하는지라(출3:2).

시내산에 연기가 자욱하니 여호와께서 불 가운데서 강림하심이라 그 연기가 옹기점 연기같이 떠오르고 온 산이 크게 진동하며(출19:18)

산 위의 여호와의 영광이 이스라엘 자손의 눈에 맹렬한 불같이 보였고(출24:17).

여호와께서 두 돌판을 내게 주셨나니 그 판의 글은 하나님이 친수로 기록하신 것이요 너희 총회 날에 여호와께서 산상 불 가운데서 너희에게 이르신 모든 말씀이니라 … 내가 돌이켜 산에서 내려오는데 산에는 불이 붙었고 언약의 두 돌판은 내 손에 있었느니라(신9:10,15).

이것이 곧 네가 총회의 날에 호렙산에서 너의 하나님 여호와께 구한 것이라 곧 네가 말하기를 나로 다시는 나의 하나님 여호와의 음성을 듣지 않게 하시고 다시는 이 큰 불을 보지 않게 하소서 두렵건대 내가 죽을까 하나이다 하매(신 18:16).

여호와께서 산 위 불 가운데서 너희와 대면하여 말씀하시매 그 때에 너희가 불을 두려워하여 산에 오르지 못하므로 내가 여호와와 너희 중간에 서서 여호와의 말씀을 너희에게 전하였노라 여호와께서 가라사대 나는 너를 애굽 땅에서 종 되었던 집에서 인도하여 낸 너희 하나님 여호와로라 나 외에는 위하는 신들을 네게 있게 말지니라(신 5:4-6)

(d) 예배의 불로 예배(제사)가 열납하셨을 때 불이 임하였습니다.

불이 여호와 앞에서 나와 단 위의 번제물과 기름을 사른지라 온 백성이 이를 보고 소리지르며 엎드렸더라(레 9:24).

다윗이 거기서 여호와를 위하여 단을 쌓고 번제와 화목제를 드려 여호와께 아뢰었더니 여호와께서 하늘에서부터 번제단 위에 불을 내려 응답하시고(대상 21:26).

(e) 거룩의 불과 소명의 불(정결, 회개, 소명)로 이사야에게 천사가 불을 가지고 입술로 정결케 하였습니다.

웃시야 왕의 죽던 해에 내가 본즉 주께서 높이 들린 보좌에 앉으셨는데 그 옷자락은 성전에 가득하였고 스랍들은 모셔 섰는데 각기 여섯 날개가 있어 그 둘로는 그 얼굴을 가리었고 그 둘로는 그 발을 가리었고 그 둘로는 날며 서로 창화하여 가로되 거룩하다 거룩하다 거룩하다 만군의 여호와여 그 영광이 온 땅에 충만하도다 이같이 창화하는 자의 소리로 인하여 문지방의 터가 요동하며 집에 연기가 충만한지라 그 때에 내가 말하되 화로다 나여 망하게 되었도다 나는 입술이 부정한 사람이요 입술이 부정한 백성 중에 거하면서 만군의 여호와이신 왕을 뵈었음이로다 때에 그 스랍의 하나가 화저로 단에서 취한 바 핀 숯을 손에 가지고 내게로 날아와서 그것을 내 입에 대며 가로되 보라 이것이 네 입에 닿았으니 네 악이 제하여졌고 네 죄가 사하여졌느니라 하더라 내가 또 주의 목소리를 들은즉 이르시되 내가 누구를 보내며 누가 우리를 위하여 갈고 그 때에 내가 가로되 내가 여기 있나이다 나를 보내소서(이사야 6:1-8)

(f) 기도 응답의 불로 엘리야의 기도에 응답과 능력이 임하였습니다.

너희는 너희 신의 이름을 부르라 나는 여호와의 이름을 부르리니 이에 불로 응답하는 신 그가 하나님이니라(왕상 18:24)

이에 여호와의 불이 내려서 번제물과 나무와 돌과 흙을 태우고 또 도랑의 물을 핥은지라(왕상 18:38)

(g) 영광의 불로 솔로몬 왕이 기도를 마칠 때 불이 하늘에서 내려왔습니다.

산 위의 여호와의 영광이 이스라엘 자손의 눈에 맹렬한 불같이 보였고 (출 24:17)

솔로몬이 기도를 마치매 불이 하늘에서부터 내려와서 그 번제물과 제물들을 사르고 여호와의 영광이 그 전에 가득하니(대하 7:1)

이스라엘 모든 자손은 불이 내리는 것과 여호와의 영광이 전에 있는 것을 보고 박석 깐 땅에 엎드려 경배하며 여호와께 감사하여 가로되 선하시도다 그 인자하심이 영원하도다 하니라(역대하 7:3)

(h) 소멸의 불로 태우는 불입니다.

   소멸이란 원어의 뜻은 "전적으로 태워 버리다. 삼키다, 먹어 버리다" 뜻입니다. 불은 "불타는, 불붙는, 불화염의 뜨거운" 이란 뜻을 가지고 있습니다.

   네 하나님 여호와는 소멸하는 불이시요 질투하는 하나님이시니라
(신 4:25)

   우리 하나님은 소멸하는 불이심이니라(히 12:29)

(i) 사랑의 불입니다.

      너는 나를 인같이 마음에 품고 도장같이 팔에 두라 사랑은 죽음같이 강하고 투기는 음부같이 잔혹하며 불같이 일어나니 그 기세가 여호와의 불과 같으니라 (아 8:6).

(j) 치유의 불입니다.

      내 이름을 경외하는 너희에게는 의로운 해가 떠올라서 치료하는 광선을 발하리니 너희가 나가서 외양간에서 나온 송아지같이 뛰리라(말 4:2)

(k) 성령이 불입니다.

      오순절날이 이미 이르매 저희가 다 같이 한 곳에 모였더니 홀연히 하늘로부터 급하고 강한 바람 같은 소리가 있어 저희 앉은 온 집에 가득하며 불의 혀같이 갈라지는 것이 저희에게 보여 각 사람 위에 임하여 있더니 저희가 다 성령의 충만함을 받고 성령이 말하게 하심을 따라 다른 방언으로 말하기를 시작하니라(행 2:1-4)

(l) 성령의 은사의 불입니다.

그러므로 내가 나의 안수함으로 네 속에 있는 하나님의 은사를 다시 불일 듯하게 하기 위하여 너로 생각하게 하노니(딤후 1:6).

(m) 복음 전파의 불입니다.

내가 다시는 여호와를 선포하지 아니하며 그 이름으로 말하지 아니하리라 하면 나의 중심이 불붙는 것 같아서 골수에 사무치니 답답하여 견딜 수 없나이다(렘 20:9).

하나님의 백성들을 이러한 하나님의 불을 받아야 합니다. 그리고 우리 성소 안에 하나님의 불이 꺼지지 않고 항상 타올라 합니다.

신약 성경에서 세례 요한은 예수님에 대하여 "......그는 성령과 불로 너희에게 세례를 주실 것이요"(눅 3: 16-17).라고 기록하고 있습니다. 요한은 거룩하신 하나님의 불을 생각하고 있었습니다.

하나님의 영의 불은 신자를 정화시키고 따뜻하게 할뿐만 아니라 능력으로 임합니다. 반면에 하나님의 심판의 불은 불신자를 파멸시킵니다. 성령은 거룩한 영이십니다. 그분은 하나님의 사랑과 평강을 전해주시기 위해서 뿐 아니라 우리가 더 예수님을 닮도록 만드시려고 썩은 것들을 불태우시기 위해서도 임하십니다. 그러므로 불이 필요한 것입니다. 오순절 성령이 임하셨을 때 성령은 '불의 혀' 같이 능력으로 강하게 역사하셨습니다. "주여 성령의 능력을 불을 보내소서!"

2) 바람: 성령은 바람과 같습니다. 예수님은 이렇게 말씀하셨습니다. "바람이 임의로 불매 네가 그 소리를 들어도 어디서 오며 어디로 가는지 알지

못하나니 성령으로 난 사람은 다 이러하니라."(요 3: 8) 바람은 붙잡을 수 없지만 효력은 있습니다. 바람은 부드럽게 불기도하고 나무를 구부리고 흔들며, 깃발을 나부끼게 합니다. 그리고 강풍으로 격렬해지는 모습도 봅니다.

성령님은 바람과 같습니다. 바람은 하나님의 영의 능력을 주시는 주권을 언급합니다.

오순절에 다음과 같은 사건이 일어났다. 홀연히 하늘로부터 급하고 강한 바람 같은 소리가 있어 저희 앉은 온 집에 가득하며, 저희가 다 성령의 충만함을 받고 성령이 말하게 하심을 따라 다른 방언으로 말하기 시작 하니라. (행 2: 4).

바람은 부드럽게도 불기도 하고 강하게 불기도 합니다. 그 바람은 갱신과 부흥을 초래했고, 또한 동시에 낡은 장벽과 장애물들을 무너뜨렸습니다.

3) 기름: 기름은 구약시대에 음식을 만들고, 불을 밝히고, 병을 치료하며, 기름을 부음으로 제사장, 선지자, 왕으로 세워 사역을 감당케 하였습니다. 그리고 성령의 능력을 의미하시고 하였습니다.

주 여호와의 신이 내게 임하셨으니 이는 여호와께서 내게 기름을 부으사 가난한 자에게 아름다운 소식을 전하게 하려 하심이라 나를 보내사 마음이 상한 자를 고치며 포로된 자에게 자유를, 갇힌 자에게 놓임을 전파하며 여호와의 은혜의 해와 우리 하나님의 신원의 날을 전파하여 모든 슬픈 자를 위로하되 무릇 시온에서 슬퍼하는 자에게 화관을 주어 그 재를 대신하

며 희락의 기름으로 그 슬픔을 대신하며 찬송의 옷으로 그 근심을 대신하시고 그들로 의의 나무 곧 여호와의 심으신 바 그 영광을 나타낼 자라 일컬음을 얻게 하려 하심이니라(사 61:1-3).

내게 말하던 천사가 다시 와서 나를 깨우니 마치 자는 사람이 깨우임 같더라. 그가 내게 묻되 네가 무엇을 보느냐 내가 대답하되 내가 보니 순금 등대가 있는데 그 꼭대기에 주발 같은 것이 있고 또 그 등대에 일곱 등잔이 있으며 그 등대 꼭대기 등잔에는 일곱 관이 있고 그 등대 곁에 두 감람나무가 있는데 하나는 그 주발 우편에 있고 하나는 그 좌편에 있나이다. 하고 내게 말하는 천사에게 물어 가로되 내 주여 이것들이 무엇이나이까 내게 말하는 천사가 대답하여 가로되 네가 이것들이 무엇인지 알지 못하느냐 내가 대답하되 내 주여 내가 알지 못하나이다 그가 내게 일러 가로되 여호와께서 스룹바벨에게 하신 말씀이 이러하니라. 만군의 여호와께서 말씀하시되 이는 힘으로 되지 아니하며 능으로 되지 아니하고 오직 나의 신으로 되느니라. 큰 산아 네가 무엇이냐 네가 스룹바벨 앞에서 평지가 되리라 그가 머릿돌을 내어 놓을 때에 무리가 외치기를 은총, 은총이 그에게 있을지어다. 하리라 하셨고 여호와의 말씀이 또 내게 임하여 가라사대 스룹바벨의 손이 이 전의 지대를 놓았은즉 그 손이 또한 그것을 마치리라 하셨나니 만군의 여호와께서 나를 너희에게 보내신 줄을 네가 알리라 하셨느니라. 작은 일의 날이라고 멸시하는 자가 누구냐 이 일곱은 온 세상에 두루 행하는 여호와의 눈이라 다림줄이 스룹바벨의 손에 있음을 보고 기뻐하리라 내가 그에게 물어 가로되 등대 좌우의 두 감람나무는 무슨 뜻이니이까 하고 다시 그에게 물어 가로되 금 기름을 흘려 내는 두 금관 옆에 있는 이 감람나무 두 가지는 무슨 뜻이니이까 그가 내게 대답하여 가로되 네가 이것이 무엇인지 알지 못하느냐 대답하되 내 주여 알지 못하나이다.

가로되 이는 기름 발리운 자 둘이니 온 세상의 주 앞에 모셔 섰는 자니라 하더라(슥 4:1-14).

다윗의 경우 기름부음과 성령의 관계가 더 분명하게 드러났습니다.

"사무엘이 기름 뿔을 취하여 그 형제 중에서 그에게 부었더니 이 날 이후로 다윗이 여호와의 신에게 크게 감동되니라"(삼상 16: 13).

제자들과 야고보는 사도들이 기름을 바르며 믿음으로 성령님을 의지하면서 치유하도록 하였습니다.

많은 귀신을 쫓아내며 많은 병인에게 기름을 발라 고치더라(막 6:13).

너희 중에 병든 자가 있느냐 저는 교회의 장로들을 청할 것이요 그들은 주의 이름으로 기름을 바르며 위하여 기도할지니라. 믿음의 기도는 병든 자를 구원하리니 주께서 저를 일으키시리라 혹시 죄를 범하였을지라도 사하심을 얻으리라(약 5: 14-15).

우리는 주님께로부터 기름부음을 받습니다. 우리 모두는 예수님께로부터 직접 공급받는 기름을 각자 가지고 있어야 하는 것입니다.

4) 물(생수): 성경에서는 하나님의 축복과 영적 새로움을 상징합니다. 그리고 성령 을 상징하기도 하였습니다.

너희 목마른 자들아 물로 나아오라 돈 없는 자도 오라 너희는 와서 사 먹되 돈 없이 값없이 와서 포도주와 젖을 사라(사 55:1).

내 백성이 두 가지 악을 행하였나니 곧 생수의 근원되는 나를 버린 것과 스스로 웅덩이를 판 것인데 그것은 물을 저축치 못할 터진 웅덩이니라 (렘 2:13).

이스라엘의 소망이신 여호와여 무릇 주를 버리는 자는 다 수치를 당할 것이라 무릇 여호와를 떠나는 자는 흙에 기록이 되오리니 이는 생수의 근원이신 여호와를 버림이니이다(렘17:13).

그 날에 산들이 단 포도주를 떨어뜨릴 것이며 작은 산들이 젖을 흘릴 것이며 유다 모든 시내가 물을 흘릴 것이며 여호와의 전에서 샘이 흘러 나와서 싯딤 골짜기에 대리라(욜3:18).

그 날에 죄와 더러움을 씻는 샘이 다윗의 족속과 예루살렘 거민을 위하여 열리리라(슥 13:1).

물은 깨끗하게 씻어내는 의미가 있습니다.

너는 아론과 그 아들들을 회막문으로 데려다가 물로 씻기고(출 29:4).

또 진설병의 상에 청색 보자기를 펴고 대접들과 숟가락들과 주발들과 붓는 잔들을 그 위에 두고 또 항상 진설하는 떡을 그 위에 두고(민 4:7).

그것을 먹는 자는 그 옷을 빨 것이요 저녁까지 부정할 것이며 그 주검을

7. 성령님의 상징들을 통해 성령님을 더 알 수 있습니다. | 115

옮기는 자도 그 옷을 빨 것이요 저녁까지 부정하리라(레 11:40).

맑은 물로 너희에게 뿌려서 너희로 정결케 하되 곧 너희 모든 더러운 것에서와 모든 우상을 섬김에서 너희를 정결케 할 것이며 또 새 영을 너희 속에 두고 새 마음을 너희에게 주되 너희 육신에서 굳은 마음을 제하고 부드러운 마음을 줄 것이며 또 내 신을 너희 속에 두어 너희로 내 율례를 행하게 하리니 너희가 내 규례를 지켜 행할지라. 내가 너희 열조에게 준 땅에 너희가 거하여 내 백성이 되고 나는 너희 하나님이 되리라(겔 36:25-28).

신약에서도 물은 성령의 중생케 하시는 새롭게 하시는 능력을 상징합니다. 예수님은 사마리아 여자에게 "내가 주는 물을 먹는 자는 영원히 목마르지 아니하리니 나의 주는 물은 그 속에서 영생하도록 솟아나는 샘물이 되리라"(요 4: 10-15)고 생수에 대해 말씀 하셨습니다. 그 후에 예수님은 성전에서 다음과 같은 엄청난 약속을 하셨습니다. 명절 끝날 곧 큰 날에 예수께서 서서 외쳐 가라사대 "누구든지 목마르거든 내게로 와서 마시라 나를 믿는 자는 성경에 이름과 같이 그 배에서 생수의 강이 흘러나리라"(요 7:37-39).

성령으로 말미암는 부흥은 성경에 마른 땅에 물이 부어지고 마른 땅에 시내가 흐르는 것으로 묘사되어 있다.

대저 내가 갈한 자에게 물을 주며 마른 땅에 시내가 흐르게 하며 나의 신을 네 자손에게, 나의 복을 네 후손에게 내리리니(사 44:3)

시온의 자녀들아 너희는 너희 하나님 여호와로 인하여 기뻐하며 즐거워할지어다 그가 너희를 위하여 비를 내리시되 이른 비를 너희에게 적당하게 주시리니 이른 비와 늦은 비가 전과 같을 것이라(욜2:23)

인간의 마음의 깊은 갈증을 해소시켜 줄 수 있는 것은 성령뿐이다. 우리에게 예수님의 아름다움을 보여 주고 하나님의 사랑으로 우리를 채워 줄 수 있는 것이 성령뿐이기 때문이다. 우리가 이 영광스러운 생수를 마실 때 그것만이 모든 것에 대한 갈증을 해소시켜 줄 것이다.

5) 비둘기: 구약성경에서 비둘기는 세 가지 용도 즉 음식으로, 가난한 자들의 희생 제물로(레위기 5:7-10), 소식을 전해주는 도구로 사용되었습니다(창세기 8:1-12).

> 만일 힘이 어린 양에 미치지 못하거든 그 범과를 속하기 위하여 산비둘기 둘이나 집비둘기 새끼 둘을 여호와께로 가져가되 하나는 속죄제물을 삼고 하나는 번제물을 삼아 제사장에게로 가져갈 것이요 제사장은 그 속죄제물을 먼저 드리되 그 머리를 목에서 비틀어 끊고 몸은 아주 쪼개지 말며 그 속죄제물의 피를 단 곁에 뿌리고 그 남은 피는 단 밑에 흘릴지니 이는 속죄제요 그 다음 것은 규례대로 번제를 드릴지니 제사장이 그의 범과를 위하여 속한즉 그가 사함을 얻으리라(레 5:7-10).

하나님이 노아와 그와 함께 방주에 있는 모든 들짐승과 육축을 권념하사 바람으로 땅 위에 불게 하시매 물이 감하였고 깊음의 샘과 하늘의 창이 막히고 하늘에서 비가 그치매 물이 땅에서 물러가고 점점 물러가서 일백오십 일 후에 감하고 칠월 곧 그 달 십칠일에 방주가 아라랏 산에 머물렀으며 물이 점점 감하여 시월 곧 그 달 일일에 산들의 봉우리가 보였더라. 사십

일을 지나서 노아가 그 방주에 지은 창을 열고 까마귀를 내어 놓으매 까마귀가 물이 땅에서 마르기까지 날아 왕래하였더라. 그가 또 비둘기를 내어 놓아 지면에 물이 감한 여부를 알고자 하매은 지면에 물이 있으므로 비둘기가 접족할 곳을 찾지 못하고 방주로 돌아와 그에게로 오는지라 그가 손을 내밀어 방주 속 자기에게로 받아들이고 또 칠 일을 기다려 다시 비둘기를 방주에서 내어 놓으매 저녁 때에 비둘기가 그에게로 돌아왔는데 그 입에 감람 새 잎사귀가 있는지라 이에 노아가 땅에 물이 감한 줄 알았으며 또 칠 일을 기다려 비둘기를 내어 놓으매 다시는 그에게로 돌아오지 아니하였더라(창 8:1-12).

비둘기는 또한 비유와 은유적으로 표현하였습니다.

솔로몬의 아가서 에서는 비둘기가 왕의 신부로 나타납니다.

바위 틈 낭떠러지 은밀한 곳에 있는 나의 비둘기야 나로 네 얼굴을 보게 하라 네 소리를 듣게 하라 네 소리는 부드럽고 네 얼굴은 아름답구나 (아 2:14).

내가 잘지라도 마음은 깨었는데 나의 사랑하는 자의 소리가 들리는구나. 문을 두드려 이르기를 나의 누이, 나의 사랑, 나의 비둘기, 나의 완전한 자야 문 열어다고 내 머리에는 이슬이, 내 머리털에는 밤이슬이 가득하였다 하는구나(아 5:2).

나의 비둘기, 나의 완전한 자는 하나뿐이로구나 그는 그 어미의 외딸이요 그 낳은 자의 귀중히 여기는 자로구나 여자들이 그를 보고 복된 자라하고 왕후와 비빈들도 그를 칭찬하는구나(아6:9).

비둘기는 하나님의 영의 성결함과 평강을 상징하고 있습니다.

요한이 또 증거하여 가로되 내가 보매 성령이 비둘기 같이 하늘로서 내려와서 그의 위에 머물렀더라. 나도 그를 알지 못하였으나 나를 보내어 물로 세례를 주라 하신 그이가 나에게 말씀하시되 성령이 내려서 누구 위에든지 머무는 것을 보거든 그가 곧 성령으로 세례를 주는 이 인줄 알라 하셨기에(요 1: 32-33).

비둘기가 상징하는 다른 여러 가지 주요한 의미들이 있습니다. 예수님이 세례를 받을 때 성령이 비둘기처럼 임하였다는 것은 온유함 외에 다음의 의미를 가지고 있습니다. 예수님이 하나님의 백성을 먹이는 전달자임을 나타냅니다. 또 새 창조의 새벽이 다가옴을 계시합니다.

알 에이 토레이 박사는 이렇게 말했습니다. "성령을 단지 어떤 영향력으로 생각한다면 여러분은 그것을 더 많이 가지고 싶어 할 것이다. 하지만 성령을 인격체로 생각한다면 여러분은 그분을 더 많이 알기를 바랄 것입니다."

8. 성령의 은사를 사모하여 받아 사용하여야 합니다.

　성령의 은사를 통해 성령님을 더 알 수 있습니다. 성령님께서 선물을 주십니다. 이 선물이 성령의 은사입니다. 성령님은 그리스도인에게 은사를 주셨습니다. 하나님은 이 은사를 사용하고 더 많은 은사를 받을 것을 소망하기를 요구하십니다.
　사무엘 차드윅(samuel chadwick)은 다음과 같이 말하였습니다. "성령의 은사는 그리스도 예수 안에서 하나님 보좌와 자비를 내려 주신 것이다. 그것은 다른 모든 은사를 위한 특별한 은사이다. 성육신과 십자가에 못 박히심, 부활과 승천은 모두가 오순절을 위한 준비에 불과하다. 성령의 은사가 없다면 다른 모든 은사는 쓸모가 없게 될 것이다. 기독교 가운데 가장 위대한 것은 성령의 은사이다. 우리의 영혼과 교회의 역사에 있어서 가장 본질적이고 필수적이며 중심적인 요소는 성령이다."

　스탠리 M. 홀톤은 그의 책 "성경이 말하고 있는 성령"에서 세 부류의 은사를 소개하였습니다.

　첫째로, 교회를 세우고 모든 성도들이 그들 자신의 은사를 받아 그들이 속한 교회를 세우는데 공헌할 수 있는 성숙한 단계로 이끄는 은사들이다(에베소서 4:11-16). 여기에는 사도들, 선지자들, 복음 전하는 자들, 목사요, 교사들로 주님께 택함 받아 그에게 포로 되어 어떤 특별한 지역교회에

뿐만 아니라 몸 된 교회 전체에 선물로 주어진 자들이다.

둘째로, 각 지체를 통해 속한 몸의 덕을 세우는 은사들이다. 이것들은 필요할 때 그리고 성령이 원하실 때 주어지는 신령한 은사들의 나타남이다(고린도전서 12장).

셋째로, 섬김과 구제를 위한 은사들이다. 여기에는 섬기는 것, 다스리는 것, 봉사하고 구제하는 것, 도움을 주고 긍휼과 권면을 베푸는 것들이 포함됩니다.

하나님은 그의 자녀들이 성령의 은사를 바르게 알고 하나님의 영광을 위해 사용하기를 원하십니다.

> "각양 좋은 은사와 온전한 선물이 다 위로부터 빛들의 아버지께로서 내려 오나니 그는 변함도 없으시고 회전하는 그림자도 없으시니라"(약 1:17).

성령의 아홉 가지 은사는 무엇인가?

성령의 은사들 중에 바울이 고린도전서 12장에 열거한 아홉 가지 은사에 중점을 두고 다루고자 합니다.

> 각 사람에게 성령의 나타남을 주심은 유익하게 하려 하심이라 어떤 이에게는 성령으로 말미암아 지혜의 말씀을, 어떤 이에게는 같은 성령을 따라 지식의 말씀을, 다른 이에게는 같은 성령으로 믿음을, 어떤 이에게는 한 성령으로 병 고치는 은사를, 어떤 이에게는 능력 행함을, 어떤 이에게는 예언함을, 어떤 이에게는 영들 분별함을, 다른 이에게는 각종 방언 말함을, 어떤 이에게는 방언들 통역함을 주시나니 이 모든 일은 같은 한 성령이 행하사 그 뜻대로 각 사람에게 나눠 주시느니라(고전 12:7-11)

1) 지혜의 말씀의 은사

어떤 이에게는 성령으로 말미암아 지혜의 말씀을(고전 12:8).

지혜의 말씀은 지식을 초자연적으로 적용하는 것입니다. 이것은 하나님이 여러분에게 준 자연적 또는 초자연적 지식을 어떻게 실제 행동에 적용할 것인지를 알게 하는 것입니다. 지혜는 네 가지로 구분될 수 있습니다.

(a) 정상적인 인간의 지혜는 자연인으로서 인간이 구사할 수 있는 지식 또는 분별력으로서 그것이 바르게 사용될 경우에는 인류 발전에 크게 기여할 수 있습니다. 그러나 한편으로 인간의 자만심을 조장하는 역할을 하기도 합니다.

"기록된 바 내가 지혜 있는 자들의 지혜를 멸하고 총명한 자들의 총명을 폐하리라 하였으니"(고전 1:19)

(b) 이 세상의 타락된 초자연적인 지혜는 하나님의 명령을 불순종한 최초의 남자와 여자를 시험하는 데 쓰인 것입니다.

"여자가 그 나무를 본즉 먹음직도 하고 보암직도 하고 지혜롭게 할 만큼 탐스럽기도 한 나무인지라 여자가 그 실과를 따먹고 자기와 함께한 남편에게도 주매 그도 먹은지라"(창 3:6)

이 지혜는 계속하여 하나님이 금하십니다.

(c) 참된 지적인 지혜는 잠언서에 기록된 솔로몬 왕의 지혜이다. 우리는 이러한 종류의 지혜를 얻도록 구해야 합니다.

> 너희 중에 누구든지 지혜가 부족하거든 모든 사람에게 후히 주시고 꾸짖지 아니하시는 하나님께 구하라 그리하면 주시리라(약 1:5)
>
> 이로써 우리도 듣던 날부터 너희를 위하여 기도하기를 그치지 아니하고 구하노니 너희로 하여금 모든 신령한 지혜와 총명에 하나님의 뜻을 아는 것으로 채우게 하시고(골 1:9)

(d) 초자연적인 지혜의 말씀은 어떤 특별한 경우나 문제의 해결을 위해 주어지는 지혜의 말(선포)입니다.

> 열두 사도가 모든 제자를 불러 이르되 우리가 하나님의 말씀을 제쳐 놓고 공궤를 일삼는 것이 마땅치 아니하니 형제들아 너희 가운데서 성령과 지혜가 충만하여 칭찬 듣는 사람 일곱을 택하라 우리가 이 일을 저희에게 맡기고 우리는 기도하는 것과 말씀 전하는 것을 전무하리라 하니(행 6:2-4)

지혜의 은사는 인간의 능력이나 세상적 지혜에 의존하지 않는 하나님의 지혜의 계시입니다. 어떤 특별한 상황을 만났을 때, 또는 특별한 질문을 받았을 때 또는 특별한 자연, 초자연적인 지식의 일부를 이용할 때 갑작스럽고 기적적인 방법으로 주어지는 지혜입니다. 이것은 하나님께서 돌연히 베풀어주는 전적 하나님이 주시는 지혜입니다.

지혜의 말씀은 지식을 초자연적으로 제공한 것입니다. 지혜의 말씀은 일반적으로 지식의 말씀과 함께 주어집니다. 지식의 말씀, 예언이 주어졌을 때 주어진 계시를 어떻게 적용, 해석할 것인 가에 대한 통찰력과 상대

방에게 말씀을 주신 분의 의도를 무례하지 않고, 저항감이 없게 상황과 분위기를 지혜롭게 판단하여 설명, 해석하여 깨닫게 하여 주는 능력입니다.

만일 초자연적인 지식을 받으면 조급하게 서두르지 말고 그것을 가지고 무엇을 할지 하나님이 지시하실 때까지 인내를 가지고 기다려야 합니다. 지혜의 말씀은 하나님이 보여 주신 것을 어떻게 해야 할지, 일어난 문제를 어떻게 해결해야 할지, 또는 주어진 상황 특히 믿음에 도전을 받았을 때 무엇을 어떻게 말해야 할지를 보여줍니다.

성경에 나오는 지혜의 예를 보면 다음과 같습니다.

요셉: 요셉이 바로 왕의 꿈을 해석했을 때 육적인 지혜도 아니고 연구나 사전 준비로 얻은 지혜도 아니고 즉각적인 초자연적인 힘으로 얻은 것입니다. 바로의 왕에게 현명한 지도자와 장관들을 임명하도록 조언했고 기근 동안에 필요한 양식을 저장하는 방법을 가르쳐주었습니다. 그래서 바로 왕은 요셉을 "명철하고 지혜 있는 자"라고 했으며 그를 왕 다음 자리인 총리에 임명하여 애굽을 다스리게 했습니다(창세기 41장).

여호사밧 왕: 강력한 세 나라의 동맹국에게 포위되었을 때 그의 군대로서는 방어할 능력이 없음을 알고 그는 모든 문제를 하나님 앞에 내어놓았습니다. 유대의 백성들은 '주 앞에 서서' 하나님의 응답을 기다렸습니다. 마침내 여호와의 신이 임하셔서 그가 먼저 예언하기 시작했습니다.

"이 큰 무리로 인하여 두려워하거나 놀라지 말라 이 전쟁이 너희에게 속한 것이 아니요 하나님께 속한 것이니라. 이 전쟁에는 너희가 싸울 것이 없나니 항오를 이루고 서서 너희와 함께한 여호와가 구원하는 것을 보라 유다와 예루살렘아 너희는 두려워하며 놀라지 말고 내일 저희를 마주 나가라 여호와가 너희와 함께 하리라 하셨느니라 하매"(대하 20:15-17).

여호와의 신이 야하시엘에게 임하여 여호사밧 왕에게 지혜의 말씀을 전하였습니다. 지혜의 말씀을 받은 여호사밧과 온 백성들이 경배하고 레위 사람들은 큰소리로 하나님을 찬송하였습니다. 그리고 여호사밧 왕은 백성들을 향하여 "하나님 여호와를 신뢰하라 그리하면 견고히 서리라 그 선지자를 신뢰하라 그리하면 형통하리라" 하고 백성으로 더불어 의논하고 노래하는 자를 택하여 하나님을 찬송하였습니다. 이때 유대를 치러온 암몬 자손과 모압과 세일산 사람들을 치게 하시므로 저희가 패하게 되었습니다. 그 노래와 찬송이 시작될 때에 여호와께서 복병을 두어 유다를 치러 온 암몬 자손과 모압 자손과 세일산 사람을 치게 하시므로 저희가 패하였으니 곧 암몬과 모압 자손이 일어나 세일산 거민을 쳐서 저희가 피차에 살육하였더라(대하 20:20-23).

다니엘: 다니엘은 지적인 영역의 지혜와 지식을 가져서 왕궁에서 가르치도록 선출되었습니다. 그러나 하나님은 때때로 더 큰 초자연적인 지혜의 말을 그에게 주셔서 그가 느부갓네살 왕에게 불리어 갔을 때 왕의 잊어버린 꿈과 그 꿈 해석으로 지혜를 드러내었습니다. 이 비밀들은 밤에 환상으로 다니엘에게 나타난 것이었습니다.

다니엘이 말하여 가로되 영원 무궁히 하나님의 이름을 찬송할 것은 지혜와 권능이 그에게 있음이로다. 그는 때와 기한을 변하시며 왕들을 폐하시고 왕들을 세우시며 지혜자에게 지혜를 주시고 지식자에게 총명을 주시는 도다 그는 깊고 은밀한 일을 나타내시고 어두운 데 있는 것을 아시며 또 빛이 그와 함께 있도다(단 2:20-22).

다니엘이 지혜의 은사를 잘 활용한 결과 왕은 다니엘로 하여금 바벨론을 다스리게 했고 그를 장관으로 삼았습니다.

예수님: 바리새인들은 가이사에게 세금을 바쳐야 하는지 예수께 물어봄으로써 말로 올무를 씌우려고 했습니다. 그러나 예수님은 '지혜의 말씀'으로 답변을 하셨습니다.

"가이사의 것은 가이사에게 하나님의 것은 하나님께 바치라". 이에 바리새인들이 가서 어떻게 하여 예수로 말의 올무에 걸리게 할까 상론하고 자기 제자들을 헤롯 당원들과 함께 예수께 보내어 말하되 선생님이여 우리가 아노니 당신은 참되시고 참으로써 하나님의 도를 가르치시며 아무라도 꺼리는 일이 없으시니 이는 사람을 외모로 보지 아니하심이니이다 그러면 당신의 생각에는 어떠한지 우리에게 이르소서. 가이사에게 세를 바치는 것이 가하니이까 불가하니이까 한 대 예수께서 저희의 악함을 아시고 가라사대 외식하는 자들아 어찌하여 나를 시험하느냐 셋돈을 내게 보이라 하시니 데나리온 하나를 가져왔거늘 예수께서 말씀하시되 이 형상과 이 글이 뉘 것이냐 가로되 가이사의 것이니이다 이에 가라사대 그런즉 가이사의 것은 가이사에게, 하나님의 것은 하나님께 바치라 하시니 저희가 이 말씀을 듣고 기이히 여겨 예수를 떠나기니라 (마 22:15-22)

베드로: 성령이 충만하여 공회 앞에서 담대하게 유대 지도자들을 잠잠케 하였습니다.

이에 베드로가 성령이 충만하여 가로되 백성의 관원과 장로들아 만일 병
인에게 행한 착한 일에 대하여 이 사람이 어떻게 구원을 얻었느냐고 오늘
우리에게 질문하면 너희와 모든 이스라엘 백성들은 알라 너희가 십자가에
못 박고 하나님이 죽은 자 가운데서 살리신 나사렛 예수 그리스도의 이름
으로 이 사람이 건강하게 되어 너희 앞에 섰느니라. 이 예수는 너희 건축
자들의 버린 돌로서 집 모퉁이의 머릿돌이 되었느니라. 다른 이로서는 구
원을 얻을 수 없나니 천하 인간에 구원을 얻을 만한 다른 이름을 우리에게
주신 일이 없음이니라 하였더라. 저희가 베드로와 요한이 기탄없이 말함
을 보고 그 본래 학문 없는 범인으로 알았다가 이상히 여기며 또 그 전에
예수와 함께 있던 줄도 알고 또 병 나은 사람이 그들과 함께 섰는 것을 보
고 힐난할 말이 없는지라(행 4:8-14)

베드로와 요한이 대답하여 가로되 하나님 앞에서 너희 말 듣는 것이 하나
님 말씀 듣는 것보다 옳은가 판단하라 우리는 보고 들은 것을 말하지 아니
할 수 없다 하니 관원들이 백성을 인하여 저희를 어떻게 벌할 도리를 찾지
못하고 다시 위협하여 놓아 주었으니 이는 모든 사람이 그 된 일을 보고
하나님께 영광을 돌림이러라(행4:19-21)

스데반: 믿음과 권능이 충만한 사람 스데반이 사람들에게 변론할 때도 이
은사는 나타났습니다. 스데반이 지혜와 성령으로 말함을 저희가 능히 당
치 못하여.

스데반이 은혜와 권능이 충만하여 큰 기사와 표적을 민간에 행하니 리버
디노, 구레네인, 알렉산드리아인, 길리기아와 아시아에서 온 사람들의 회
당이라는 각 회당에서 어떤 자들이 일어나 스데반으로 더불어 변론할 새

스데반이 지혜와 성령으로 말함을 저희가 능히 당치 못하여(행 6: 8-10)

바울: 바울은 선박 조종술에 관해서 분명히 배운바 없었으나 그가 탄 배가 난파를 당했을 때 그는 지혜를 가지고 사람들로 하여금 상황에 대처케 했고 또한 그들을 능숙하게 진정시켰으므로 그가 비록 죄수의 몸으로 로마로 끌려가고 있는 중이었지만 로마 병정들은 신뢰심을 가지고 그의 말에 귀를 기울였습니다.

여러 사람이 오래 먹지 못하였으매 바울이 가운데 서서 말하되 여러분이여 내 말을 듣고 그레데에서 떠나지 아니하여 이 타격과 손상을 면하였다면 좋을 뻔 하였느니라 내가 너희를 권하노니 이제는 안심하라 너희 중 생명에는 아무 손상이 없겠고 오직 배뿐이리라 나의 속한 바 곧 나의 섬기는 하나님의 사자가 어제 밤에 내 곁에 서서 말하되 바울아 두려워 말라 네가 가이사 앞에 서야 하겠고 또 하나님께서 너와 함께 행선하는 자를 다 네게 주셨다 하였으니 그러므로 여러분이여 안심하라 나는 내게 말씀하신 그대로 되리라고 하나님을 믿노라 그러나 우리가 한 섬에 걸리리라 하더라 열 나흘째 되는 날 밤에 우리가 아드리아 바다에 이리저리 쫓겨 가더니 밤중쯤 되어 사공들이 어느 육지에 가까워지는 줄을 짐작하고 물을 재어보니 이십 길이 되고 조금 가다가 다시 재니 열다섯 길이라 암초에 걸릴까 하여 고물로 닻 넷을 주고 날이 새기를 고대하더니 사공들이 도망하고자 하여 이물에서 닻을 주려는 체하고 거루를 바다에 내려놓거늘 바울이 백부장과 군사들에게 이르되 이 사람들이 배에 있지 아니하면 너희가 구원을 얻지 못하리라 하니 이에 군사들이 거룻줄을 끊어 떼어 버리니라 날이 새어 가매 바울이 여러 사람을 음식 먹으라 권하여 가로되 너희가 기다리고 기다리며 먹지 못하고 주린 지가 오늘까지 열나흘인즉 음식 먹으라 권하노니 이것이 너희 구원을 위하는 것이요 너희 중 머리터럭 하나라도 잃을 자가 없느니라. 하고 떡을 가져다가 모든 사람 앞에서 하나님께 축사하고 떼어 먹기를 시작하매(행 27: 21-35)

    그리스도 안에는 모든 지혜와 지식의 보물이 감추어져있습니다(골 2:3). 참된 지적인 지혜를 얻어야 합니다. 이것은 하나님의 말씀을 경외함으로 오고(욥 28: 28, 잠 9:10), 성령에 의해서만 이해할 수 있는 하나님의 말씀을 배우는 가운데 옵니다. 이 지혜를 얻기 위해서는 먼저 하나님의 지혜이신 예수 그리스도를 영접해야 하고 그리고 성령세례를 받는 것이 중요합니다.
    성경은 "너희 중에 누구든지 지혜가 부족하거든 모든 사람에게 후히 주시고 꾸짖지 아니하시는 하나님께 구하라 그리하면 주시리라"(약 1:5). 우리가 신앙생활을 해 나갈 때 필요로 하는 지혜와 지식을 성령이 우리 안에 거하는 이 놀라운 예수 그리스도의 보물 창고로부터 꺼내 주실 것을 확신합시다.

    지혜의 말씀 은사를 받는 방법은 다음과 같습니다.

1) 지혜의 말씀은 하나님께서 주권으로 베풀어주십니다.
2) 지혜의 말씀을 주시기를 하나님께 간구 할 수 있습니다.
3) 지혜의 말씀은 그 은사를 가지고 있는 사람이 다른 사람에게 나누어 줄 수 있는 것입니다.

    지혜의 말씀 은사를 받아 행동함으로 옮길 때, 어려운 문제의 해결됨을 체험하고 하나님의 축복을 받을 뿐만 아니라 영광을 돌리게 됩니다.

2) 지식의 은사

어떤 이에게는 같은 성령을 따라 지식의 말씀을(고전 12:8).

지식의 말씀이란 어떠한 사람이나 상황에 관한 사실들이 초자연적인 방법으로 계시되는 것을 말합니다.

지식을 네 종류로 구분할 수 있습니다.

(a) 자연적인 인간의 지식은 인간의 육적인 지식으로 과학의 진보, 고등수학, 컴퓨터 등 이 세상을 살아가는데 중요한 지식이지만 종종 이 지식은 사람들을 교만하게 만들어 어떤 사람들은 주님을 아는 지식을 하찮게 여깁니다.

육에 속한 사람은 하나님의 성령의 일을 받지 아니하나니 저희에게는 미련하게 보임이요 또 깨닫지도 못하나니 이런 일은 영적으로라야 분변함이니라(고전 2: 14)

(b) 타락한 세상에 속한 초자연적인 지식은 성령을 통해서가 아니라 어떤 초자연적인 방법을 통해 지식을 얻으려는 인간의 시도로서 마술, 심령주의, 신비주의 현상들, 추상적 형이상학, 사이비 종교 등이 있습니다.

(c) 참된 지적 지식은 예수 그리스도를 통하여 개인적으로 하나님을 아는 데서 오는 지식이며. 성령 충만으로 하나님의 말씀을 배움으로 얻을 수 있는 지식이고 또한 하나님의 뜻과 길을 알 수 있게 하는 지식입니다.

영생은 곧 유일하신 참 하나님과 그의 보내신 자 예수 그리스도를 아는 것이니이다(요 17:3).

그 행위를 모세에게, 그 행사를 이스라엘 자손에게 알리셨도다(시 103:7).

내가 참으로 주의 목전에 은총을 입었사오면 원컨데 주의 길을 내게 보이사 내게 주를 알리시고 나로 주의 목전에 은총을 입게 하시며 이 족속을 주의 백성으로 여기소서(출 33:13).

(d) 지식의 말씀의 은사는 복음에 대한 초자연적인 조명을 주는 은사로 가르치고 전하는 사역에 특별히 주어지는 은사입니다. 이는 성령으로부터, 성령을 통해서 우리 영에 주어지는 은사로 절대적인 하나님의 은사입니다.

지식의 말씀의 은사는 인간적 노력으로는 도저히 알 수 없는 과거와 현재, 미래의 사실을 초자연적으로 드러내주는 것이며, 믿는 자의 마음에 나타나는 그리스도의 마음이라고 표현되기도 하고 필요 적절한 시기에 주어집니다. 어떤 어려운 상황에 직면했을 때, 인간의 지식, 이해의 범위로 알 수 없는 지식을 성령께서 정보를 계시, 통보하여 주심으로 인하여 아는 것입니다. 지식의 말씀의 은사는 전혀 인간의 능력이 아니라 절대적인 하나님의 은사입니다.

성령님으로부터 지식의 전달이 될 때 다음의 현상들이 있습니다.
- 마음으로 깨달아짐이 옵니다.
- 환상을 보게 됩니다.
- 육감, 직감이 강하게 떠오릅니다.

- 갑자기 자신의 의도와는 상관없는 말이 튀어나옵니다.
- 성경구절, 단어가 떠오릅니다.

우리가 알아야 할 것은 지식, 지혜의 은사는 함께 사용될 때, 더욱 효과적이 되고, 지식의 은사로 받은 지식을 상대방에게 유익하도록 전달하는 데 지혜의 은사가 필요합니다.

성경에 나타난 '지식의 말씀' 이 주어진 예들이 있습니다.

사무엘: 사무엘이 여호와께서 왕으로 택한 사울을 찾거나 사울의 잃어버렸던 나귀를 찾는 사건입니다.

> 베냐민 지파에 기스라 이름하는 유력한 사람이 있으니 그는 아비엘의 아들이요 스롤의 손자요 베고랏의 증손이요 아비아의 현손이라 베냐민 사람이더라. 기스가 아들이 있으니 그 이름은 사울이요 준수한 소년이라 이스라엘 자손 중에 그보다 더 준수한 자가 없고 키는 모든 백성보다 어깨 위는 더하더라. 사울의 아비 기스가 암나귀들을 잃고 그 아들 사울에게 이르되 너는 한 사환을 데리고 일어나 가서 암나귀들을 찾으라 하매 그가 에브라임 산지와 살리사 땅으로 두루 다니되 찾지 못하고 사알림 땅으로 두루 다니되 없고 베냐민 사람의 땅으로 두루 다니되 찾지 못하니라 그들이 숩 땅에 이른 때에 사울이 함께 하는 사환에게 이르되 돌아가자 내 부친이 암나귀 생각은 고사하고 우리를 위하여 걱정하실까 두려워하노라 대답하되 보소서 이 성에 하나님의 사람이 있는데 존중히 여김을 받는 사람이라 그가 말한 것은 반드시 다 응하나니 그리로 가사이다. 그가 혹 우리의 갈 길을 가르칠까 하나이다(삼상9:1-6).

사울이 성문 가운데 사무엘에게 나아가 가로되 선견자의 집이 어디인지 청컨대 내게 가르치소서. 사무엘이 사울에게 대답하여 가로되 내가 선견자니라 너는 내 앞서 산당으로 올라가라 너희가 오늘날 나와 함께 먹을 것이요 아침에는 내가 너를 보내되 네 마음에 있는 것을 다 네게 말하리라 사흘 전에 잃은 네 암나귀들을 염려하지 말라 찾았느니라. 온 이스라엘의 사모하는 자가 누구냐 너와 네 아비의 온 집이 아니냐 사울이 대답하여 가로되 나는 이스라엘 지파의 가장 작은 지파 베냐민 사람이 아니오며 나의 가족은 베냐민 지파 모든 가족 중에 가장 미약하지 아니하니이까 당신이 어찌하여 내게 이같이 말씀하시나이까(삼상9:18-21).

이에 사무엘이 기름병을 취하여 사울의 머리에 붓고 입 맞추어 가로되 여호와께서 네게 기름을 부으사 그 기업의 지도자를 삼지 아니하셨느냐 네가 오늘 나를 떠나가다가 베냐민 경계 셀사에 있는 라헬의 묘실 곁에서 두 사람을 만나리니 그들이 네게 이르기를 네가 찾으러 갔던 암나귀들을 찾은지라 네 아비가 암나귀들의 염려는 놓았으나 너희를 인하여 걱정하여 가로되 내 아들을 위하여 어찌하리오 하더라. 할 것이요 네가 거기서 더 나아가서 다볼 상수리나무에 이르면 거기서 하나님께 뵈려고 벧엘로 올라가는 세 사람이 너와 만나리니 하나는 염소 새끼 셋을 이끌었고 하나는 떡 세 덩이를 가졌고 하나는 포도주 한 가죽 부대를 가진 자라 그들이 네게 문안하고 떡 두 덩이를 주겠고 너는 그 손에서 받으리라(삼상10:1-4).

지식의 말씀이 잃어버린 사람이나 재산을 찾는 데 사용된 경우입니다. 지식의 말씀은 평범하게 보이는 일에도 정보를 가져다주고 하나님의 사람의 모든 필요에 관심을 두십니다.

나단: 나단 선지자는 '지식의 말씀'을 받아서 다윗 왕과 밧세바와 은밀하게 간음한 사건을 알았습니다. 그리고 나단 선지자는 이 은밀한 사건을 어떻게 처리해야 할지 지혜도 함께 받았습니다.

여호와께서 나단을 다윗에게 보내시니 와서 저에게 이르되 한 성에 두 사람이 있는데 하나는 부하고 하나는 가난하니 그 부한 자는 양과 소가 심히 많으나 가난한 자는 아무것도 없고 자기가 사서 기르는 작은 암양 새끼 하나뿐이라 그 암양 새끼는 저와 저의 자식과 함께 있어 자라며 저의 먹는 것을 먹으며 저의 잔에서 마시며 저의 품에 누우므로 저에게는 딸처럼 되었거늘 어떤 행인이 그 부자에게 오매 부자가 자기의 양과 소를 아껴 자기에게 온 행인을 위하여 잡지 아니하고 가난한 사람의 양 새끼를 빼앗아다가 자기에게 온 사람을 위하여 잡았나이다. 다윗이 그 사람을 크게 노하여 나단에게 이르되 여호와의 사심을 가리켜 맹세하노니 이 일을 행한 사람은 마땅히 죽을 자라저가 불쌍히 여기지 않고 이 일을 행하였으니 그 양 새끼를 사 배나 갚아 주어야 하리라(삼하12:1-6).

나단이 다윗에게 이르되 당신이 그 사람이라 이스라엘의 하나님 여호와께서 이처럼 이르시기를 내가 너로 이스라엘 왕을 삼기 위하여 네게 기름을 붓고 너를 사울의 손에서 구원하고 네 주인의 집을 네게 주고 네 주인의 처들을 네 품에 두고 이스라엘과 유다 족속을 네게 맡겼느니라. 만일 그것이 부족하였을 것 같으면 내가 네게 이것저것을 더 주었으리라 그러한데 어찌하여 네가 여호와의 말씀을 업신여기고 나 보기에 악을 행하였느뇨. 네가 칼로 헷 사람 우리아를 죽이되 암몬 자손의 칼로 죽이고 그 처를 빼앗아 네 처를 삼았도다. 이제 네가 나를 업신여기고 헷 사람 우리아의 처를 빼앗아 네 처를 삼았은즉 칼이 네 집에 영영히 떠나지 아니하리라 하셨고 여호와께서 또 이처럼 이르시기를 내가 네 집에 재화를 일으키고 내가 네 처들을 가져 네 눈앞에서 다른 사람에게 주리니 그 사람이 네 처들로 더불어 백주에 동침하리라 너는 은밀히 행하였으나 나는 이스라엘 무리 앞 백주에 이 일을 행하리라 하셨나이다. 다윗이 나단에게 이르되 내가 여호와께 죄를 범하였노라 하매 나단이 다윗에게 대답하되 여호와께서도 당신의 죄를 사하셨나니 당신이 죽지 아니하려니와(삼하12:7-13).

엘리사: 엘리사는 게하시가 거짓말하는 것을 '지식의 말씀'으로 드러내었습니다.

하나님의 사람 엘리사의 사환 게하시가 스스로 이르되 내 주인이 이 아람 사람 나아만에게 면하여 주고 그 가지고 온 것을 그 손에서 받지 아니하였도다. 여호와의 사심을 가리켜 맹세하노니 내가 저를 쫓아가서 무엇이든지 그에게서 취하리라 하고 나아만의 뒤를 쫓아가니 나아만이 자기 뒤에 달려옴을 보고 수레에 내려서 맞아 가로되 평안이냐 저가 가로되 평안이니이다 우리 주인께서 나를 보내시며 말씀하시기를 지금 선지자의 생도 중에 두 소년이 에브라임 산지에서부터 내게 왔으니 청컨대 당신은 저희에게 은 한 달란트와 옷 두 벌을 주라 하시더이다. 나아만이 가로되 바라건대 두 달란트를 받으라 하고 저를 억제하여 은 두 달란트를 두 전대에 넣어 매고 옷 두 벌을 아울러 두 사환에게 지우매 저희가 게하시 앞에서 지고 가니라 언덕에 이르러는 게하시가 그 물건을 두 사환의 손에서 취하여 집에 감추고 저희를 보내어 가게 한 후 들어가서 그 주인 앞에 서니 엘리사가 이르되 게하시야 네가 어디서 오느냐 대답하되 종이 아무데도 가지 아니하였나이다. 엘리사가 이르되 그 사람이 수레에서 내려 너를 맞을 때에 내 심령이 감각되지 아니하였느냐 지금이 어찌 은을 받으며 옷을 받으며 감람원이나 포도원이나 양이나 소나 남종이나 여종을 받을 때냐 그러므로 나아만의 문둥병이 네게 들어 네 자손에게 미쳐 영원토록 이르리라 게하시가 그 앞에서 물러 나오매 문둥병이 발하여 눈같이 되었더라 (왕하5:20-27).

엘리사는 기적적인 계시로 아람 군대 진영의 위치를 알아내고 그 결과 이스라엘이 전쟁에서 승리합니다.

때에 아람 왕이 이스라엘로 더불어 싸우며 그 신복들과 의논하여 이르기를 우리가 아무데 아무데 진을 치리라 하였더니 하나님의 사람이 이스라엘 왕에게 기별하여 가로되 왕은 삼가 아무 곳으로 지나가지 마소서 아람 사람이 그 곳으로 나오나이다. 이스라엘 왕이 하나님의 사람의 자기에게 고하여 경계한 곳으로 사람을 보내어 방비하기가 한두 번이 아닌지라 이러므로 아람 왕의 마음이 번뇌하여 그 신복들을 불러 이르되 우리 중에 누가 이스라엘 왕의 내응이 된 것을 내게 고하지 아니하느냐 그 신복 중에 하나가 가로되 우리 주 왕이여 아니로소이다. 오직 이스라엘 선지자 엘리사가 왕이 침실에서 하신 말씀이라도 이스라엘 왕에게 고하나이다. 왕이 가로되 너희는 가서 엘리사가 어디 있나 보라 내가 보내어 잡으리라 혹이 왕에게 고하여 가로되 엘리사가 도단에 있나이다. 왕이 이에 말과 병거와 많은 군사를 보내매 저희가 밤에 가서 그 성을 에워쌌더라 하나님의 사람의 수종드는 자가 일찍이 일어나서 나가 보니 군사와 말과 병거가 성을 에워쌌는지라 그 사환이 엘리사에게 고하되 아아, 내 주여 우리가 어찌하리이까 대답하되 두려워하지 말라 우리와 함께한 자가 저와 함께한 자보다 많으니라. 하고 기도하여 가로되 여호와여 원컨대 저의 눈을 열어서 보게 하옵소서. 하니 여호와께서 그 사환의 눈을 여시매 저가 보니 불 말과 불 병거가 산에 가득하여 엘리사를 둘렀더라. 아람 사람이 엘리사에게 내려오매 엘리사가 여호와께 기도하여 가로되 원컨대 저 무리의 눈을 어둡게 하옵소서. 하매 엘리사의 말대로 그 눈을 어둡게 하신지라 엘리사가 저희에게 이르되 이는 그 길이 아니요 이는 그 성도 아니니 나를 따라오라 내가 너희를 인도하여 너희의 찾는 사람에게로 나아가리라 하고 저희를 인도하여 사마리아에 이르니라. 사마리아에 들어갈 때에 엘리사가 가로되 여호와여 이 무리의 눈을 열어서 보게 하옵소서. 하니 여호와께서 저희의 눈을 여시매 저희가 보니 자기가 사마리아 가운데 있더라. 이스라엘 왕이 저희를 보고 엘리사에게 이르되 내 아버지여 내가 치리이까 내가 치리이까 대답하되 치지 마소서 칼과 활로 사로잡은 자인들 어찌 치리이까 떡과 물을 그 앞에 두어 먹고 마시게 하고 그 주인에게로 돌려보내소서. 왕이 위하여 식물을 많이 베풀고 저희가 먹고 마시매 놓아 보내니 저희가 그 주인에게로 돌아가니라 이로부터 아람 군사의 부대가 다시는 이스라엘 땅에 들어오지 못하니라(열왕기하 6:8-23).

예수님: 예수님은 '지식의 말씀'의 은사를 사용하셨습니다. 그는 영광을 버리시고 인간의 제한된 지식을 취하셨습니다. 지상에 계실 동안 전지하지는 않으셨지만 모든 상황에 대처하여 필요를 느낄 때마다 모든 지식을 성령을 통해서 사용하실 수 있었습니다.

예수님은 나다나엘을 그가 무화과나무 아래에 서있는 것을 보았던 훨씬 전부터 그가 어떤 사람인지 아셨습니다.

예수께서 나다나엘이 자기에게 오는 것을 보시고 그를 가리켜 가라사대 보라 이는 참 이스라엘 사람이라 그 속에 간사한 것이 없도다. 나다나엘이 가로되 어떻게 나를 아시나이까? 예수께서 대답하여 가라사대 빌립이 너를 부르기 전에 네가 무화과나무 아래 있을 때에 보았노라 나다나엘이 대답하되 랍비여 당신은 하나님의 아들이시요 당신은 이스라엘의 임금이로소이다 예수께서 대답하여 가라사대 내가 너를 무화과나무 아래서 보았다 하므로 믿느냐 이보다 더 큰일을 보리라(요한복음 1:47-50).

예수님은 우물가의 여인의 죄를 말할 때도 이 은사를 사용하여 예수님을 메시야로 영접할 필요를 느끼게 하였습니다(요한복음 4:18, 29).

예수님은 심지어 베드로로 하여금 낚시를 해서 그 잡힌 고기의 입에서 한 세겔을 얻게 하였습니다(마태복음 17: 27).

그러나 우리가 저희로 오해케 하지 않기 위하여 네가 바다에 가서 낚시를 던져 먼저 오르는 고기를 가져 입을 열면 돈 한 세겔을 얻을 것이니 가져다가 나와 너를 위하여 주라 하시니라 (마태복음 17: 27).

베드로: 베드로는 아나니아와 삽비라의 부정을 드러내는 데 지식의 말씀을 사용하였습니다.

"베드로가 가로되 아나니아야 어찌하여 사단이 네 마음에 가득하여 네가 성령을 속이고 땅값 얼마를 감추었느냐"(행 5:3)

베드로에게 성령께서 지식의 말씀을 나타내심으로 그는 의심치 않고 욥바에 있는 그의 집 문 앞에서 그를 찾고 있는 세 사람과 함께 고넬료 집으로 갔습니다.

베드로가 본 바 환상이 무슨 뜻인지 속으로 의심하더니 마침 고넬료의 보낸 사람들이 시몬의 집을 찾아 문 밖에 서서 불러 묻되 베드로라 하는 시몬이 여기 우거하느냐 하거늘 베드로가 그 환상에 대하여 생각할 때에 성령께서 저더러 말씀하시되 두 사람이 너를 찾으니 일어나 내려가 의심치 말고 함께 가라 내가 저희를 보내었느니라. 하시니 베드로가 내려가 그 사람들을 보고 가로되 내가 곧 너희의 찾는 사람이니 너희가 무슨 일로 왔느냐 저희가 대답하되 백부장 고넬료는 의인이요 하나님을 경외하는 자라 유대 온 족속이 칭찬하더니 저가 거룩한 천사의 지시를 받아 너를 그 집으로 청하여 말을 들으려 하느니라. 한 대 베드로가 불러들여 유숙하게 하니라 이튿날 일어나 저희와 함께 갈새 욥바 두어 형제도 함께 가니라
(행 10:17-23).

베드로는 예루살렘 총회에서 지식의 말씀을 베풀었습니다.

이에 베드로가 가로되 이 사람들이 우리와 같이 성령을 받았으니 누가 능히 물로 세례 줌을 금하리오 하고 명하여 예수 그리스도의 이름으로 세례를 주라 하니라 저희가 베드로에게 수일 더 유하기를 청하니라
(행10:47-48).

많은 변론이 있은 후에 베드로가 일어나 말하되 형제들아 너희도 알거니와 하나님이 이방인들로 내 입에서 복음의 말씀을 들어 믿게 하시려고 오래 전부터 너희 가운데서 나를 택하시고 또 마음을 아시는 하나님이 우리에게와 같이 저희에게도 성령을 주어 증거하시고 믿음으로 저희 마음을 깨끗이 하사 저희나 우리나 분간치 아니하셨느니라. 그런데 지금 너희가 어찌하여 하나님을 시험하여 우리 조상과 우리도 능히 메지 못하던 멍에를 제자들의 목에 두려느냐 우리가 저희와 동일하게 주 예수의 은혜로 구원받는 줄을 믿노라 하니라(행15:7-11).

아나니아: 아나니아는 환상 중에 바울이 처해있는 모든 상황과 그의 필요를 아는 지식을 얻었습니다.

> 주께서 가라사대 일어나 직가라 하는 거리로 가서 유다 집에서 다소 사람 사울이라 하는 자를 찾으라. 저가 기도하는 중이다 저가 아나니아라 하는 사람이 들어와서 자기에게 안수하여 다시 보게 하는 것을 보았느니라. 하시거늘(행 9:11-12).

존 윔버 목사: 그는 지식의 말씀의 은사를 사용하여 전도한 것을 다음과 같이 간증 하였습니다.

비행기를 타고 가다가 통로 맞은편에 앉은 한 승객의 얼굴 위에 크게 "간통"이라는 글자를 본적이 있었습니다. 물론 그 글자는 영적인 눈으로만 볼 수 있는 것이었습니다. 그는 내가 자기를 바라보고 있다는 것을 알아차리고는 나에게 "왜 그러십니까?" 라고 했습니다. 그가 이렇게 말하는 순간 나의 마음속에는 한 여인의 이름이 분명하게 떠올랐습니다. 나는 통로 건너편 그의 좌석 쪽으로 몸을 기울이고, 그 이름이 그에게 어떤 의미를 지니고 있는가를 물었습니다. 그러자 그는 얼굴이 창백해지면서 자기와 더불어 이야기를 좀 나눌 수 없느냐고 물었습니다. 우리가 타고 있던 비행기는 기내에 휴게실이 있는 대형 여객기이므로 우리는 함께 이야기를 나누기 위해 그 휴게실로 갔습니다. 그곳으로 가는 도중에 주님께서는 나에게 다시 이렇게 말씀하셨습니다. '이 불륜의 관계를 즉시 청산하지 않는다면 내가 그의 목숨을 거두어 가리라고 그에게 말해 주어라'

휴게실에 자리를 잡고 앉은 후 나는 그에게 하나님께서 그가 불륜의 관계를 맺고 있는 여인의 이름을 나에게 계시해 주셨으며 그가 회개하지 않으면 하나님께서 그의 목숨을 거두어 가실 것이라고 말했습니다. 그는 즉석에서 녹아졌습니다. 그리고는 어떻게 하면 좋겠느냐고 나에게 물었습니다. 나는 그에게 회개의 기도를 하도록 권유했습니다. 그러자 그에게는 그리스도를 주님으로 영접하는 역사가 일어났습니다. 이 모든 광경을 여승무원 한 명과 두 명의 승객이 지켜보고 있었습니다. 그들은 매우 큰 충격을 받은 것 같았으며 결국은 감동한 나머지 그와 함께 눈물을 흘리기 시작했습니다. 그러고 나서 그는 자기 아내가 아래층에 있는 자기 좌석 바로 옆에 앉아 있다고 했습니다. 나는 그에게 아내에게로 가서 이 모든 일들에 관하여 털어놓으라고 했습니다. 그는 내 말에 순순히 응했습니다. 그러자 그녀 역시 그리스도를 영접하는 역사가 일어났습니다.

지식의 말씀을 받는 방법은 다음과 같습니다.

지식의 말씀의 은사는 하나님께서 주권적으로 당신의 백성들에게 베풀어 주신 것입니다.

> "이 모든 일은 같은 한 성령이 행하사 그 뜻대로 각 사람에게 나눠 주시느니라"(고전 12:11)

지식의 말씀의 은사는 하나님께 구하는 사람에게 베풀어집니다.

> "내가 또 너희에게 이르노니 구하라 그러면 너희에게 주실 것이요 찾으라 그러면 찾을 것이요 문을 두드리라 그러면 너희에게 열릴 것이니"
> (눅 11:9)

지식의 말씀의 은사를 지니고 있는 사람은 다른 사람에게 그것을 나누어 줄 수 있습니다.

"내가 너희 보기를 심히 원하는 것은 무슨 신령한 은사를 너희에게 나눠 주어 너희를 견고케 하려 함이니"(롬 1:11)

지식의 말씀의 은사는 성경적이며 하나님께로부터 비롯된 것이라는 확신 가운데 자기나 다른 사람들이 받기를 기대하고 또한 그것을 사용하여야 합니다.

지식의 말씀의 은사는 하나님께 예배를 드리거나 소그룹 모임 등을 통해 기도하는 동안 또는 다른 사람들을 위하여 사역을 행하고 있는 동안에 그리스도의 몸에 속한 사람들에게 주어집니다.

지식의 은사를 다음과 같이 사용합니다.

우리는 항상 주님께 기도드리는 가운데 그분과의 올바르고 개방된 관계를 유지하여야 합니다. 그리고 이러한 자세로 사역을 행하면서 "주님, 이것이 무엇입니까?"라는 질문을 끊임없이 던져야 합니다. 그러고 나서는 하나님의 음성이 들려오기를 조용히 기다려야 합니다.

지식의 말씀의 은사를 받는 사람은 환상이나 꿈속에서 어떤 광경을 보거나 심안으로 어떤 사람의 얼굴 위에 나타나 있는 글씨를 읽을 수 있습니다. 또는 다른 사람의 환부와 동일한 부위에 통증을 느끼게도 됩니다.

마음의 귀로 어떠한 단어나 구절을 듣게 됩니다. 자리를 함께 하고 있는 어떤 사람에게 하나님께서 역사를 베풀어주시기를 원하고 계신다는 증거로서 어떠한 능력이 자기에게 임하는 것을 느낄 수 있습니다.

양 손에 중량감이나 열기, 또는 얼얼한 느낌이 올 때에는 다른 사람의 몸에 안수함으로써 치유의 역사를 행할 수 있습니다.

초자연적인 지식이 계시될 때마다 즉시 그것을 다른 사람에게 공포해야 한다고 생각할 필요는 없습니다. 예를 들면 하나님께서 어떤 사람이 암에 걸려 있다는 사실을 계시해 주셨을 경우 우리는 그러한 지식의 말씀을 어떻게 전달하여야 할 것인가에 관한 지혜의 말씀을 주실 것을 하나님께 기도 드려야 합니다. 그리고 나서 그 사람에게 최근의 상태가 어떠했느냐고 물어야 합니다. 만일 그 사람이 고통스러운 증상을 호소해 온다면 그 치유를 위해 함께 기도하여야 합니다.

자기가 받은 지식의 말씀을 충분히 이해할 수 있는 다른 사람들과 함께 나누는 것이 바람직합니다.

지식의 말씀을 하나님께서 계시해 주는 이유는 우리의 믿음을 굳세게 해주는 역할과 그 지식을 통하여 하나님께서 계획하신 어떠한 일을 행하게 하려는 것입니다.

지식의 은사를 사용할 때 특별히 주의할 사항이 있습니다.

우리는 자칫하면 하나님께서 지향하고 계신 방향과 다른 어떤 잘못된 충동의 노예가 될 수 있습니다. 어떤 사람에 관한 비밀을 밝혀내는 경우에 특히 조심할 필요가 있습니다. 지식의 말씀을 받은 경우라도 명백하게 하나님의 명령이 없을 경우에는 상담 등을 통해 사람들에게 모종의 지시를 하는 일을 삼가야 합니다.

3) 믿음의 은사

다른 이에게는 같은 성령으로 믿음을(고전 12:9)

원하는 어떤 사건을 일으키는데 필요한 환경과 상황이 전혀 준비가 되지 않은 불가능 한 상태임에도 불구하고 하나님을 신뢰하여 하나님께서 불가능을 가능으로 바꾸어 주실 것을 믿는 믿음입니다. 믿음의 은사는 예수님을 영접하는 순간부터 믿는 사람에게 잠재되어 있으며, 다른 은사들처럼 성령세례를 받은 이후 더욱 더 활발하게 됩니다. 열매와는 달리 믿음의 은사는 순간적으로 주어집니다. 그것은 대개 위기의 상황에서 갑작스럽게 솟아 나와 우리가 예수의 이름으로 행하거나 말할 때 그 일이 이루어지리라는 것을 의심 없이 확신하게 됩니다.

성경에 나타난 믿음의 은사에 관한 예들은 여러 곳에 있습니다.

엘리야: 사악한 왕 아합에게 이렇게 외쳤습니다. "나의 섬기는 이스라엘 하나님 여호와의 사심을 가리켜 맹세하노니 내 말이 없으면 수년 동안 우로가 있지 아니하리라"(왕상 17:1). 엘리야 선지자가 말한대로 3년 6개월 동안 비가 오지 않았습니다.

사르밧 과부의 아들을 다시 살립니다.

> 엘리야가 저에게 그 아들을 달라 하여 그를 그 여인의 품에서 취하여 안고 자기의 거처하는 다락에 올라가서 자기 침상에 누이고 여호와께 부르짖어 가로되 나의 하나님 여호와여 주께서 또 내가 우거하는 집 과부에게 재앙을 내리사 그 아들로 죽게 하셨나이까 하고 그 아이 위에 몸을 세 번 펴서

> 엎드리고 여호와께 부르짖어 가로되 나의 하나님 여호와여 원컨대 이 아이의 혼으로 그 몸에 돌아오게 하옵소서. 하니 여호와께서 엘리야의 소리를 들으시므로 그 아이의 혼이 몸으로 돌아오고 살아난지라
> (왕상17:19-22).

엘리야는 갈멜산에서 "여호와가 만일 하나님이면 그를 좇고 바알이 만일 하나님이면 그를 좇을지니라" (왕상 18:21). 라고 외쳤으며, 그런 후에 불이 하늘에서 내려와 엘리야의 하나님이 참 신이라는 것을 증명했습니다.

다니엘: 다니엘은 자기를 시기하는 대신들의 모함에 빠져서 굶주린 사자굴에 던져지는 형을 받았습니다. 그러나 그는 아무 변명도 하지 않고 하나님만 믿고 신뢰했으므로 그 결과 사자로부터 아무 해를 받지 않았습니다.

> 다니엘의 든 굴에 가까이 이르러는 슬피 소리 질러 다니엘에게 물어 가로되 사시는 하나님의 종 다니엘아 너의 항상 섬기는 네 하나님이 사자에게서 너를 구원하시기에 능하셨느냐 다니엘이 왕에게 고하되 왕이여 원컨대 왕은 만세수를 하옵소서. 나의 하나님이 이미 그 천사를 보내어 사자들의 입을 봉하셨으므로 사자들이 나를 상해치 아니하였사오니 이는 나의 무죄함이 그 앞에 명백함이오며 또 왕이여 나는 왕의 앞에도 해를 끼치지 아니하였나이다. 왕이 심히 기뻐서 명하여 다니엘을 굴에서 올리라 하매 그들이 다니엘을 굴에서 올린즉 그 몸이 조금도 상하지 아니하였으니 이는 그가 자기 하나님을 의뢰함이었더라(단6:20-23).

예수님: 예수님께서 간질병 걸린 소년을 고치면서 믿음으로 놀라운 기적이 역사하는 것을 말씀을 하셨습니다.

저희가 무리에게 이르매 한 사람이 예수께 와서 꿇어 엎드리어 가로되 주여 내 아들을 불쌍히 여기소서. 저가 간질로 심히 고생하여 자주 불에도 넘어지며 물에도 넘어지는지라 내가 주의 제자들에게 데리고 왔으나 능히 고치지 못하더이다. 예수께서 대답하여 가라사대 믿음이 없고 패역한 세대여 내가 얼마나 너희와 함께 있으며 얼마나 너희를 참으리요 그를 이리로 데려오라 하시다 이에 예수께서 꾸짖으시니 귀신이 나가고 아이가 그 때부터 나으니라. 이때에 제자들이 종용히 예수께 나아와 가로되 우리는 어찌하여 쫓아내지 못하였나이까. 가라사대 너희 믿음이 적은 연고니라 진실로 너희에게 이르노니 너희가 만일 믿음이 한 겨자씨만큼만 있으면 이 산을 명하여 여기서 저기로 옮기라 하여도 옮길 것이요 또 너희가 못할 것이 없으리라(마 17:14-20).

베드로: 베드로는 욥바에 사는 사랑하는 여 제자 다비다가 죽었다는 소식을 들었을 때 그는 지체 없이 달려가서 믿음으로 말을 하였습니다. "다비다야, 일어나라!"

욥바에 다비다라 하는 여제자가 있으니 그 이름을 번역하면 도르가라 선행과 구제하는 일이 심히 많더니 그 때에 병들어 죽으매 시체를 씻어 다락에 뉘우니라 룻다가 욥바에 가까운지라 제자들이 베드로가 거기 있음을 듣고 두 사람을 보내어 지체 말고 오라고 간청하니 베드로가 일어나 저희와 함께 가서 이르매 저희가 데리고 다락에 올라가니 모든 과부가 베드로의 곁에 서서 울며 도르가가 저희와 함께 있을 때에 지은 속옷과 겉옷을 다 내어 보이거늘 베드로가 사람을 다 내어 보내고 무릎을 꿇고 기도하고 돌이켜 시체를 향하여 가로되 다비다야 일어나라 하니 그가 눈을 떠 베드로를 보고 일어나 앉는지라 베드로가 손을 내밀어 일으키고 성도들과 과부들을 불러들여 그의 산 것을 보이니 온 욥바 사람이 알고 많이 주를 믿더라(행9:36-42).

믿음의 은사는 때로 치유의 은사와 기적의 은사와 함께 사용됩니다.
"믿음은 바라는 것들의 실상이요 보지 못하는 것들의 증거니 선진들은 이로서 증거를 얻었느니라."(히 11:1-6).

오늘날도 믿음의 은사들은 여러 곳에서 일어나고 있습니다. 그 한 예를 소개합니다.

탄자니아의 엘림에서 사역하는 선교사로부터 극적인 믿음의 은사가 나타난 이야기가 있습니다. 원주민들이 부활절 예배를 드리기 위해서 교회에 모였는데 갑자기 정글에서 나온 사나운 암사자가 거친 기세로 무자비하게 달려오고 있었습니다. 몇 마리의 가축들과 아이를 안은 여인을 해친 사자는 바로 교인들이 모인 곳으로 질주하고 있었습니다. 모인 회중들은 갑자기 나타난 사자를 쳐다보았습니다. 사자는 불과 몇 미터 거리를 두고 멈춰서 맹렬하게 으르렁거리고 있었습니다. 사람들은 벌벌 떨고 있었고 목사가 사람들에게 외쳤습니다. '두려워 마십시오. 사자굴 에서 다니엘을 구해 내신 하나님 곧 부활하신 그리스도께서 여기에 함께 계십니다.' 그리고서는 사자에게 소리쳤습니다. '예수 그리스도의 이름으로 너에게 저주를 내리노라!' 그런 다음 놀라운 일이 일어났습니다. 하늘에는 구름이 흩어져있었고 비가 올 기세가 전혀 없었음에도 번개가 치고 그 사자를 넘어뜨리더니. 곧 사자는 죽었습니다!

목사는 그 시체 위로 뛰어올라가 그것을 설교 받침대로 사용했답니다! 이 충격적인 일로 인해 사람들의 생명이 보호받았음은 물론이고 그 마을 전체가 술렁거렸고, 열 일곱 명의 사람이 예수께로 나아왔습니다.

믿음의 은사를 사용한 결과는 다음과 같습니다.

하나님께 영광을 돌리며 사람들로 하여금 경외감을 느끼게 합니다. 그리고 사람들로 하여금 새로운 믿음을 갖게 하고, 교회의 덕이 세워집니다. 다른 은사들을 기대하는 것처럼 하나님이 우리 가운데 놀라운 믿음의 은사를 나타내시기를 기대하여야 합니다.

4) 병 고치는 은사

어떤 이에게는 한 성령으로 병 고치는 은사를(고전 12:9).

치유의 은사는 사람들을 통해 전달되는 것으로서 질병이나 허약함을 초자연적인 방법으로 낫게 함으로써 사람들을 통하여 하나님께 영광을 돌리게 합니다. 성령님의 초자연적인 치유의 능력으로 질병을 고치는 은사로써 오늘날 그리스도인들이 성령을 통해 받는 아홉 개의 은사 중에 가장 널리 쓰임 받는 은사입니다. 예수님은 현저하게 이 은사를 자주 사용하셔서 지상사역 중 90%를 병든 자들을 치료하는 데 보내셨습니다.

제자들에게 내린 첫 번째 명령은 이것입니다.
"병든 자를 고치라!"(마 10:8).

"병든 자를 고치며 죽은 자를 살리며 문둥이를 깨끗하게 하며 귀신을 쫓아내되 너희가 거저 받았으니 거저 주어라"(마 10:8).

예수님의 치유사역은 오늘날까지 약 2000년 동안 계속되고 있으며 예수님이 다시 오실 때까지 지속될 것입니다. 예수님은 우리에게 큰 약속을 주셨습니다.

"나를 믿는 자는 나의 하는 일을 저도 할 것이요 또한 이보다 큰 것도 하리니 이는 내가 아버지께로 감이니라."(요 14:12).

예수님은 말씀하셨습니다.

"믿는 자들에게는 이런 표적이 따르리니….사람에게 손을 얹은즉 나으리라"(막 16: 17-18).

예수님은 손을 얹기도 하시고, 눈이나 귀에 손을 대기도 하셨고, 숨을 불어 넣기도 하셨고, 눈먼자 에게 진흙을 바르시기도 하시고, 명령으로 치유하기도 하셨습니다. 그리고 이 은사를 제자들에게 주셨습니다.

"예수께서 그 열 두 제자를 부르사 더러운 귀신을 쫓아내며 모든 병과 모든 약한 것을 고치는 권능을 주시니라"(마 10:1).

성경에 보면 여러 가지방법으로 치유하셨습니다.

안수함으로 치료하셨습니다.

아직 말씀하실 때에 회당장의 집에서 사람들이 와서 가로되 당신의 딸이 죽었나이다. 어찌하여 선생을 더 괴롭게 하나이까. 예수께서 그 하는 말을 곁에서 들으시고 회당장에게 이르시되 두려워 말고 믿기만 하라 하시고 베드로와 야고보와 야고보의 형제 요한 외에 아무도 따라옴을 허치 아니 하시고 회당장의 집에 함께 가사 훤화함과 사람들의 울며 심히 통곡함을 보시고 들어가서 저희에게 이르시되 너희가 어찌하여 훤화하며 우느냐 이 아이가 죽은 것이 아니라 잔다 하시니 저희가 비웃더라. 예수께서 저희를 다 내어 보내신 후에 아이의 부모와 또 자기와 함께한 자들을 데리시고 아이 있는 곳에 들어 가사 그 아이의 손을 잡고 가라사대 달리다굼 하시니 번역하면 곧 소녀야 내가 네게 말하노니 일어나라 하심이라 소녀가 곧 일어나서 걸으니 나이 열두 살이라 사람들이 곧 크게 놀라고 놀라거늘
(막 5:35-42).

믿는 자들에게는 이런 표적이 따르리니 곧 저희가 내 이름으로 귀신을 쫓아내며 새 방언을 말하며 뱀을 집으며 무슨 독을 마실지라도 해를 받지 아니하며 병든 사람에게 손을 얹은즉 나으리라 하시더라(막 16:17-18).

보블리오의 부친이 열병과 이질에 걸려 누웠거늘 바울이 들어가서 기도하고 그에게 안수하여 낫게 하매(행 28:8).

말씀으로 고치셨습니다.

저가 그 말씀을 보내어 저희를 고치사 위경에서 건지시는 도다
(시 107:20).

무리를 내어 보낸 후에 예수께서 들어가사 소녀의 손을 잡으시매 일어나는지라 (마 9:25).

예수께서 가까이 서서 열병을 꾸짖으신대 병이 떠나고 여자가 곧 일어나 저희에게 수종드니라 (눅 4:39).

십팔 년 동안을 귀신들려 앓으며 꼬부라져 조금도 펴지 못하는 한 여자가 있더라 예수께서 보시고 불러 이르시되 여자여 네가 네 병에서 놓였다 하시고 안수하시매 여자가 곧 펴고 하나님께 영광을 돌리는지라 회당장이

예수께서 안식일에 병 고치시는 것을 분내어 무리에게 이르되 일할 날이 엿새가 있으니 그 동안에 와서 고침을 받을 것이요 안식일에는 말 것이니라 하거늘 주께서 대답하여 가라사대 외식하는 자들아 너희가 각각 안식일에 자기의 소나 나귀나 마구에서 풀어내어 이끌고 가서 물을 먹이지 아니하느냐 그러면 십팔 년 동안 사단에게 매인 바 된 이 아브라함의 딸을 안식일에 이 매임에서 푸는 것이 합당치 아니하냐(눅 13:11-16).

주여 이제도 저희의 위협함을 하감하옵시고 또 종들로 하여금 담대히 하나님의 말씀을 전하게 하여 주옵시며 손을 내밀어 병을 낫게 하옵시고 표적과 기사가 거룩한 종 예수의 이름으로 이루어지게 하옵소서 하더라 빌기를 다하매 모인 곳이 진동하더니 무리가 다 성령이 충만하여 담대히 하나님의 말씀을 전하니라(행 4:29-31).

예수의 이름을 말함으로 고치셨습니다.

베드로가 가로되 은과 금은 내게 없거니와 내게 있는 것으로 네게 주노니 곧 나사렛 예수 그리스도의 이름으로 걸으라 하고(행3:6).

너희와 모든 이스라엘 백성들은 알라 너희가 십자가에 못 박고 하나님이 죽은 자 가운데서 살리신 나사렛 예수 그리스도의 이름으로 이 사람이 건강하게 되어 너희 앞에 섰느니라. 이 예수는 너희 건축자들의 버린 돌로서 집 모퉁이의 머릿돌이 되었느니라. 다른 이로서는 구원을 얻을 수 없나니 천하 인간에 구원을 얻을 만한 다른 이름을 우리에게 주신 일이 없음이니라 하였더라(행4:10-12).

믿음의 기도로 역사합니다.

예수께서 대답하여 저희에게 이르시되 하나님을 믿으라 내가 진실로 너희에게 이르노니 누구든지 이 산더러 들리어 바다에 던지우라 하며 그 말하는 것이 이룰 줄 믿고 마음에 의심치 아니하면 그대로 되리라 그러므로 내가 너희에게 말하노니 무엇이든지 기도하고 구하는 것은 받은 줄로 믿으라 그리하면 너희에게 그대로 되리라 서서 기도할 때에 아무에게나 혐의가 있거든 용서하라 그리하여야 하늘에 계신 너희 아버지도 너희 허물을 사하여 주시리라 하셨더라(막 11:22-25).

기름을 바르는 것으로 치유합니다.

예수님의 제자들이 기름을 발라 병을 고치기도 하였습니다. "많은 귀신을 쫓아내며 많은 병인에게 기름을 발라 고치더라"(막 6:13).

야고보 사도는 주의 이름으로 기름을 바르고 믿음의 기도로 병든 자를 구원하게 하였습니다(약 5:14-15).

너희 중에 병든 자가 있느냐 저는 교회의 장로들을 청할 것이요 그들은 주의 이름으로 기름을 바르며 위하여 기도할지니라 믿음의 기도는 병든 자를 구원하리니 주께서 저를 일으키시리라 혹시 죄를 범하였을지라도 사하심을 얻으리라(약 5:14-15).

심지어 손수건이나 앞치마를 사용해서도 치유가 일어났습니다.

하나님이 바울의 손으로 희한한 능을 행하게 하시니 심지어 사람들이 바울의 몸에서 손수건이나 앞치마를 가져다가 병든 사람에게 얹으면 그 병이 떠나고 악귀도 나가더라(행 19:11-12).

헝겊(옷)에 손을 대는 경우에도 치료의 역사가 임하였습니다.

> 예수의 소문을 듣고 무리 가운데 섞여 뒤로 와서 그의 옷에 손을 대니 이는 내가 그의 옷에만 손을 대어도 구원을 얻으리라 함일러라(막 5:27-28).

하나님은 치료의 하나님이십니다(출애굽기 15:26, 23:25; 시편 103:3).

나는 너희를 치료하는 여호와임이니라(출 15:26).

너희 중에 병을 제하리니(출 23:25).

네 모든 병을 고치시며(시 103:3).

병든 자를 위해서 꼭 긴 기도를 할 필요는 없습니다. 우리가 그 기도를 할 믿음을 가질 때는 이미 명령의 말은 효력을 가지고 있습니다. "예수의 이름으로 나음을 입으라!" 예수님은 가볍게 만지거나 말씀으로써 병을 낫게 하셨고 대부분 명령으로 하셨습니다. 문둥병자에게 "깨끗해질지어다!" 중풍병자에게는 "일어나 들것을 들고 너의 집으로 가라!" 귀머리에게는 귀를 향하여 "열리라!" 손 마른 환자에게는 "네 손을 뻗어라"고 말씀하셨습니다. 그리고 그 즉시 그들은 고침을 받았습니다.

잭 디어 박사는 "놀라운 성령의 능력"이라는 책에 하나님께서는 왜 치유하는가? 에 대하여 다음과 같이 설명하고 있습니다. "하나님께서는 긍휼이 여기심과 자비로써 치유하신다(마 14:13-14). 하나님께서는 자신과 그의 아들을 영화롭게 하시기 위해 치료하신다(요 11:4, 40). 하나님께서는 믿음에 따라 치유하신다(행 14:8-10). 하나님은 그분 자신의 약속에 따라 치유하신다(약 5:14-16). 사실상 치유에 대한 모든 성경적 목적들은 오늘날에도 여전히 유효하다. 그들이 병든 자들을 위해서 기도하거나 상처 입은 자들을 위해 사역할 때 어느 개인이나 교회가 이러한 목적들에 동조할 정도라면 그들은 그들의 사역에서 치유가 일어나는 것을 볼 것이다."

스미스 위글스워드 목사님은 믿음 추구함과 함께 치유의 은사로 치유하한 것을 "항상 배가하는 믿음"에서 다음과 소개하였습니다.

하루는 내가 벨파스트(Belfast)에서 교회의 한 형제를 보았다. 그가 나에게 말하기를, "위글스워스, 나는 근심이 있어요. 나는 지난 다섯 달 동안 슬픔 중에 있었지요. 우리 교회의 모임 중에 하늘의 축복이 임하기를 항상 기도하던 여인이 있었지요. 그녀는 나이가 많았으나 그녀가 참석할 때에는 항상 성령의 감화가 있었답니다. 그런데 다섯 달 전에 그녀가 넘어져서 허벅다리가 부러졌답니다. 의사들은 석고 틀을 하게 하였고 다섯 달 후에 그 석고 틀을 깨었지요. 그러나 뼈들은 잘 붙지 않았고 그래서 그녀는 다시 넘어져서 허벅다리는 또 다시 부러졌답니다."라고 하였다.

그가 나를 그녀의 집으로 데려 갔는데 그 곳에 그녀가 방의 오른편 침대에 누워 있었다. 내가 그녀에게 "지금은 어떤가요?"라고 물었다. 그녀는 "그들이 나를 치료하지 않고 집으로 보내었지요. 의사들이 말하기를 나는 너무 늙었고 나의 뼈들은 잘 붙지 않는다고 하였어요. 나의 뼈들에는 영양분이 없고 그들이 나를 위해 할 수 있는 일은 아무 것도 없었어요. 그리고 그들이 말하기를 나의 남은 생애동안 내가 침대에 누워 있어야 한다고 하였어요"라고 말하였다. 내가 그녀에게 "당신은 하나님을 믿나요?"라고 말하였다.

그녀가 대답하기를, "예, 당신이 벨파스트(Belfast)에 왔다는 소식을 들은 이후 내 믿음이 소생되었답니다. 만약에 당신이 기도한다면 나는 믿을 것입니다. 내가 알기는 세상에 어떤 힘도 나의 허벅다리의 뼈들을 붙게 할 수 없을 것이지만, 하나님께서는 능치 못할 것이 없음을 나는 믿어요"라고 하였다. 나는 "하나님께서 지금 당신을 만나실 것을 믿나요?"라고 물었다. 그녀가 "예, 내가 믿어요"라고 대답하였다.

사람들이 하나님을 믿는 것을 보는 것은 위대한 일이다. 하나님께서는 이 다리에 대해 다 아시고 이것은 두 쪽으로 부러졌었다. 내가 그녀에게 "내가 기도할 때 어떤 일이 일어날 것입니다"라고 말하였다. 그녀의 남편이 그 곳에 앉아 있었는데 그는 그의 의자에서 사년 동안 앉아 있었으며 한 걸음도 걸을 수 없었다. 그가 소리치기를, "나는 믿지 않아요. 나는 믿지 않을 것 이예요. 당신이 결코 나를 믿게 할 수 없을 것입니다"라고 하였다. 나는 "좋아요"라고 말하고 나서 나의 두 손을 그의 부인에게 주 예수의 이름으로 얹었다.

두 손을 그녀에게 얹은 순간 하나님의 능력이 즉시 그녀에게 들어갔고 그녀는 "내가 나았어요"라고 외쳤다.

오늘날도 병 고치는 은사를 받아 수많은 사람들을 치료하십니다.

나는 지난 5월 한국 집회를 인도하면서 여러 명을 치유함을 받는 보고 간증하는 것을 들었습니다. 잘 걸어 다니지 못하는 할머니가 걸어 다니고, 귀를 듣지 못한 사람이 듣고, 배가 아파 고통함에서 치료되고 자유함을 얻는 청년들. 죄책감에 치유함을 받아 자유함을 받은 사람들이 있었습니다.

병든 자를 치유하기 전에 신중하게 접근하는 것도 중요합니다. 병든 자를 위해서 기도하고 싶은 마음이 드는 사람은 행동에 들어가기 전에 먼저 하나님께 어떻게 그 병자에게 접근할 것인지를 물어보아야 합니다. 이 때 지식의 말이나 지혜의 말씀과 성령의 다른 은사들이 치유의 은사와 함께 결합해서 나타납니다. 병을 낫지 못하게 하는 어떤 요인이 그 사람의 삶 가운데 있다면 지식의 말씀이 이것을 드러내 밝힐 것입니다. 그러면 병든 사람은 상당한 확신과 믿음을 갖게 되어 치료를 받을 마음의 문이 열리고 마침내 병 고침을 받게 됩니다.

치유의 능력이 임할 때 나타나는 현상들은 다음과 같은 것들이 있습니다.

(a) 기름 부으심으로 돌연히 손에 능력이 부어지는 듯한 느낌, 손이 뜨거워지거나 찌릿찌릿해지거나 무거워지는 느낌이 옵니다. 동정심이 치솟아 오르거나 치유의 역사가 일어나리라는 확신을 갖게 되는 것도 여기에 속합니다.

(b) 초연한 느낌으로 우리의 능력이 미칠 수 없는 일이 우리를 통해 일어나고 있는 것을 우리의 마음으로 느낄 수 있게 됩니다.

(c) 전혀 생각지도 않았던 말들 즉 지식의 말씀, 지혜의 말씀 등이 입 밖으로 터져 나옵니다.

(d) 치유의 기적이 일어나는 광경을 마음속에 떠오른 환상이나 그림을 통해서 보게 됩니다.

치유 사역자들이 유의하여야 할 사항들은 다음과 같습니다.

성령님께서 우리에게 치유의 능력을 베풀어 주십니다. 우리는 치유를 필요로 하는 사람에게 성령께서 행하시는 일을 잘 지켜봄과 동시에 그분의 말씀에 귀를 기우려야 합니다. 그리고 치유사역을 행하는 과정에서 성령께 영광과 찬양을 돌려야 합니다.

　예수님께서 우리에게 치유사역을 위임하셨습니다. 치유사역자는 사역을 행할 때 자신의 감정을 드러내서는 안 됩니다. 환자의 모든 개인적인 비밀을 지켜 주어야 합니다. 항상 적의 반격에 주의하여야 합니다. 치유사역을 꾸준히 행해 나감에 따라 더욱 많은 결실을 맺을 수 있습니다.

　치유 사역시 오는 유혹을 물리쳐야 합니다. 자기가 하나님께 쓰임을 받고 있다는 자만심 버리고 끊임없이 겸손하여야 하며, 매 순간 하나님께 영광을 올려드리고 회개하는 일을 게을리 해서는 안 될 것입니다. 그렇지 않으면 불행한 일이 일어납니다.

　제프리스라는 사람은 놀라운 치유사역을 행하여 수천 명의 사람들 특히 류마치스성 관절염 환자들을 치유하는데 쓰임을 받았습니다. 남아프리카 공화국에서 열린 한 대규모 집회에서 역시 수백 명이 치유되는 역사가 일어났습니다. 그러자 그는 의기양양한 나머지 "온 세상이 내 발 밑에 있도다."라고 선언했습니다. 여기서 그의 사역은 끝나고 말았습니다. 그는 류마치스성 관절염이 발병하여 결국 죽고 말았습니다.

5) 능력 행함의 은사(기적을 행하는 은사)

어떤 이에게는 능력 행함을(고전 12:10)

　기적이란 정상적인 자연법칙이 일시적으로 정지된 상태에서 보통 사람으로서는 이해할 수 없는 초자연적인 형태로 일어나는 현상을 말하며 성령께서 자연법칙에 의한 질서에 초자연적으로 개입해 들어오심으로써 각 개인들을 통해 역사 하는 은사입니다.

　기적을 행하는 은사와 치유의 은사를 명백히 구분하는 것은 쉬운 일이 아닙니다. 치유에는 병세를 완화시키거나 몸을 본래의 상태로 회복시키는 일이 포함되고 이러한 치유 외에 능력이 초자연적으로 발현되는 사건들은 순수한 기적이라고 할 수 있을 것입니다.

치유는 대인(對人) 관계이나, 능력 행함은 대물(對物), 자연(自然), 환경(環境)과의 관계에서 역사하는 능력입니다.

성경에 나타난 기적의 대표적인 예는 다음과 같습니다.

구약의 예:
- 애굽에 덮친 기적의 10가지 재앙들(출 7-12장).
- 이스라엘 백성들을 탈출시키기 위해 홍해를 가름(출 14:21-31).
- 여호수아를 위해 해와 달이 멈춤(수 10:12-14).
- 엘리야 시대의 기근 동안 과부의 가루와 기름병이 채워지는 기적(왕상 17:8-16).
- 엘리사의 믿음의 행위를 통해 독이 든 국이 해독된 사건(왕하 4:38-41).
- 이사야 기도의 응답으로 히스기야의 일영표에 해가 십 도 물러난 것 (왕하 20:8-11).

신약의 예:
예수님은 성경의 인물 중 어느 누구보다도 더 많은 기적을 행하여 기록되지 않은 기적이 더 많을 정도입니다.
  "예수의 행하시는 일이 이 외에도 많으니 만일 낱낱이 기록한다면 이 세상이라도 이 기록된 책을 두기에 부족할 줄 아노라"(요 21:25).
성경에서 볼 수 있는 예수님이 행하신 기적의 예들이 많이 있습니다.

- 예수님께서 물위를 걸으셨습니다(마 14:25-33).
- 오병이어로 무리들을 먹이심. 5천 명이나 먹이고 남았습니다(마 16:8-10).
- 베드로를 보내어 물고기의 입에서 돈을 발견케 하였습니다(마 17:27).
- 마가복음에서 무리들을 먹이셨습니다(막 6:38-44).
- 폭풍을 잔잔케 하셨습니다(막 6:45-52).

요한복음에는 여러 가지 기적을 행하시는 것이 기록되어 있습니다. 물을 포도주로 변하게 함(요 2:1-11), 왕의 신하의 아들을 고치심(요 4:46-54), 38년 된 병자 고침(요 5:1-8), 오천 명을 먹이심(요 6:1-14), 물위로 걸으심(요 6:16-21), 나면서 맹인된 사람고침(요 9:1-7), 죽은 나사로를 다시 살림(요 11:38-44). 제자들에게 고기를 잡히지 않는 곳에서 고기를 잡게하심(요 21:5-12).

예수님의 기적은 주로 동정심에서 우러나와 사람들의 필요를 채워 주셨고 실제적인 목적을 가지고서 행해졌습니다.

사도행전에도 베드로, 빌립, 바울이 행한 기적이 기록되어 있습니다. 사도행전에 기록된 가장 많은 기적을 행한 사람은 베드로와 바울입니다. 오순절 이후에 많은 권능과 표적이 사도들과 그 외의 사람들에 의해서 또는 그들을 위해서 행해졌습니다. 수차례에 걸쳐 믿음의 사람들은 천사의 도움으로 감옥에서 풀러 나왔습니다(행 12:1-17, 16:25-40, 5:17-25).

전도자 빌립은 성령의 능력에 이끌려 가사에서 아소도로 옮겨갔습니다. 빌립의 육체가 성령에 들려 24마일이나 되는 먼 거리를 가사에서 아소도로 옮기어 간 것입니다(행 8:39-40).

바울은 기적으로 박수무당을 쳐 잠시 동안 소경으로 만들어 복음을 방해하려는 그의 의도를 막았고(행 13:6-12), 바울은 독사에 물렸을 때도 아무런 해를 받지 않았습니다(행 28:3-6).

능력 행함의 은사의 목적은 다음과 같습니다.

믿는 자들이나 믿고자 원하는 사람들을 격려하기 위해서였습니다. 예수님은 말씀하셨습니다. "악하고 음란한 세대가 표적을 구하나 선지자 요나의 표적밖에는 보일 표적이 없느니라. 요나가 밤낮 사흘을 큰 물고기 뱃속에 있었던 것같이 인자도 밤낮 사흘을 땅속에 있으리라"
(마 12:39-40).

- 하나님의 심판과 징계를 행하기 위함입니다(재앙들, 아나니아와 삽비라).
- 선포된 말씀의 확증입니다(행 13:11, 12).
- 피할 수 없는 위기로부터의 구출입니다(마 8:24-26; 행 12:4-12).
- 하나님의 위엄과 능력을 드러냅니다(시 145:3-7).

기적의 은사는 하나님께 큰 영광을 돌리는 은사 중 하나이며, 예수님의 약속에 따라 예전보다 오늘날 더욱더 있어야 할 은사입니다. "너희가 이보다 큰 것도 하리니 이는 내가 아버지께로 감이니라"(요 14:12). "믿는 자들에게는 이런 표적이 따르리니……"(막 16:17).

예수님은 믿는 자들이 새로운 기적을 행하게 될 것이라고 말씀하셨습니다. 주님이 정해 놓은 양식을 따라 그 기적들이 일어 날 것입니다. 그러나 그리스도인들을 유혹하기 위해 사탄의 능력으로 행해지는 어떤 현상들에 현혹되어서는 안 됩니다.

"큰 표적과 기사를 보이어 할 수만 있으면 택하신 자들도 미혹하게 하리라"(마 24:24; 막 13:22).

잭 디어(Jack Deer) 박사가 쓴 "놀라운 성령의 능력"에서 하나님께서 우리에게 기적의 은사들을 주시는 이유에 대해서 다음과 같이 여섯 가지 이유를 제시했습니다.

하나님께서는 교회를 강화시키기 위하여 성령의 은사들을 주셨다(고전 12:7; 14:24). 하나님께서는 우리에게 열심히 성령의 은사들을 사모하라고 명하신다(고전 12:31; 14:29). 하나님께서는 우리에게 방언으로 말하는 것을 금하지 말라고 명령하신다(고전 14:39). 사도 바울은 방언의 은사를 소중히 했다(고전 14:5). 성령의 은사들은 그리스도의 몸인 교회의 건강을 위해 필수적이다(고전 12:12-27). 성령의 은사들은 그리스도께서 다시 오실 때까지 끝나지 않을 것이다(고전 13:8-12)........

(a) 하나님께서는 그리스도의 몸을 강화하기 위하여 기적적인 은사들을 주신다.
(b) 하나님께서는 우리에게 기적적인 은사들, 특별히 예언의 은사를 열망하라고 명하 신다.
(c) 하나님께서는 우리에게 방언의 은사가 지대하게 남용되고 있을 때에 조차도 방언을 말하는 것을 금하지 말라고 명하신다.
(d) 방언의 은사에 대한 바울의 높은 평가는 그 은사가 하나님과의 친밀한

관계를 구하는 데에 있어서 중요한 가치를 가졌다는 것을 지적한다.
(e) 교회가 육체와 같다는 유비는 모든 성령의 은사들은 그리스도의 몸의 건강을 위하여 필수적이라는 것을 지적한다.
(f) 성경은 특별히 성령의 기적적인 은사들이 주께서 다시 오실 때까지 그치지 않을 것이라는 것을 특별히 말한다.

베드로는 오순절 설교에서 예수님께서 기적과 표적으로 증거하신다고 하였습니다(행2:22). "이스라엘 사람들아 이 말을 들으라 너희도 아는 바에 하나님께서 나사렛 예수로 큰 권능과 기사와 표적을 너희 가운데서 베푸사 너희 앞에서 그를 증거하셨느니라" 예수님께서는 기적과 표적으로 많은 사람을 믿게 하였습니다.

오늘날도 기적은 성경의 양식에 따라 일어나고 있습니다.

최근 몇 년 동안 계속하여 강력한 신약시대의 부흥이 일어나 기적적인 사건들이 일어나고 있습니다. 인도네시아에서는 수천의 사람들에게 기적적인 방법으로 음식이 제공되는가 하면 물이 포도주로 변하여 거룩한 공회에 사용되어지고 기독교 단체들이 그리스도의 복음을 전하기 위해 물위를 걸어서 강을 건넜습니다.

수천의 사람들이 병을 고친 것은 말할 것도 없고 죽은 자가 살아나는 기적이 아프리카의 여러 곳에서 있었습니다. 예를 들면 아프리카에서 사역하는 라인드 본케 목사와 하이디 베이커 목사 사역 현장에서 하나님은 그의 초자연적인 역사를 나타내셨습니다. 그리고 현재 미국에서 젊은 세대 사역자로 떠오르는 샨 볼츠라는 복음 전도자는 빌립이 가사에서 아소도로 초자연적으로 옮겨진 것처럼 미국 캔사스주에서 그런 경험을 하였다고 간증하는 것을 들었습니다. 하나님은 이처럼 오늘날에도 그의 백성들 가운데 더 많은 기적들을 행하고 계십니다.

6) 예언의 은사

어떤 이에게는 예언함을(고전 12:10).

지금 어느 시대보다 예언에 대한 부흥이 일어나고 있습니다. 예언을 통하여 피터 와그너 박사는 플러 신학교 교수직을 사임하고 콜로라도 스프링필드로 이사 가서 세계 기도센타 사역과 피터 와그너 신학교 사역을 하게 된 것입니다.

예언의 은사는 자신의 생각이 아닌 성령의 영감에 의해서 하나님의 의중을 대변하며 나타내는 은사입니다. 즉 하나님으로부터 임한 메시지입니다. 예언은 방언이 아닌 알고 있는 언어로 하는 초자연적인 말입니다.

피터 와그너 박사는 예언의 은사에 대하여 다음과 같이 말하였습니다. "예언의 은사는 하나님께서 하나님의 직접적인 메시지를 전달해주도록 하나님의 기름부음 받은 말을 통해서 모인 사람들과 소그룹, 또는 개인에게 메시지를 전달하는 특별한 능력입니다."

사도 바울은 예언에 대하여 특별히 강조하였습니다.

사랑을 따라 구하라 신령한 것을 사모하되 특별히 예언을 하려고 하라 (고전 14:1).

그런즉 내 형제들아 예언하기를 사모하며 방언 말하기를 금하지 말라 (고전 14:39).

바울은 일반적으로 논란과 남용이 많고 위험하지만 은사를 사모하여 사용하라고 권장하고 있습니다. 그 이유는 예언의 은사가 교회의 건강을 위하여 필요하며 은사 사용의 남용을 방지할 수 있는 방법이 있었기 때문입니다.

예언이란 무엇인가?

콜린 우르크하르트 목사는 예언에 대하여 다음과 같이 정의하였습니다. "예언은 하나님께서 성령을 통해 자녀들에게 하시는 말씀이기 때문에 그들의 삶속에 치유의 역사가 일어나게 하는 다른 종류의 매우 귀중한 선물입니다. 하나님께서 그들의 상황에 직접 말씀하시기 때문에 예언의 결과로 치유를 받을 수 있다. 예언은 미래를 향해 말해 두는 것이라기보다는 미래를 향해 말하는 것입니다. 예언의 말씀이 미래와 관련된 경우도 있을 것입니다. 그러나 본질적으로 그 말씀은 현재의 말씀입니다. 하나님으로부터 한 마디 말씀이 어떤 이의 삶 가운데 해방과 자유와 치유를 가져다 줄 수 있습니다. 그러므로 그것은 누구다 들어야 하는 말씀입니다."

예언은 성령의 영감을 받아 몸의 나머지를 세우도록 그리스도의 몸의 한 지체를 통해 주님으로부터 임하는 말씀입니다.

그러나 예언하는 자는 사람에게 말하여 덕을 세우며 권면하며 안위하는 것이요 방언을 말하는 자는 자기의 덕을 세우고 예언하는 자는 교회의 덕을 세우나니 나는 너희가 다 방언 말하기를 원하나 특별히 예언하기를 원하노라 방언을 말하는 자가 만일 교회의 덕을 세우기 위하여 통역하지 아니하면 예언하는 자만 못하니라(고전14:3-5).

예언은 반드시 미래와 연관되지는 않습니다. 그러나 요한계시록에서는 미래에 일어날 사건들을 미리 알리는 것으로 전개되고 또 특수한 경우에 개인적으로 했던 아가보의 예언도 있습니다.

> **여러 날 있더니 한 선지자 아가보라 하는 이가 유대로부터 내려와 우리에게 와서 바울의 띠를 가져다가 자기 수족을 잡아매고 말하기를 성령이 말씀하시되 예루살렘에서 유대인들이 이같이 이 띠 임자를 결박하여 이방인의 손에 넘겨주리라 하거늘**(행 21:10, 11)

예언은 주로 선지자들을 통해서 하나님의 말씀이 임했던 구약 시대에는 매우 보편적인 것이었습니다. 여기서 사람들은 스스로의 권위로 말하는 것이 아니었기 때문에 "여호와께서 말씀하시니라"고 선포할 수 있었습니다. 그들의 예언들은 때로 하나님으로부터 임한 이상과 특별한 계시의 결과들이었습니다.

신약 성경에서는 세례 요한과 예수님 자신이 선지자의 사역을 감당했습니다. 예수님의 예언에는 권위가 뒤따랐습니다(마 7:28).

신약 교회에서는 성령 강림과 더불어 예언의 은사가 계속 되었습니다.
> **이는 곧 선지자 요엘로 말씀하신 것이니 일렀으되 하나님이 가라사대 말세에 내가 내 영으로 모든 육체에게 부어 주리니 너희의 자녀들은 예언할 것이요 너희의 젊은이들은 환상을 보고 너희의 늙은이들은 꿈을 꾸리라. 그 때에 내가 내 영으로 내 남종과 여종들에게 부어 주리니 저희가 예언할 것이요**(행 2:16-18).

예언의 은사는 그리스도의 재림까지 계속되어야 합니다. 예언의 은사는 누구에게나 주어질 수 있습니다. 예언의 은사는 예언자로 인정받는 사람들에게만 주어지는 것이 아닙니다. 요엘 2장 18절의 성취와 관련하여 그리스도인들에게 보다 광범위하게 주어지고 있습니다. 우리는 "너희는 다 예언할 수 있느니라"(고전 14:31).

사도들의 가르침을 통해 우리는 예언의 은사와 예언자로서의 사역은 뚜렷이 구분되어 짐을 알 수 있습니다. 성령의 기름 부으심을 통해 모든 사람이 예언을 할 수 있기는 하나 모든 사람이 예언자는 될 수 없다는 것입니다. 이 말은 모든 사람이 예언의 은사를 나타낼 수 있으나 모든 사람이 예언자로서의 사역에 부르심을 받지는 못한다는 것입니다. 예를 들면 빌립의 딸들이 예언의 은사는 있기는 했으나 아가보처럼 예언자의 사역을 행할 수는 없었습니다.

일반적 예언과 성경의 예언은 구분하고 분별하여야 합니다. 성경은 장소, 시간, 역사를 초월하여 온 인류에게 주시는 것이며 은사로써의 예언은 특정한 사람, 단체에게 그때그때 필요에 의해 사람들에게 주어지는 하나님의 말씀입니다.

예언의 메시지 배후에 있는 초자연적인 계시는 성경 말씀에 대한 묵상, 환상, 꿈, 황홀경, 그림, 음성 또는 천사의 방문, 기도, 찬양을 통해 받게 되는 경우가 많습니다(행 13:2).

바울을 마게도니아로 인도한 환상은 분명히 하나님으로부터 온 것이었습니다(행 16:9). "밤에 환상이 바울에게 보이니 마게도냐 사람 하나가 서서 그에게 청하여 가로되 마게도냐로 건너와서 우리를 도우라 하거늘"

예언의 목적은 무엇인가?

예언의 목적은 교회의 덕을 세우며 권면하고 위로를 베풀어 줍니다. 고린전서 14장 3절에서 분명하고 정확하게 예언의 목적을 알려 주고 있습니다. "예언하는 자는 사람에게 말하여 덕을 세우며 권면하며 안위하는 것이요" 예언은 실추한 사람에게 하나님의 격려, 위로, 사랑을 전달하여서 세워주는 일이 목적입니다. 예언은 사람들이 알고 싶어하는 것, 묻는 질문을 말하여 주는 것이 아니라, 하나님께서 말씀하여 주시는 것을 말하여 주는 것입니다.

예언은 믿지 않는 사람들에게 확신을 주는 징표의 역할을 합니다.
> 그러나 다 예언을 하면 믿지 아니하는 자들이나 무식한 자들이 들어와서 모든 사람에게 책망을 들으며 모든 사람에게 판단을 받고 그 마음의 숨은 일이 드러나게 되므로 엎드리어 하나님께 경배하며 하나님이 참으로 너희 가운데 계시다 전파하리라(고전 14:24, 25).

예언을 통해 예수 그리스도께 영광을 돌립니다.
> 내가 그 발 앞에 엎드려 경배하려 하니 그가 나더러 말하기를 나는 너와 및 예수의 증거를 받은 네 형제들과 같이 된 종이니 삼가 그리하지 말고 오직 하나님께 경배하라 예수의 증거는 대언의 영이라 하더라(계 19:10)

예언의 은사를 어떻게 사용해야 하는가?

실제로 예언을 하려고 할 때는 먼저 자연스럽게 찬양을 드린 후, 심령의 기도(방언)를 한 후, 기도를 멈추고 마음에 임하는 성령님의 음성에 귀를 기울이기 위하여 침묵한 후 기다린다. 여기서 기도의 내용은 주님의 임재와 찬양, 경배의 기도를 하여야 합니다.

하나님은 인격이시기에 우리와 교제하시기를 원하십니다. 성령이 임재하시면 신체적, 감정적, 영적으로 어떤 변화를 느낄 수 있습니다. 임재를 체험하면 할수록 더 강하게 느껴집니다. 이때 느껴지는 것은 의심하지 말고 단지 마음에 떠오르는 내용을 말로서 표현해야 합니다. 처음에는 처음 말을 배우는 아이와 같습니다. 그러나 계속 말을 하면 표현력이 늘어 숙달이 됩니다.

　　예언 사역자인 릭 라이트 목사는 예언 사역을 잘 하기 위해서는 "성경을 많이 읽고, 기도를 많이 하고 좋은 기독교 서적을 많이 읽어야 한다."고 하였습니다. 처음 예언의 은사를 사용할 때는 엄청난 황홀경을 체험합니다. 그러다가 그 일을 계속해 나감에 따라 그러한 현상은 점차로 사라지는 것이 보통입니다.

　　예언 사역자인 랠리 랜돌프(Larry Randolp) 목사님은 예언하기를 원하면 다음과 같이 하라고 하였습니다.

- 간단하게 시작하라. 하나님의 음성을 듣고 간단하게 격려가 되고 덕이 되는 말, 예를 들면 "하나님이 당신을 사랑합니다."
- 실수하는 것에 대하여 두려워하지 말라. 우리는 실수하도록 태어났다. 실수를 하지 않으려고 하는 사람은 실수를 한다.
- 괴팍스럽게 하거나 구호를 사용하지 말라. 종교적인 단어를 모방하려고 하지 말고 자신 것을 자연스럽게 하는 것이 좋다.
- 절대 고함이나 함성을 지를 필요는 없다.
- 자신의 분위기로 하지 말고 하나님의 분위기로 하라.
- 가까운 데서 부터 하라.
- 사랑의 동기에서 예언하라.

예언의 은사는 유의하여 사용하여야 한다.

- 예언 시에 금해야 할 부분. 시간, 방향지시. 분별하고 판단하여 사용해야 합니다.
- 예언이 성경과 똑같은 신뢰성을 준다고 생각해서는 안 됩니다.
- 예언을 전하는 사람은 인간이므로 오류를 범할 수 도 있습니다.

- 예언을 하는 사람은 그 교회에서 알려진 사람이어야 합니다. 만일 생소한 사람이 예언을 하려면 예언을 하기 전에 그 교회 지도자의 허락을 구해야 합니다.
- 예언하는 사람은 자기를 통제할 수 있어야 합니다.
- 예언은 언제나 사랑의 동기로 사용하여야 합니다.
- 예언이 오면 해석하고 잘 적용해야 합니다.
- 우리의 모든 예언은 영분별의 은사를 행사하여야 합니다.
- 예언하는 것을 뽐내려고 하는 교만을 버리고 겸손하게 해야 합니다.

우리는 예언의 함정과 오염을 분별하여야 합니다.

이 부분에 대한 자세한 것은 '내가 내 영으로 부어 주리니' (허 철저. 은혜출판사)를 참고하면 도움이 될 것입니다. 그 책의 내용 일부분을 요약하여 소개합니다.

예언의 말씀을 주시는 하나님께 초점을 맞추지 않은 것은 위험 합니다.

예언사역 할 때 함정에 빠지지 않기 위해 예언 사역자에 초점을 맞추게 하지 않아야 합니다. 하나님의 영광을 사역자가 받는 것이기 때문에 매우 조심해야 합니다.

예언자들이 빠지기 쉬운 가장 큰 함정은 돈입니다.

다른 사람들에게 큰 부를 예고하거나 개인적인 이익의 동기로 예언하거나, 돈을 받거나 요구하는 사람은 사단의 올무에 걸린 사람입니다. 이런 일로 인하여 예언적 가치를 떨어뜨리며 위장하여 사역을 하는 것입니다. 성경은 이렇게 말씀합니다. "저희가 바른 길을 떠나 미혹하여 브올의 아들 발람의 길을 쫓는 도다. 그는 불의의 삯을 사랑하다가" 란 표를 붙이게 된다(벧후 2:15).

래리 랜돌프 목사는 돈 문제에 대해 매우 강조하였습니다.

선지자 엘리사와 같이 우리도 주님의 말씀을 팔려고 내놓는 것이 아님을 선언해야 한다. 우리가 값없이 받았으면 값없이 주어야 한다. 이에 더함은 참된 영적 사역의 직접적 위반이며 하나님의 심판의 진노에 이르게 된다. 예수님이 회당에서 장사하는 상을 뒤엎으시고 돈 교환하는 자들을 몰아내신 것과 같이 예수님은 또한 그의 의로우신 진노로 나타나셔서 오늘날 그분의 양떼를 속여 빼앗는 자들을 심판하실 것이다. 예수님은 손안에 있는 채찍으로 하나님의 물건을 사고파는 벼룩시장주의를 아버지의 성전에서 제거하신 것이다. "도적의 소굴"이 된 곳은 청소되어 기도의 집, 자유로운 사역의 집으로 복구될 것이다.

잭 디어 박사는 예언하는 사람들의 물질주의와 금전에 대한 잘못된 태도에 대해 선자자의 말씀을 예로 들어 주의시키고 있습니다.

예언 사역에서 항상 문제가 되는 것은 물질주의와 금전이다. 미가는 예언자라는 자들이 나의 백성을 속이고 있다. 입에 먹을 것을 물려주면 평화를 외치고, 먹을 것을 주지 아니하면 전쟁을 벌일 준비를 한다(미 3:5)라고 불평했다. 예언자들이 유혹에 굴복하여 자신을 잘 대접해 주는 사람들에게는 좋은 예언을 해주고, 자신에게 특별한 경의를 표하지 않는 사람들에게는 나쁜 예언을 할 때에, 여호와께서는 예언자들에게 말씀하시는 일을 중지하실 수도 있을 것이다.

예언의 위험한 함정은 예언의 조작입니다.

이것은 교회를 지배하려고 할뿐만 아니라, 다른 사람에게 영향력을 행사하며, 인기를 조장하며 자랑하며 교만한 것입니다.

예언의 함정은 가시적으로 형성된 인격이 치유 받지 못한 채로 예언하는 것입니다. 가식적인 인격으로 형성된 그리스도인이 된 후에도 외부로부터 사랑과 자존감을 얻고자 하는 것이 내면에 여전히 있기 때문에 무의식적으로 "기독교 세계"에서의 성공을 통해 자존감을 얻고 인정을 받고자 하는 경우입니다.

예언의 함정은 위장된 예언입니다.
하나님이 주신 참 예언을 하는 것이 아니라 위장된 기름부음으로 사탄이 위장하여 예언을 복제합니다. 래리 랜돌프 목사는 다음의 예를 들어 설명하였습니다. "예를 들면 성령님이 예언계시를 교회에 주실 때 사탄 역시 옆에서 위장된 기름부음의 주사를 놓고자 대기한다. 이 위장은사는 여러 형태로 나타날 수 있다. 그것은 뻔뻔스런 악마숭배, 무해한 마술, 손금보기, 관심전환. 크리스탈(수정을 갖고 치료) 로 대두될 수 있으며 혹은 겉으로 보기에 무해한 신세대운동으로 나타날 수 있다."

예언의 함정에 빠지기 쉬운 것은 이상한 행동이나 옷, 신기한 환상, 기괴하고 비자연적인 것으로 집행하는 예언자들입니다.
이런 예언을 판단하는 말씀을 바울이 하였습니다. "예언하는 자는 둘이나 셋이나 말하고 다른 이들은 분별할 것이요"(고전 14:29). 예언이란 이름 하에 말해지고 행해지는 일부 광적인 일들 때문에 신도들은 모든 일들을 분별하는 것이 필요합니다.

예언의 가장 위험한 함정은 예언을 남용하는 것입니다.

이성적으로 비도덕적인 생활과 올바르지 못한 방식으로 영향력을 끼치는 것입니다. 예를 들면 지금 배우자와 이혼하고 영혼의 짝을 찾아야 한다고 예언하거나 여성들에게 봉사의 행위로 음란에 빠지거나 탐닉하게 하는 것입니다. 선지자 발람과 같이 그들은 "하나님의 자녀앞에 올무를 놓아....행음하게" 한다(계 2:14). 이렇게 예언하는 것은 예언의 목적과 정반대이며 거짓 예언을 하는 것입니다.

웨인 구루뎀(Wayne Grudem) 교수는 은사의 남용에 대하여 우려하는 것에 대하여 다음과 같이 서술하였습니다.

은사의 바른 사용이 불가능하지 않는 한 은사의 남용을 우려하여 은사의 바른 사용을 금할 수 없다. 무엇이든지 사용하는 데에는 남용이 있는 법이다. 게다가 인도하심에 있어서 카리스마 운동에 속한 많은 사람들이 특별한 인도하심을 위해 예언의 은사를 사용하는 데 있어서 얼마나 신중한지 살펴보는 것도 도움이 될 것이다. 이것을 예증하기 위해서 인용한다(조직신학 하권, P305-306).

잭 디어 박사는 예언자들이 빠지기 쉬운 함정에 대하여 자세하게 기록하였습니다. 이 내용을 간략하게 요약하면 다음과 같습니다.

우리는 자신이 질투하거나 분노하는 대상에 대한 부정적인 느낌을 신뢰하지 말아야 한다. 사울은 일시적으로 예언하는 능력을 받아 예언한 적도 있었습니다. 그러나 말년에 다윗에 대한 질투심에 사로잡혀 격분했습니다(삼상 18:10-11). 바로 그 다음날, 하나님이 보내신 악한 영이 사울에게 내리 덮치자, 사울은 궁궐에서 미친 듯이 헛소리를 질렀으며 다윗이 어느 날과 다름없이 수금을 타고 있을 때 갑자기 가지고 있던 창으로 다윗을

벽에 박아 버리겠다고 하면서 다윗에게 창을 던졌고 다윗은 사울 앞에서 두 번이나 몸을 피하여야 하였습니다.

우리는 예언을 오염시키거나 그 예언의 함정에 빠지는 실수를 범하지 않도록 정신을 차려야 합니다.

예언으로 인한 오염과 탈선 방지를 위한 보호 지침은 무엇인가?

영분별이 필요합니다.
성령사역을 하는 교회와 신자일수록 영분별 하는 은사가 필요합니다. 사단은 가만히 있지 않고 또 다음 단계의 덫이나 함정을 놓고 기다리고 있습니다. 특별히 교회 지도자는 예언 사역하는 사람에 대한 분별이 필요합니다. 바울은 박수 엘루마를 만났을 때 영을 분별하여 대처하였습니다. 그리고 바울은 주님의 손이 그에게 임하는 것을 보았습니다(행 13:6-12).

사도 요한도 영을 분별하였습니다(요일 4:1-6).

사랑하는 여러분, 어느 영이든지 다 믿지 말고, 그 영들이 하나님께로부터 왔는가를 시험해 보십시오. 거짓 예언자가 세상에 많이 나타났기 때문입니다. 여러분은 하나님의 영을 이것으로 알 수 있으니, 곧 예수 그리스도께서 육신을 입고 오셨음을 시인하는 영은 다 하나님께로부터 온 영입니다. 그러나 예수를 시인하지 않는 영은 다 하나님께로부터 오지 않은 영입니다. 그것은 적그리스도의 영입니다. 여러분은 그 영이 올 것이라는 말을 들었습니다. 그런데 그 영이 세상에 벌써 왔습니다. 자녀 여러분, 여러분은 하나님에게서 났고, 그들을 이겼습니다. 여러분 안에 계신 분이 세상에 있는 자보다 크시기 때문입니다. 그들은 세상에서 생겨났습니다. 그런 까닭에 그들은 세상에 속한 말을 하고 세상은 그들의 말을 듣습니다. 우리는 하나님에게서 났습니다. 하나님을 아는 사람은 우리의 말을 듣고, 하나님에게서 나지 않은 사람은 우리의 말을 듣지 않습니다. 이것으로 우리는 진리의 영과 미혹의 영을 알아봅니다.

영을 분별하는 방법은 몇 가지가 있습니다.

성경지식입니다.
　말씀에 기인하지 않은 힘을 파하여야 합니다. 우리는 종종 거짓된 말이 영적인 힘을 갖는 것을 봅니다. 그 상황과 성경 말씀을 가지고 주님 앞에 나아가 주님의 영분별을 구해야 합니다.

하나님의 임재입니다.
　많은 사람들이 성경 지식은 있으나 하나님의 임재 함에 대하여는 잘 알지 못하고 있습니다. 우리는 주님의 임재 안에서 영분별을 구해야 합니다.

교회 지도자가 예언 사역하는 사람이 참 예언을 하는지, 서투른 예언을 하는지, 거짓 예언을 하는지를 분별하여 대처하여야 합니다.
　그래함 쿡(Graham Cooke)은 '거짓 예언과 서투른 예언의 차이'를 이렇게 구별하도록 가르쳤습니다.
거짓 예언은 속이는 것이다.
거짓 예언은 심각하게 사람들을 하나님으로부터 멀어지게 한다. 거짓 예언은 종종 그들 자신의 상상이나(렘 23:16-18). 생각에서 꿈꾸어진 말이라는 것이다. 사람들은 자신의 마음 속 거짓을 말한다(렘 23:26). 속임수는 생활 습관의 문제이지 하루 저녁에 만들어진 것은 아니다. 속임수는 실제 책임감의 결여에서 오는 것이다. 그런 사람들은 조심스럽게 다루어야 한다. 지역 교회에 근거를 두지 않은 사역은 경계해야 한다.

거짓 예언은(false prophesy) 사람들 자신의 영감으로부터 오고, 그들은 실제로는 아무 것도 보지 못했고 단순히 말을 만들어 하는 것이다(겔 13:1-3). 거짓 예언자들은 그들의 굽은 목적을 위해 자신의 인간의 영으로 예언한다. 성서 시대인 오늘날에는 돈을 위해 예언하는 사람들이 있다(미 3:11). 베드로는 신약의 교회에 거짓 예언자들이 다음과 같을 것이라고 경고 했다(벧후 2:1-3). 거짓 예언자는 다른 사람들이 듣기 원하는 것을 말하기를 즐겨 한다. 거짓 예언은 하나님이 아니라 자신을 높이는 교묘하게 속이는 사람들에 의해 이루어진다. 거짓 예언은 개인적인 부를 얻기 위해 사람들을 교회에, 교회의 조직에 묶어 놓으므로 사람들의 삶을 조절하고자 하곤한다. 우리는 결코 거짓 예언을 하찮은 것으로 묵과할 수 없다. 원수들 역시 말씀을 사용하기에 거짓 예언이 저주처럼 쓰일 수 있다는 것이다. 그것은 사악한 자와 마귀의 활동에 문을 열어주는 것이다. 이러한 사람들은 뿌리까지 근절하여 바르게 다루어져야 할 필요가 있다. 교회는 이러한 사람들이 일하는 영역을 잘라 버려야만 한다(교회안에서 예언성장, P310-314).

거짓 예언을 분별할 수 있는 것은 그 예언을 들을 때 평온한가, 평온하지 않은가? 하나님의 임재가 있는가? 없는가? 로 분별할 수 있습니다. 만약 여러분들이 예언을 할 때 평온하지 않거나 성령의 임재를 느낄 수 없을 때는 하나님께로부터 온 것이 아니라는 것을 알고 바로 중지시키는 것이 가장 좋은 방법입니다. 거짓 예언을 분별하는 가장 좋은 방법은 기도하여 응답을 얻는 것입니다. 우리가 기도할 때 "성령님, 이것이 당신으로부터 온 것이라면 보여 주시옵소서."

서투른 예언도 분별하고 다루어야 합니다.

　서투른 예언은(poor prophesy) 종종 무경험과 체크하지 않고 정정하지 않은 미약한 연습에서 오는 경우가 있습니다. 이런 종류의 예언은 자신의 생각과 하나님께서 주신 말씀이 너무 많이 혼합되었기 때문에 불순하고 혼돈을 야기합니다.

　그래함 쿡은 서투른 예언하는 사람들을 질책해야만 하는 세 가지 이유를 다음과 같이 소개하였습니다.

　첫째, 그들이 방향을 제시하거나 수정하는 혹은 판단하는 말을 할 때 우리는 그들에게 다음의 것을 알게 해야 한다. 그런 형태의 예언은 대중의 질서를 깨뜨린다. 방향을 제시하거나 수정하는 말씀들은 지도력을 가진 사람들이 해야 한다. 그래야 그 말씀들이 적절한 방법으로 판단되고 중시될 수 있다. 나는 우리가 함께 기도하고 하나님이 하시는 것을 따라야 한다고 생각한다. 15초 정도 말하고 옮기도록 하라. 우리는 아마 때때로 예언에 있어서 바른 정의를 강화하는 것이 필요할 것이다.

　둘째, 급하고 비난하는 말이 나왔을 때 우리의 대답은 나는 그 말씀을 증거할 수 없다. 그것은 주님의 소리가 아니다. 주 예수님께 집중해 보자. 우리는 성령의 움직임이나 우리의 경배를 방해하는 그 어느 것도 원하지 않는다. 그리고 우리는 그때에 찬양이나 기도나 또 다른 할 것을 할 수 있다.

　셋째, 어떤 사람이 그들 자신의 견해로 하는 것이다.

　우리는 거짓 예언을 분별하여 대처해야 할 뿐 만 아니라 아직 서투른 예언에 대하여도 주의를 기울여 마치 서투른 의사가 사람을 바르게 치료하지 못하여 피해를 받는 것과 같은 피해를 받지 않아야 합니다. 우리는 거짓 예언을 지혜롭게 다루어야 할 뿐만 아니라 참 예언의 말씀을 어떻게 하여야 하는가도 깊이 생각해야 합니다.

스미스 위글스워드 목사님은 거짓 대 진실의 예언을 분별하는 법을 다음과 같이 가르쳐 주었습니다.

우리가 진실한 예언을 절실히 느끼는 가운데 우리는 성경이 거짓된 것에 대하여 확실한 말투로 경고하고 있는 것을 반드시 잊지 말아야 한다. 요한 1서 4장 1절은 우리에게 말한다. "사랑하는 자들아 영을 다 믿지 말고 오직 영들이 하나님께 속하였나 시험하라 많은 거짓 선지자가 세상에 나왔음이니라....."

예언과 같이 여겨지는 음성들이 있고 어떤 성도들은 이러한 진실한 예언의 가짜들을 들음을 통하여 무서운 암흑과 결박 안으로 떨어졌다. 진실한 예언은 항상 그리스도를 높이며, 하나님의 아들을 찬미하며, 예수 그리스도의 피를 높이고, 성도들을 참되신 하나님을 찬미하며 예배하도록 격려한다. 거짓 예언은 덕을 세우지 않는 것들을 다루며 듣는 자들의 마음을 부풀게 하며 그들을 실수 안으로 인도하도록 계획되었다......

진실한 예언은 이것이 하나님의 성령의 능력 안에서 나아오며 이 질문에 대답을 한다. 성경에 제하지도 더하지도 아니하며 오직 하나님에 의해 우리에게 주어진 것을 강렬하게 하고 생기를 띠게 한다. 성령께서 우리에게 예수께서 가르치시고 말씀하신 모든 것을 생각나게 하신다(요 14:26). 진실한 예언은 진리의 성경으로부터 "새것과 옛것"을 가지고 나오며, 그리고 그것들을 우리에게 "살았고 운동력이"(히 4:12) 있도록 만드실 것이다.

바르게 사용하는 예언은 그리스도인에게 큰 유익이 됩니다.

"예언을 멸시치 말며"(살전 5:20), "사랑을 따라 구하라 신령한 것을 사모하되 특별히 예언하려고 하라"(고전 14:1, 5, 39), "나의 백성을 위로하

라"(사 40:1)

예언자나 예언적인 꿈이나 환상을 통해서 인도하신다는 것은 놀라운 일 일수 있고, 위험한 것일 수 도 있다 그러나 그 어떤 것이든지 간에 그것은 성경적입니다.

7) 영 분별의 은사

어떤 이에게는 영들 분별함을(고전 12:10).

이 은사는 교인들의 어떤 말, 행동, 능력의 배후에서 역사하고 있는 영이 어떠한 것인지를 분별할 수 있도록 하나님의 주권으로 주어지는 초자연적인 감지능력 입니다. 모든 그리스도인이 이 은사를 나타낼 수 있으나 성령 세례를 받은 후 강화됩니다. 아직 성령세례를 받지 못한 신자들은 영 분별하는 데 있어서도 사탄의 활동이 있다는 사실을 충분히 깨닫지 못합니다. 단 예외도 있습니다.

믿는 사람들이 영 분별하는 은사를 가지게 되면 사람이나 환경을 자극하는 힘이 무엇인지 아는 능력이 생깁니다.

사도 요한은 영을 분별할 것을 강조하였습니다.

"사랑하는 자들아 영을 다 믿지 말고 오직 영들이 하나님께 속 하였나 시험하라 많은 거짓선지자가 세상에 나왔음이라."(요일 4: 1)

성경에서 나타난 영분별의 은사 예

엘리사와 그의 종 게하시의 이야기가 그중 하나입니다. 여기서는 영분별과 지식의 은사를 보여주는 예입니다. 아람 군대 장관인 나아만은 문둥

병에 걸려 엘리사의 지시에 순종하여 그는 요단강에 몸을 일곱 번 잠그고 병이 나았습니다. 감사의 표시로 나아만은 엘리사에게 선물을 주었으나 엘리사는 고집하여 받지 않았습니다. 그러나 엘리사의 사환 게하시가 엘리사에게 예상치 않았던 손님이 두 명 왔다고 속이고 몰래 나아만을 따라 나가 두 벌의 옷과 돈을 받아와서 집에 감추었습니다. 게하시가 돌아왔을 때 엘리사는 그의 부정직한 영을 분별하고 지식의 은사로 무슨 일이 일어났는지 알아냈습니다(왕하 5장).

예수님이 영 분별한 예는 많습니다. 그 중에 나다나엘과 베드로의 예입니다. 예수님은 전에 나다나엘을 만난 적이 없었으나 그를 보는 순간 바로 참 이스라엘 사람이요 그 속에 간사한 것이 없는 사람임을 알았습니다(요 1:47). 베드로가 "주는 그리스도요 살아 계신 하나님의 아들이로소이다."하고 위대한 고백을 했을 때 예수님은 그를 칭찬해 주셨습니다. 그러나 예수님이 제자들에게 그가 앞으로 죽을 것을 이야기 했을 때 베드로는 그 말을 받아들이지 않으려고 했습니다. 그가 예수님께 "주여, 그리 마옵소서. 이 일이 결코 주에게 미치지 아니하리이다."라고 말했을 때 예수님은 그가 거짓 영으로 말하고 있음을 분별하시고 이렇게 말씀하셨습니다.

"사탄아 내 뒤로 물러가라 너는 나를 넘어지게 하는 자로다 네가 하나님의 일을 생각지 아니하고 도리어 사람의 일을 생각하는도다"(마 16:15-23).

우리는 어떻게 영들을 분별할 수 있는가?

예수님이 그 사람의 주님이신가?

"성령으로 아니하고는 누구든지 예수를 주시라 할 수 없느니라."
(고전 12:3).

예수 그리스도께서 완전한 인간이자 완전한 하나님으로 인정되고 있는가?

"하나님의 영은 이것으로 알지니 곧 예수 그리스도께서 육체로 오신 것을 시인하는 영마다 하나님께 속한 것이요"(요일 4:2).

그 사람에게 참된 경건함과 거룩함이 어느 정도 있는가?

"이와 같이 좋은 나무마다 아름다운 열매를 맺고 못된 나무가 나쁜 열매를 맺나니. 이러므로 그의 열매로 그들을 알리라"(마 7:15-20).

성령께서 주시는 "내적인 분별력" 입니다.

영분별 은사를 어떻게 사용하는가?

- 영분별의 은사는 괴로워하거나, 우울증에 걸렸거나, 고통을 받고 있거나, 귀신들린 사람들을 구원하는 사역에 사용됩니다.

- 영분별의 은사는 엘루마같은 악령의 하수인의 정체를 드러내는데 사용됩니다(행 13:10).

- 영분별의 은사는 믿는 자들로 하여금 실족하여 만드는 어떠한 원인을 밝혀내는 데 사용됩니다(마 15:16; 16: 23).

- 영분별의 은사는 모든 능력과 표적과 거짓 기적과 멸망하는 자들에게 임할 불의의 모든 속임을 밝혀내는 데 필요합니다(살후 2: 9, 10).

- 영분별의 은사는 어떤 사람 안에 있는 선한 영을 분별하는 데 사용됩니다(요 1:47).

- 영분별의 은사는 어떤 다른 사람의 영적인 상태를 분별하는데 사용됩니다.

- 영분별의 은사를 가진 그리스도인들은 생면부지의 사람을 만났을 때 말

을 건네 보지도 않고 그가 성령의 사람인지 아닌지를 깨닫게 됩니다.
- 거짓 영을 분별하는 이해력을 가집니다. 성령의 임재를 느끼는 순간 감정이 기쁨과 사랑과 평화가 넘치고 그 반면 거짓 영을 분별하는 순간은 느낌이 무겁고 불안합니다.
- 영분별 은사의 바른 분별함이 중요합니다.

귀신들린 사람을 분별할 수 있는 방법은 다음과 같습니다.

- 그 사람이 폭로하는 이야기나 단어(좋지 않는 이야기나 부정적인 말)를 분별합니다.
- 그 사람의 얼굴 모습(본래의 얼굴이 겹쳐서 제 2의 얼굴)이 간헐적으로 나타납니다.
- 그 사람의 얼굴에 드리운 어두운 그림자, 또는 음울한 말들은 그에게 고통을 주는 악령이 들려 있다는 것을 나타납니다.
- 그 사람의 신체 일부에 가령 불길한 동물의 모습 같은 것이 겹쳐서 보입니다.
- 심하게 귀신들린 사람의 경우에는 초자연적인 영분별의 은사가 적용될 필요가 없습니다.

성령을 받은 사람은 다음과 같은 현상이 나타납니다.

성령의 기름 부으심을 받은 사람에게는 머리 위에 불꽃 또는 혀같이 생긴 광채가 나타나거나, 머리 둘레에 후광이 나타나거나, 몸 전체를 둘러싸고 광채가 서리는 경우가 있습니다. 그리고 하나님의 영이 임하고 계심을 나타내는 육체적 현상들이 나타날 수 있습니다. 즉 눈꺼풀이 떨리는 현상, 목이 타고 혈기가 치솟아 오르는 현상, 몸이 흔들리거나 떨리는 현상,

울거나 웃는 현상 등이 있습니다.

영분별 은사를 사용할 때 유의 사항은 다음과 같습니다.

현상이 초자연적이라고 해서 모두 하나님으로부터 왔다고 믿지 말고 분별하여야 합니다. 사탄도 기적을 흉내 낼 수 있습니다. 그러나 열매는 흉내 낼 수 없습니다.

우리가 유의할 것은 현상보다는 맺혀지는 열매를 보아야 합니다.
초자연적(영적): 성령- 기쁨, 치유, 자유함, 용서, 소망, 질서, 겸손, 순종, 사랑, 진리. 사탄-미움, 시기, 질투, 교만, 두려움, 비애, 무정, 도덕과 윤리를 무시, 질서 파괴..

인위적(자연적): 사람의 영력- 순간적 눈요기, 묘기, 의미가 없음, 초능력, 기(氣), 최면술…….

영분별 은사의 목적은 다음과 같습니다.

사탄의 기만으로부터 사람들을 보호할 뿐 아니라 사람을 회개시키고 잘못된 영으로부터 해방시켜주기 위함입니다. 영분별의 은사는 적이 공동체에 심각한 문제를 일으키지 못하도록 하는 일종의 경찰의 역할을 합니다.

영 분별하는 은사는 지금 중요한 역할을 합니다.
영 분별하는 은사가 중요한 것은 마귀의 매인 자들을 해방시켜주는 것입니다. 예수님의 사역중 25%의 시간이 사탄에게 사로잡힌 자들을 놓아주는 데 사용되었습니다. 지금 어느 때보다 영분별의 은사를 받아 마귀에 사로잡힌 자를 해방시키고 마귀를 대적하여 승리의 찬양을 불러야 합니다.

우리는 항상 성령님께 의존하고, 그 사람을 괴롭게 하고 있는 것이 어떤 종류인지를 가려내어 사악한 영을 꾸짖고 쫓아서 해방을 해주고 영의 해방을 필요로 하는 자가 스스로 기도할 수 있도록 가르쳐 주는 일이 중요합니다.

예문) "이 근심의 영아, 나는 너를 예수의 귀한 보혈 아래서 예수의 이름으로 결박하여 어둠의 세계로 내쫓노라. 예수의 이름으로 말하노니 다시는 돌아오지 말지어다."

이제 우리는 모조품이 두려워서 진짜 하나님의 은사인 영분별의 은사를 닫지 말아야 합니다.

스미스 위글스워스 목사님은 "항상 배가하는 믿음" 책에서 영들을 분별한 경험을 다음과 같이 소개하였습니다.

내가 하루 밤은 스웨덴의 갓텐벅(Gottenberg)에 도착하였으며 거기에서 집회를 가져달라고 요청을 받았다. 집회 도중에 한 남자가 출입구에 길게 넘어져 있었다. 악한 영이 그를 땅으로 내던졌고 그 자신을 나타내면서 전체 집회를 혼란시키고 있었다. 내가 문으로 달려 내려가서 이 사람에게 손을 얹고 그의 안에 있는 악한 영에게 "나오라, 너 마귀야! 예수 그리스도의 이름으로 우리가 너 악한 영을 쫓아내노라"라고 소리쳤다. 내가 그를 일으켜 세우고 말하기를, "예수의 이름으로 명하노니 당신의 발로 서고 그리고 걸으라"고 했다. 나는 통역자 말고는 그 집회의 어느 누구가 내 말을 알아들었는지 모르겠지만, 그러나 마귀는 내가 한 말을 알아들었다. 내가 영어로 말했지만 스웨덴의 이 마귀들이 쫓겨났다.

8) 방언의 은사

다른 이에게는 각종 방언 말함을(고전 12:10).

방언이란 말은 언어라는 말과 같은 단어로서 배우지 않은 언어를 말할 수 있는 능력을 뜻합니다. 그것은 알아들을 수 없는 천사의 언어일 수도 있고(고전 13:1), 이해할 수 있는 오순절 마가의 다락방처럼 인간의 언어일 수도 있습니다. 바울은 방언으로 말하는 것은 사람에게 말하는 것이 아니라 하나님께 말씀드리는 것이라고 하였습니다(고전 14:2). 방언은 그리스도인이 자신의 덕을 세우는 기도형식입니다(고전 14:4).

방언 은사는 많은 사람들에게 커다란 축복을 가져다줍니다.

"그런즉 내 형제들아 예언하기를 사모하며 방언 말하기를 금하지 말라" (고전 14:39).

방언과 방언의 은사란 무엇인가?

방언으로 기도하는 것은 비이성적인 것이 아닙니다. 바울은 일반적으로 대단히 논란이 많고 남용되며 위험한 예언, 방언 은사를 사용하라고 권장하고 있습니다. 바울이 금지하지 않는 이유는 이 두 은사가 교회의 건강을 위해 필요한 것이었고 은사의 남용을 방지할 수 있는 방법이 있었기 때문입니다.

성경에 의하면 그리스도께서 하늘로 올라가신 후 하나님께서는 그분의 교회에 신비한 은사를 주셨습니다. 오순절 날에 그분께서는 성도들에게 그분의 성령을 채워 주셨고 그들의 영이 성령과 교제하며 그분과 교제할 수 있는 초자연적인 언어를 주셨습니다.

방언은 정상적인 발성기관이 사용되기는 하되 의식은 전혀 활동하고 있지 않은 상태에서 성령에 의해 영감을 받은 언어입니다. 방언을 말하고 방언노래를 하는 자가 전혀 배우지 않는 말입니다. 방언을 말하는 것은 신자가 발설하는 말의 형태를 자기 내부에 거주하시는 성령의 인도하심에 맡김으로써 일어나는 현상으로 하나님과 인간 사이의 협동행위로 인한 것입니다.

방언의 은사는 그것을 간절히 원하는 사람에게 주어진 것으로 성령 충만의 징표로서 나타나는 것은 아닙니다. 또한 실제로 성령 충만한 사람들이 반드시 이러한 은사를 나타내는 것도 아닙니다.

방언은 자신도 모르는 영적 언어와 특수한 발성으로 하나님께 기도하는 은사입니다.
언어 방언- 전혀 배우지 않는 다른 나라의 언어를 말하는 은사.
영음 방언- 자신도 모르는 언어로서 기도할 때 나타나는 방언.
찬양 방언- 고린전서 14: 15 내가 영으로 찬미하고 또 마음으로 찬미하리라.

방언은 보편적으로 나타나는 은사입니다.

신약 시대의 교회에서 방언을 말한 성도들이 이상하거나 비정상적인 사람으로 여겨지지 않았던 것과 마찬가지로 오늘날 하나님께 그들의 기도 언어로 성령 안에서 기도하는 성도들도 이상하거나 비정상적인 것이 아닙니다.

방언은 논쟁의 요인이 많은 은사입니다.
방언을 말하는 것은 구원의 필수적인 것이 아닙니다(롬 10:9-11,13).

방언을 말하는 것은 우월성을 의미하는 것이 아닙니다(고전 14: 1, 12, 37, 39-40).

방언을 말하는 것이 만병 통치약은 아닙니다.

방언은 믿는 자들에게는 표적이 아닙니다. 왜냐하면 신자들은 표적이 필요하지 않기 때문입니다. 그러나 불신자들에게는 표적이 되어 예수 그리스도를 받아 드리게 됩니다. "그러므로 방언은 믿는 자들을 위하지 않고 믿지 아니하는 자들을 위하는 표적이나." (고전 14:22).

방언은 하나님이 살아 계시지 않다고 생각하고 예수를 믿지 않는 자들에게 관심을 두고 계신다는 증거입니다.

성령은 하나님께 하는 기도의 언어를 하나님으로부터 오는 메시지로 바꾸어서 방언의 은사로 주시는 것입니다. 방언은 경건한, 개인적인 언어, 사랑의 언어입니다. 그리고 신자와 주님간의 인격적이고도 친밀한 대화 형식입니다(고전 14: 2).

방언이 사용되는 경우들은 다음과 같습니다.
방언은 기도 및 중재의 수단으로 사용됩니다.

요한 겐스톤은 나는 때때로 어떤 사람을 위하여 기도하고 싶어도 그에 관하여 말할 것이 머릿속에 떠오르지 않을 때가 있다. 이때 나는 단지 "주여, 곤경에 처해 있는 그와 함께하시어 그에게 은총을 베풀어주소서."라고 기도할 수 있을 뿐이다. 그러고 나서 기도를 더 계속하려고 애쓰면 애쓸수록 그를 위하여 기도한다기 보다는 그에 관한 생각에 사로잡히곤 했다. 그러나 방언을 사용할 경우 나는 심안으로 그에 관한 그림을 그려서 얼마 동안 하나님께 보여 드리면서 그를 위한 나의 중재 기도가 성령의 뜻에 합당한 것이 되도록 기도드릴 수 있다.

방언이 공중예배에서 사용되는 경우 그 말이 회중들이 이해할 수 없는 것이므로 성령의 인도하심에 따라 행해지는 통역을 필요로 합니다(고전 14:27).

자기의 덕을 세우기 위해 개인적으로 사용되는 경우는 통역이 반드시 필요한 것은 아닙니다. 그러나 방언을 말하는 사람은 통역을 할 수 있게 되기를 기도하여 합니다(고전 14:13).

리타 베넷 목사님은 방언의 은사를 사용하는 두 가지 방법을 다음과 같이 알려 주었습니다. "방언의 은사가 사용되는 데는 두 가지 방법이 있다. 가장 일반적인 것은 개인적인 덕을 세우는 개인적인 방언으로 통역을 요구되지 않는다는 것이다...하나는 방언과 방언 통역의 은사를 통해 하나님께서 그곳에 있는 불신자 혹은 믿는 자들에게 말씀하실 때.. 두 번째는 각종 방언의 은사는 하나님께 드리는 공적인 기도가 될 수 있다"

방언의 목적은 무엇인가?

우리가 주의할 것은 방언의 은사뿐 아니라 다른 어떤 은사도 영성을 과시하기 위해 사용하지 말아야 합니다. 방언을 말하는 사람 자신이 그 의미를 이해하지 못하고 말하지만 원래 그 방언을 자신의 언어로 하고 있는 어떤 믿지 아니하는 외국인이 그 의미를 이해하는 경우 그 방언은 하나님의 징표로서 사용되고 있습니다(고전 14:22; 행 2:12).

공중예배에서 사용되는 방언은 교회로 하여금 하나의 몸으로서의 역할을 하게 해준다. 한 사람은 방언을 말하고 또 한 사람은 그것을 통역합니다. 그리고 어떤 사람은 그 해석을 통해 축복을 받습니다.

방언을 사용하면 다른 은사들을 더불어 받게 되는 경우가 많습니다. 방언에 곧 이어서 예언이 터져 나오는 경우가 빈번합니다.

방언의 은사가 공개적으로든 또는 개인적으로 사용되든 주된 목적은 덕을 세우는 것입니다, 각자 스스로 자기 자신의 덕을 세우기 위해 사용할 수 있는 유일한 은사입니다(유 20,21; 고전 14:4, 5).

방언은 인간의 언어로써는 표현할 수 없는 경외감이나 사랑과 찬양의 감정에 휩싸여 있을 때 사용되는 사랑의 언어입니다(행 2:11).

방언기도는 어떤 유익이 있는가?
- 은사와 능력이 나타납니다(행 3:1-8).
- 영의 덕이 세워집니다(고전 14:4, 5, 18, 39).
- 예수님이 영화롭게 되십니다(요 16:13-14).
- 영이 안식하며 상쾌해집니다(사 28:11-12).
- 믿음이 건축됩니다(유다서 20-21).

- 방언으로 하는 기도는 어떠한 적대적인 영적 세력에 의해서도 방해받지 않을 수 있습니다.
- 방언은 개인적인 문제로 인해 갈등을 겪고 있을 때, 혹은 다른 사람들을 위하여 귀신을 쫓아내는 사역을 행할 때와 같은 영적인 투쟁에서도 사용됩니다.
- 방언은 지혜를 구하는 기도에 사용될 수 있습니다.
- 방언으로 하는 기도는 균형 잡힌 인격을 형성하는데 도움이 됩니다.
- 지시하심을 받습니다(고전 14:5).

방언으로 기도할 때는 "성령님, 우리가 누구 또는 무엇을 위해서 기도하고 있었습니까? 우리가 무슨 말을 하고 있었습니까?" 하고 묻는 방법을 배워야 합니다.

니키 검불(Nicky Gumbel)목사님은 "어떤 경우에 방언이 도움이 되는가?" 질문하면서 방언의 은사는 특히 세 가지 경우가 있다고 하였습니다.

첫째, 찬양과 예배를 드릴 때, 언어의 제약을 받을 때 방언 은사는 인간의 언어의 한계에 부딪치지 않고 이 일을 할 수 있게 해준다. 둘째, 무거운 마음으로 기도할 때 큰 도움이 됩니다.
세 번째로, 많은 사람들이 다른 사람들을 위해 기도할 때 이 선물이 도움이 된다는 것을 알게 된다.

저는 사도 바울처럼 '나는 여러분 모두보다 더 많이 방언으로 말하므로 나는 하나님께 감사합니다.' (고전 14:18). 라는 말에 동의하고 싶습니다. 방언은 하나님이 주시는 축복입니다.

어떻게 방언의 은사를 받는가?
니키 검불은 성령과 방언을 받는 방법을 혼자 기도하여 받는 것에 대하여 다음과 같이 가르쳐 주었습니다.

하나님께 성령을 받는데 방해가 될 수 있는 어떤 것이라도 용서해 주실 것을 간구한다. 당신의 삶에서 잘못임을 알고 있는 것은 어떤 것이라도 버린다. 하나님께서 성령으로 채워주시고 방언의 선물을 달라고 기도한다. 입을 열고 모국어나 당신이 알고 있는 다른 언어 외에 말로 하나님을 찬양하기 시작한다. 받은 것이 하나님으로부터 온 것임을 믿는다. 누구도 당신이 지어낸 것이라고 말하지 못하게 해야 한다.

인내한다. 말이 능숙해 지려면 시간이 걸린다. 대부분 극히 제한된 어휘부터 시작하여 점차적으로 발전하는 것이다. 방언도 그와 같다. 그 은사를 개발하는 데는 시간이 걸린다. 그러나 절대 포기하지 않아야한다.

저의 개인적으로는 경험은 방언을 받은 것은 두 가지로 경험하였습니다. 하나는 방언을 사모할 때 받는 것입니다. 또 하나는 기름 부으심을 받은 사역자가 안수 기도할 때 방언을 받았습니다. 이런 경험을 많습니다. 제가 방언 받기를 사모하는 사람에게 안수할 때 많은 사람들이 받았습니다. 최근에도 한국에서 한 자매에게 전화가 왔는데 지난 집회시 목사님이 안수하여 지금 방언을 하고 있다고 간증하였습니다.

방언 은사를 받는 방법과 태도는 어떤 것이 있는가?

방언에 대한 편견을 버리고, 방언은 성령께서 주시는 선물, 표적이라는 것을 인정해야 합니다. 그리고 방언의 은사를 주실 것을 간구해야 합니다.

방언의 은사를 주실 것을 간구한 후에 될 수 있는 대로 긴장을 푼 상태로 유지하고, 하나님을 찬양하는 것이 이상적인 방법이 될 수 있습니다.

방언의 은사를 받기를 원하는 사람은 다른 사역자에게 안수 기도를 받는 경우도 도움이 됩니다. "바울이 그들에게 안수하매 성령이 그들에게 임하시므로 방언도 하고 예언도 하니" (행 19:6 ; 딤후 1:6).

새로운 언어는 처음에 분출되듯이 터져 나오는 것이 보통이나 모든 경우 그런 것은 아닙니다. 처음에 새로운 언어는 마치 어린아이가 말하듯 몇 개의 단어로 더듬거리는 것처럼 들릴 수도 있습니다. 그러나 횟수를 거듭할수록 전체 어휘가 풍부하게 됩니다.

방언의 은사가 임하면 은사가 나타나도록 성령의 역사에 협조해야 합니다. 하나님은 우리에게 그의 은사를 강제로 떠맡기시지 않습니다.

 은사를 받은 후 될 수 있는 대로 방언 기도를 많이 하고 만약 의심이 오더라도 계속해야 합니다. 방언의 은사를 공개적으로 사용할 경우에는 특별한 성령의 기름 부으심이 선행되어야 합니다.

 공개적인 자리에서 방언을 할 때는 가능하면 감정적인 요소를 배제하는 것이 바람직합니다. 공개적인 자리에서 방언의 은사를 사용하는 경우에는 세 사람 이하의 사람이 순서에 따라 하여야 합니다(고전 14:27, 14:40).

 공개적인 집회에서 방언의 은사를 사용할 경우에는 통역의 은사는 물론, 영분별의 은사와 함께 사용할 필요가 있습니다. 거짓 방언들이 있기 때문입니다.

 방언의 은사는 공개적인 자리에서 회중들이 한마음으로 하나님께 찬송할 때 사용될 수 있습니다(엡 5:19). 바울은 이렇게 말했습니다. "나는 너희가 다 방언 말하기를 원한다."(고전 14:5). 이 말씀이 주는 의미는 방언하는 사람은 계속하여 방언하기를 격려하고 또 방언하지 못하는 사람은 방언의 은사를 무시하지 말고 사모하는 마음을 가져 방언하기를 원한다는 것입니다.

 니키 컴불은 다음과 같이 방언 체험을 간증하였습니다. "하루는 내 친구 둘이 나를 찾아왔는데 그들은 얼마 전에 성령으로 충만해지고 방언 은사를 받은 사람들이었다. 나는 그들에게 성령의 은사는 사도들의 시대와 함께 사라져버렸다고 강력하게 주장했지만 그 은사로 인해 그들에게 생긴 변화를 볼 수 있었다. 그들 주위에는 새로운 빛이 빛나고 있었고, 몇 년 후에도 여전히 빛나고 있었다. 나는 그 친구들을 위해 기도했던 사람들에게 나도 성령으로 충만하게 되고 방언의 은사를 받을 수 있게 기도해 달라고 부탁하기로 결심했다. 그들이 기도하자 나는 성령의 힘을 체험했다. 그들은 내가 방언의 은사를 받고 싶다면 나 스스로도 성령과 협력하여 입을 열고, 영어나 내가 아는 다른 말 외의 언어로 하나님에게 이야기해야 한다고 설명해 주었다. 그렇게 하자 나도 방언을 선물로 받게 되었다."

성령의 감동을 따라하는 중보, 방언 기도는 놀라운 일로 나타날 때가 있습니다. 스미스 위글스워스 목사님은 다음과 같이 소개하였습니다.

내가 벨지언 콩고(Belgian Congo)라고 불리는 자이레(Zaire)에서 일하고 있는 윌리 버튼에 대해서 이야기하기를 원한다. 버튼 형제는 강력한 하나님의 사람이며 그의 삶을 아프리카의 이교도들을 위하여 바쳤다. 어느 순간 그가 열병에 걸렸으며 죽음에 직면했다. 그와 함께 사역하던 사람들이 말하기를, "그가 그의 마지막을 설교했다. 우리가 어떻게 해야 하나?"라고 말했다. 그들의 모든 희망이 꺾였으며 그곳에 그들이 비탄에 잠겨 서 있었고 어떤 일이 벌어질 것인지 궁금해 했다. 그들이 그를 죽음에 맡기고 자리를 떠났다. 그렇지만 어떠한 징후도 없이 순식간에 그가 그들 한 가운데에 서 있었으며, 그래서 그들이 그것을 도무지 이해할 수 없었다. 그가 설명하기를 그의 의식이 돌아왔을 때, 그는 어떤 온기가 그의 몸을 통하여 바로 들어온 것을 느꼈으며, 그리고 나서 그에게 하나도 잘못된 것이 없었다고 하였다.

어떻게 이것이 일어났을까? 이것은 그가 런던에 돌아와서 사람들에게 그가 죽음에서 기적적으로 살아났다는 것을 말하기 전까지는 불가사의였다. 한 부인이 나아와서 그와 개인적인 대화를 요청하였고 그들이 만날 시간을 약속했다. 그들이 함께 만났을 때, 그녀가 "당신은 일기를 쓰시나요?"라고 물었다. 그가 대답하기를, "예"라고 했다. 그러자 그녀가 그에게 말하기를, "어떤 날 내가 기도에 들어갔을 때 그것이 일어났어요; 내가 무릎을 꿇자마자 내 마음에 당신이 생각났지요. 주님의 성령께서 나를 취해서 나를 통하여 알 수 없는 방언으로 기도하였답니다. 내 앞에 한 환상이 나타났는데 당신이 무력하게 누워 있는 것을 내가 보았어요; 그래서 내가 당신이 일어나서 그 방을 나가는 것을 볼 때까지 알 수 없는 방언으로 소리쳐 기도하였답니다"라고 했다. 그녀가 그 시간을 기록하였으며, 그리고 그가 그의 일기장을 보았을 때, 그가 그것이 그가 살아난 그 시간과 정확히 맞아 떨어진 것을 발견하였다.

9) 통역의 은사

어떤 이에게는 방언들 통역함을 주시나니(고전 12:10).

사도 바울은 예언과 방언 그리고 방언의 통역의 중요함을 역설하였습니다. **나는 너희가 다 방언 말하기를 원하나 특별히 예언하기를 원하노라 방언을 말하는 자가 만일 교회의 덕을 세우기 위하여 통역하지 아니하면 예언하는 자만 못하니라(고전 14:5)**

그러므로 방언을 말하는 자는 통역하기를 기도할지니(고전 14:13)

방언과 통역의 은사는 믿지 않는 사람들을 위한 은사입니다(고전 14:22). 하나님께 이 두 은사를 다 구해야 합니다. 왜냐하면 두 은사 모두가 필요하기 때문입니다.

통역의 은사는 방언하는 사람의 마음에 직접 오기도 하고 몇 마디 시작하는 말이 나온 직후에 통역하는 자가 주님을 신뢰하고 말하기 시작하면 나머지 메시지들이 나오기도 합니다.

성령을 통한 초자연적인 계시로써 방언의 은사를 받은 사람이 자신, 타인의 방언을 통변하는 은사로써 알아들을 수 없는 방언 말함을 다른 사람들이 알아들을 수 있도록 전달해 주는 능력입니다.

영어의 통역처럼 문자의 통역이 아니라 의미의 통역이기 때문에 짧은 방언이 길게, 긴 방언이 짧게 통역이 될 수 있습니다. 방언으로 기도하는 사람이 매번 똑같은 방언으로 기도하는 것 같지만 그 기도의 내용은 매번 다를 수밖에 없습니다.

모르스 부호의 통신은 똑같은 소리이나 그 소리의 장단에 의하여 내용이 전혀 틀려지는 것과 같습니다.

통역의 은사의 목적은 무엇인가?

방언의 은사가 말이나 노래를 통해 공개적인 자리에서 나타났을 때 회중들로 하여금 그것을 이해시키기 위해 사용됩니다.

통역의 은사를 받는 방법은 무엇인가?

이 은사를 받기 위해서는 각각의 그리스도인들은 하나님 및 다른 사람들과의 올바른 관계를 유지하여야 합니다.

이 은사가 필요하다고 생각하고 구할 때 하나님의 주권으로 그의 기뻐하시는 바대로 은사를 나누어 주십니다.

통역의 은사는 방언 은사자가 훈련을 통하여 받을 수 있습니다. 자신이 방언을 하기 전에 하나님께 통변의 은사를 주실 것을 기도한 후 자신의 몇 마디 방언이 후 아무런 생각을 하지 말고 마음에서 떠오르는 말을 하십시오. 계속하여 훈련을 쌓으면 다른 사람의 방언을 통변할 수 있게 됩니다. 한 사람이 방언을 말하고 있는 동안 말이나 상징적인 그림으로 또는 영감을 통해서 어떤 다른 사람에게 통역의 은사가 주어지는 경우도 있습니다. 방언으로 말하고 있는 사람이 전하고 있는 메시지를 통역의 은사를 받은 사람 자신이 사용하고 있는 언어, 또는 다른 언어라 할지라도 자기가 잘 알고 있는 언어를 사용하여 그 사람이 직접 자기에게 말하고 있는 것처럼 듣게 되는 경우가 있습니다.

통역하는 사람은 큰 소리로 분명하게 발음하여야 합니다.
통역하는 사람들끼리 서로 경쟁해서는 안 됩니다.
각각의 방언에 대하여 오직 한 사람만이 통역을 행하도록 합니다.

그릇된 것을 통역한다면 영분별 은사를 사용하여야 할 때도 있습니다.
기독교 역사를 볼 때 성령에 의해 새 방언으로 말하고 이해하는 능력을 받은 사람의 예가 많이 있다. 그 중에 하나를 소개합니다.

선교사 갈락(H.B. Garlock)은 원주민에게 붙들려 시험을 받고 있는 도중 약 20분 동안 자신도 모르는 방언을 했었습니다. 그러나 식인종들은 그 말을 분명히 알아듣고는 그를 풀어주었습니다. 후에 그들은 그리스도께로 나아오게 되었습니다. 성령은 갈락에게 식인종 언어를 영구적으로 준 것이 아니라 위급한 상황에서 잠시 '차용' 해주었던 것입니다.

모든 신자들은 성령의 체험과 은사를 받을 수 있는 특권이 있습니다.

믿는 자들에게는 이런 표적이 따르리니 곧 저희가 내 이름으로 귀신을 쫓

아내며 새 방언을 말하며(막 16:17).

모든 은사는 아름답고 선합니다. 이러한 큰 은사를 질서 있게 사용하고 꼭 사랑으로 하여야 합니다.

우리는 더욱 좋은 은사를 사모하여야 합니다.
아가페의 사랑은 하나님의 사랑으로 대가가 없다 해도 계속 사랑하는 것입니다. 이 아가페의 사랑은 성령님께서 우리 마음에 계시해 주시지 않고서는 결코 이해 할 수 없습니다. 이 아가페의 사랑은 신적인, 초자연적인 사랑이기 때문입니다. 바울은 고린도전서 13장에서 아가페의 사랑을 잘 정의하여 말씀하셨습니다.

사랑은 오래 참고 사랑은 온유하며 투기하는 자가 되지 아니하며 사랑은 자랑하지 아니하며 교만하지 아니하며 무례히 행치 아니하며 자기의 유익을 구치 아니하며 성내지 아니하며 악한 것을 생각지 아니하며 불의를 기뻐하지 아니하며 진리와 함께 기뻐하고 모든 것을 참으며 모든 것을 믿으며 모든 것을 바라며 모든 것을 견디느니라(고전 13:4-7).

영적인 은사를 가지고 있는 것보다 아가페의 사랑이 있다는 것이 더 중요하다는 것입니다.

"내가 사람의 방언과 천사의 말을 할지라도 사랑이 없으면 소리 나는 구리와 꽹과리가 되고"(고전 13:1).

아가페의 사랑은 예언의 은사나 지식의 말이나 믿음의 선물보다 더 중요하다는 것입니다. "내가 예언하는 능이 있어 모든 비밀과 모든 지식을 알고 또 산을 옮길 만한 믿음이 있을지라도 사랑이 없으며 내가 아무 것도 아니요 내가 내게 있는 모든 것으로 구제하고 또 내 몸을 불사르게 내어 줄지라도 사랑이 없으면 내게 아무 유익이 없느니라."(고전 13:2,3).

아가페의 사랑은 우리에게서 생기지 않습니다. 아가페의 사랑은 하나님이 내 삶에 역사하실 때 주어지는 것입니다. 아가페의 근원은 하나님께 있습니다. 만일 아가페의 사랑이 부족하다면 하나님께 성령을 통해서 심령 속에 이 사랑을 채워 달라고 구하는 것입니다. 우리는 이 사랑이 부족함을 하나님 앞에 고백하고 아가페의 사랑을 내 속에 부어 달라고 구해야 합니다.

성령의 은사들은 교회를 영적으로 세우는데 가장 필요한 것입니다. 성령의 선물과 성령의 세례가 우리를 위해 주어진 것처럼 모든 은사들도 우리의 것입니다. 왜 그 은사들을 사모하지 않고 실제로 활용하지 않습니까? 성령님을 의지 하지 않는 것인가요? 예수님을 높이고 나타내기를 원하는 사람들에게 성령님께서 그 능력을 우리에게 부어주시고 우리를 통해 그 능력을 역사하실 것입니다. 우리는 이 모든 은사를 받아 예수님을 영화롭게 하고 다시 오실 예수 그리스도의 재림을 예비해야 할 것입니다.

9. 성령의 9가지 열매를 맺혀야 합니다.

그리스도인의 삶에서 성령의 아름다운 은혜들을 보는 것이 중요합니다. 아름다운 은혜를 볼 수 있는 것이 성령의 열매입니다. 그리스도인의 특성은 성령의 열매가 있는 사람입니다.

예수님은 과실을 많이 맺기를 원하십니다.

무릇 내게 있어 과실을 맺지 아니하는 가지는 아버지께서 이를 제해 버리시고 무릇 과실을 맺는 가지는 더 과실을 맺게 하려 하여 이를 깨끗케 하시느니라. 너희는 내가 일러 준 말로 이미 깨끗하였으니 내 안에 거하라 나도 너희 안에 거하리라 가지가 포도나무에 붙어 있지 아니하면 절로 과실을 맺을 수 없음같이 너희도 내 안에 있지 아니하면 그러하리라. 나는 포도나무요 너희는 가지니 저가 내 안에, 내가 저 안에 있으면 이 사람은 과실을 많이 맺나니 나를 떠나서는 너희가 아무 것도 할 수 없음이라
(요 15:2-5)

예수님은 열매를 맺지 아니하는 가지는 제거해 버리고 열매를 맺는 가지는 더 맺게 하시면서 예수님 안에 있어야 열매를 많이 맺을 수 있다고 말씀하셨습니다. 열매는 예수 안에서 생명이 자랄 때 많이 맺을 수 있습니다.

열매는 시간이 경과함에 따라 생산되고 개발되는 것입니다. 씨앗을 뿌리면 곧 바로 열매를 거둘 수 없듯이 그리스도인으로서 성숙은 경험과 함께 하나님을 신뢰하고 순종하는 것과 성경의 진리를 배움으로 자라갑니다.

우리는 어린 아이 상태로 머물러 있거나 육적인 그리스도인이 되는 것에 결코 만족해서는 안 됩니다. 영적인 그리스도인들에게서 볼 수 있는 그리스도와 같은 품성은 '성령의 열매' 입니다.

성령님께서 우리의 삶을 지배하실 때 성령의 열매를 맺을 수 있습니다.
많은 비그리스도인들도 훌륭하고 도덕적이고 윤리적인 삶을 삽니다. 그러나 오직 우리 속에 계시는 그리스도께서만이 그의 내재하는 성령으로써 우리를 초자연적으로 살 수 있게 하시고 성령의 열매를 맺게 하실 수 있습니다.

우리 자신의 힘으로는 영적인 삶을 살 수 없고 무력할 수밖에 없습니다. 바울 사도는 "내게 능력 주시는 자 안에서 내가 모든 것을 할 수 있느니라." (빌 4:13).

"하나님이 우리에게 주신 것은 두려워하는 마음이 아니요 오직 능력과 사랑과 근신하는 마음이니"(딤후 1:7).

성령의 열매는 인격과 관련됩니다.
그리스도인의 인격을 세워 가는 일이 반드시 특별한 능력을 발휘하는 것에 선행하여야 합니다. 성령의 은사에 대한 지나친 강조가 어떤 그리스도인들로 하여금 성령의 은혜를 소홀하게 한다는 것은 불행스런 일입니다.

성령의 열매는 조화를 이룬 통일체입니다.

"열매들은 꽃다발에 묶여 있는 하나하나의 분리된 꽃이라기보다는 서로 다른 모양과 형태를 지니면서도 더 다채롭고 사랑스런 모습을 지닌 한 다발의 꽃이다. 무지개는 여러 빛깔들이 아름답게 모여 있으나 전체적으로 하나이다."(아덩 핑크)

사도 바울은 갈라디아서에서 분명하게 묘사합니다.

> "성령의 열매는 사랑과 희락과 화평과 자비와 오래 참음과 양선과 충성과 온유와 절제니라"(갈 5:22-23).

바울은 "열매들"(fruits)이라고 말하지 않고 "열매"(fruit)라고 말한 것을 주목하여야 합니다.

찰스 스탠리 박사는 성령의 열매에 대하여 다음과 같이 설명하였습니다,
　　성령의 열매는 실제로 하나인데 그것은 사랑이다.
　나머지 목록은 여러 모양으로 그린 사랑의 묘사에 불과하다.
- 희락이 무엇인가? 희락은 행복한 사랑입니다.
- 평강은 무엇인가? 평강은 조화를 누리는 사랑입니다.
- 오래 참음은 무엇인가? 그것은 기다리는 사랑입니다.
- 자비는 무엇인가? 자비는 반응을 보이는 사랑입니다.
- 온유는 무엇인가? 온유는 행동으로 보이는 사랑이다.
- 충성은 무엇인가? 충성은 신뢰하는 사랑입니다.
- 절제는 무엇인가? 절제는 통제되는 사랑입니다.

모든 성령의 열매가 초자연적인 사랑에 포함이 되어 있습니다.

고린도전서 13장 4-7절에서 묘사된 사랑의 미덕은 갈라디아서 5장 22-23절에서 묘사된 사랑의 구현과 대조해 보면 모든 성령의 열매가 초자연적인 사랑에 포함된 것을 알게 됩니다. 실제로, 직접적으로든 아니면 상징에 의해서든 모두 언급됩니다.

- 사랑은 "오래 참고"-오래참음
- 사랑은 "친절하며"-자비
- 사랑은 "시기하지 않으며"-양선
- 사랑은 "자랑하지 않고"-온유
- 사랑은 "자기 이익만 구치 않고"-절제
- 사랑은 "진리와 함께 기뻐하고"-희락
- 사랑은 "모든 것을 믿으며 모든 것을 바라며"-충성

사랑이 있을 때 우리는 성령의 모든 열매를 갖는 셈입니다. 사랑이 없으면 우리는 아무것도 아닙니다.

"소망이 부끄럽게 아니함은 우리에게 주신 성령으로 말미암아 하나님의 사랑이 우리 마음에 부은바 됨이니라."(롬 5:5).

성령의 열매는 첫 번째 열매인 사랑의 변형된 표현에 지나지 않는다고 말하는 사람들도 있습니다. 여덟 가지 열매는 첫 번째 사랑의 열매의 변형된 표현에 지나지 않는 것으로 보고 희락은 사랑의 외적 표현이요, 화평은 평온함 중에 나타나는 사랑이요, 오래 참음은 고난 중에 나타나는 사랑이요, 자비는 사회에 대한 사랑이요, 양선은 행위로 나타난 사랑이요 충성은

인내하는 중의 사랑이요, 온유는 배우는 중에 발견되는 사랑이요, 절제는 연단 중의 사랑이다(피어슨 A.T. Pierson).

하나님께서 우리에게 원하시는 삶의 특성들은 성령의 아홉 열매에서 볼 수 있습니다. 사랑, 희락, 화평, 인내, 자비, 양선, 충성, 온유, 절제입니다.

1) 성령의 열매는 첫 번째는 사랑입니다.

조나단 위드워즈는 사랑을 이렇게 묘사하였습니다. "만일 사랑이 기독교의 총체라면, 사랑을 무너뜨리는 것은 그리스도인에게 무척 어울리지 않는다. 시기하는 그리스도인, 악의 있는 그리스도인, 차갑고 냉혹한 그리스도인은 가장 큰 불합리이자 모순이다. 그것은 마치 어두운 밝음 또는 거짓 된 진리에 대해서 말하는 것과는 같다."

빌 브라이트 박사는 "기쁨은 사랑의 힘이다. 평안은 사랑의 보증이다. 참음은 사랑의 인내이다. 친절은 사랑의 행위이다. 선함은 사랑의 특성이다. 충성은 사랑의 확신이다. 온유는 사랑의 겸손이다. 절제는 사랑의 승리이다."

다른 모든 열매는 실제로 사랑의 부산물이기 때문에 먼저 사랑의 열매로 시작합니다. 사랑은 성령의 중심 열매일 뿐만 아니라 제일입니다.

사랑이란 무엇인가?

헬라어에는 사랑이란 세 개의 낱말이 있습니다. 에로스는 감각적인 열망을 제시하는 단어이고 필레오는 우정이나 친구, 친척에 대한 사랑으로 사용되고 아가페는 가장 순결하고, 가장 깊은 하나님의 사랑으로서 단순히 감정을 통한 표현이 아니라 의지의 행위로서 표현됩니다. 우리를 향한 하나님의 초자연적인 사랑은 주님께서 우리 죄를 위해 십자가에서 죽으심으로 궁극적으로 나타났으며 그가 성령을 통해 우리 안에서 우리를 통하여 다른 사람에게 열매 맺기를 원하는 초자연적인 사랑입니다.

아가페는 사랑의 대상이 사랑할 만한 가치가 있어서라기보다는 사랑하는 사람의 인격 그 자체를 사랑하는 것으로 종종~ 때문에 가 아니라~임에도 불구하고 행하는 사랑입니다.

아가페는 무조건적인 하나님의 완전하신 사랑을 가리키고, 이 사랑은 인간을 향한 하나님의 사랑에서 표현되며 그리스도인이 그들 안에 거하는 하나님으로 인해 최절정의 형제애로 나타날 때 표현됩니다. 아가페는 하나님의 사랑입니다.

사랑은 성령의 중심 열매일 뿐만 아니라 예수님의 명령입니다. 예수님은 모든 신자들에게 새 계명을 주셨습니다.

"내가 너희를 사랑한 것같이 너희도 서로 사랑하라"(요 13:34).

하나님 아버지께서 그의 독생자 주 예수 그리스도에게 나타내신 바로 그 사랑입니다. 그것은 또한 예수님께서 우리 죄를 위해 십자가 위에서 죽으심으로 증명하신 그 사랑입니다. 하나님께서 우리에게 나타내시고 우리에게 서로를 위해 갖도록 명령하신 신성하고 초자연적이고 무조건적이며 영원하고 불변하는 사랑입니다.

사도 바울은 아가페적인 사랑의 중요성을 강조하였습니다.

내가 사람의 방언과 천사의 말을 할지라도 사랑이 없으면 소리 나는 구리와

울리는 꽹과리가 되고 내가 예언하는 능이 있어 모든 비밀과 모든 지식을 알고 또 산을 옮길 만한 모든 믿음이 있을지라도 사랑이 없으면 내가 아무 것도 아니요, 내가 내게 있는 모든 것으로 구제하고 또 내 몸을 불사르게 내어 줄지라도 사랑이 없으면 내게 아무 유익이 없느니라(고전 13:1-3).

우리가 하나님과 사람들에게 무엇을 행한다 할지라도 그 행함이 하나님의 사랑으로부터 유발되지 않은 것이라면 가치가 없습니다.

바울은 이와 같은 종류의 사랑을 세상에서 가장 위대한 것으로 묘사하였습니다.

사랑은 오래 참고 사랑은 온유하며 투기하는 자가 되지 아니하며 사랑은 자랑하지 아니하며 교만하지 아니하며 무례히 행치 아니하며 자기의 유익을 구치 아니하며 성내지 아니하며 악한 것을 생각지 아니하며 불의를 기뻐하지 아니하며 진리와 함께 기뻐하고 모든 것을 참으며 모든 것을 믿으며 모든 것을 바라며 모든 것을 견디느니라(고전 13:4-14).

고린도전서 13장은 자기 희생적이고, 조건이 없는 사랑 아가페에 대하여 묘사하였습니다.

하나님께서 아가페의 사랑으로 여러분을 사랑하십니다.
하나님께서 우리를 위해 그 아들을 보내셔서 십자가에 죽게 하실 만큼 우리를 사랑하사 우리들로 하여금 영생을 얻게 하셨습니다. 인간을 향한 하나님의 사랑을 예수님의 출생과 생애, 죽음을 통해 우리에게 보였습니다.

"사람이 친구를 위하여 자기 목숨을 버리면 이에서 더 큰사랑이 없나니"

(요 15:13).

예수님의 사랑은 우리가 아직 죄인 되었을 때도 우리를 위해 대속의 죽으심으로 사랑을 실천하였습니다.

"**우리가 아직 죄인 되었을 때에 그리스도께서 우리를 위하여 죽으심으로 하나님께서 우리에게 대한 자기의 사랑을 확증하셨느니라**"(롬 5:8).

하나님께서는 우리의 불순종, 연약함, 죄, 이기심에도 불구하고 사랑하십니다.

하나님의 사랑은 불변이십니다.

하나님의 사랑은 완전하기 때문에 불변하십니다.

누가 우리를 그리스도의 사랑에서 끊으리오. 환난이나 곤고나 핍박이나 기근이나 적신이나 위험이나 칼이랴 기록된바 우리가 종일 주를 위하여 죽임을 당케 되며 도살할 양같이 여김을 받았나이다 함과 같으니라. 그러나 이 모든 일에 우리를 사랑하시는 이로 말미암아 우리가 넉넉히 이기느니라. 내가 확신하노니 사망이나 생명이나 천사들이나 권세 자들이나 현재 일이나 장래 일이나 능력이나 높음이나 깊음이나 다른 아무 피조물이라도 우리를 우리 주 그리스도 예수 안에 있는 하나님의 사랑에서 끊을 수 없으리라(롬 8:35-39)

우리는 누구를 사랑해야 합니까?

우리는 먼저 하나님을 사랑하여야 합니다.

예수님께서 먼저 하나님을 사랑하고 다음에 이웃을 사랑하라고 명령하셨습니다. 한 율법학자가 예수님께 물었습니다. '선생님, 모세의 율법 중에 가장 큰 계명은 어느 계명입니까?' 이 질문에 예수님은 다음과 같이 대답하였습니다.

> **예수께서 가라사대 네 마음을 다하고 목숨을 다하고 뜻을 다하여 주 너의 하나님을 사랑하라 하셨으니 이것이 크고 첫째 되는 계명이요 둘째는 그와 같으니 네 이웃을 네 몸과 같이 사랑하라 하셨으니 이 두 계명이 온 율법과 선지자의 강령이니라(마 22:37-40).**

사랑을 시작하는 첫 단계는 우리를 먼저 사랑한 분을 사랑하는 것입니다. "우리가 사랑함은 하나님이 먼저 우리를 사랑하셨음이라"(요일 4:19)

하나님을 사랑하라는 것이 가장 큰 계명이기 때문에 우리는 우리의 사랑을 먼저 주님께 드려야 하고, 주님이 아닌 다른 어떤 대상을 사랑해서는 안 됩니다.

예수님께서도 먼저 하나님을 사랑하고 이웃을 사랑하라고 명령하셨습니다.

> **예수께서 가라사대 네 마음을 다하고 목숨을 다하고 뜻을 다하여 주 너의 하나님을 사랑하라 하셨으니 이것이 첫째 되는 계명이요 둘째는 그와 같**

으니 네 이웃을 네 몸과 같이 사랑하라 하셨으니(마 22:37,39)

우리가 사랑해야 할 이유는 하나님의 명령일 뿐만 아니라 그 분이 먼저 우리를 사랑하셨기 때문입니다. 사도 요한은 "우리가 사랑함은 그가 먼저 우리를 사랑하셨음이라"(19절)라고 하셨습니다. 우리는 먼저 하나님의 사랑을 알고 이웃 사랑을 실천하여야 하겠습니다.

아가페의 사랑은 희생적인 사랑이요 예수님의 사랑입니다.

하나님의 사랑은 하나밖에 없는 아들의 목숨까지도 우리를 위해 내어 주신 희생적인 사랑입니다. 인간은 죄로 인하여 하나님의 진노를 받아 영원한 지옥에 들어 갈 수밖에 없는 진노의 자녀들입니다. 그런 인간들을 사랑하여 예수님을 세상에 보내시고 예수를 믿는 자에게 구원의 선물을 주시기까지 금, 보석과 돈으로 계산할 수 없는 사랑을 베푸셨습니다.

예수님은 한 알의 밀알이 되어 죽고 많은 사람을 살리는 아가페의 사랑 희생적인 사랑, 축복하는 사랑을 우리에게 하셨습니다.

미국 어느 지방의 철도 연변에서 일어난 사건입니다.

어느 날 한 소년이 철길을 따라 학교에 가다가 간밤에 내린 폭우로 철도가 끊긴 것을 발견하게 되었습니다. 소년은 걱정이 되었습니다. 왜냐하면 조금 있으면 기차가 지나갈 시간이었기 때문입니다. 소년은 기차를 멈추지 않으면 수백 명이 희생당할 것을 알고 있기 때문에 기차를 멈추게 할 방법을 생각했습니다. 그러나 방법이 좀처럼 떠오르지 않았습니다. 기차가 지나갈 시간은 점점 다가왔습니다. 소년은 자기의 셔츠를 벗었습니다. 그리고는 책가방에서 작은 칼을 꺼내어 자기 넓적다리를 찔렀습니다. 소년은 자신의 피로 흰 셔츠를 물들였습니다.

소년은 피를 흘리면서 피로 빨갛게 물든 셔츠를 흔들며 기차가 달려오는 쪽으로 뛰었습니다. 그리고 외쳤습니다. "스탑! 스탑! 스탑!" 기관사가 붉은 깃발을 보았습니다. 그는 기차를 세우기 시작하였습니다. 기차는 다행히 소년 앞에서 멈출 수 있었습니다.

기관사가 뛰어내려와 보니 철도는 끊어져 있었습니다. 기관사는 기차를 세우기 위하여 많은 피를 흘린 소년을 부축해 보았으나 이미 숨을 거두고 말았습니다.

기차가 갑자기 정지하자 무슨 일인가? 하고 기차에서 내려왔던 승객들이 이 사실을 알고 기관사와 함께 그 소년을 부둥켜안고 소년의 피로 우리가 살았구나 하며 눈물을 흘렸습니다. 그 때 그 기차 속에는 미국의 부통령이 타고 있었습니다. 승객들은 그 자리에서 돈을 모아 소년의 동상을 세우기로 했습니다. 그런데 그 소년이 가지고 다니던 책가방에 신약성경이 들어 있었습니다. 이 소년은 성경의 말씀인 "한 알의 밀"의 삶을 산 것입니다. 예수님께서는 우리 인간의 죄로 하나님의 진노를 받아 영원한 형벌을 받을 우리 대신 십자가에서 한 알의 밀이 되셨습니다.

우리는 이 하나님의 사랑을 알고 먼저 하나님을 사랑해야 합니다. 예수님은 죽은 자 가운데 다시 부활하셔서 베드로에게 나타나 세 번 이렇게 물으셨습니다. "첫 번째 요한의 아들 시몬아 네가 이 사람들보다 나를 더 사랑하느냐, 두 번째 요한의 아들 시몬아 네가 나를 사랑하느냐, 세 번째 요한의 아들 시몬아 네가 나를 사랑하느냐"

베드로는 세 번째 예수님의 물으심에 이렇게 대답하십니다. "주여 모든 것을 아시오매 내가 주를 사랑하는 줄을 주께서 아시나이다." 이때 예수님은 내 양을 먹이라 내가 진실로 진실로 네게 이르노니 젊어서는 네가 스스로 띠 띠고 원하는 곳으로 다녔거니와 늙어서는 네 팔을 벌리리니 남이 네게 띠 띠우고 원치 아니하는 곳으로 데려가리라……. 베드로에게 이르시되 나를 따르라(요 21:15-19).

하나님께서는 베드로가 사람보다 하나님을 더 사랑한다고 고백했을 때 하나님의 일을 맡기시고 축복하셨습니다.

여러분은 이 세상 어느 것보다 주님을 진심으로 더 사랑하십니까? 우리는 어떻게 하나님을 더 사랑할 수 있습니까? 주석가 바클리는 이 사랑은 하나님의 도우심으로만 가능하다고 하였습니다. 우리는 성령을 받아야 성령의 도우심으로 성령님의 뜻을 따라 사랑하며 살아 갈 수 있습니다.

이웃을 사랑하여야 합니다.
예수님은 첫 계명이 하나님을 사랑하는 것이고, 둘째 계명은 이웃을 사랑하는 것이라고 말씀하셨습니다. 하나님을 사랑하지 않고서는 이웃을 사랑하는 것은 불가능합니다. 만약 우리가 진실로 마음을 다하고 성품을 다하고 목숨을 다하여 하나님을 사랑한다면 우리 자신을 사랑하는 것 같이 이웃을 사랑하라는 명령을 수행하는 것은 당연합니다. 만약 우리가 수직적으로 하나님과 올바른 관계를 맺고 있다면 당연히 수평적으로 이웃들과 올바른 관계를 갖게 될 것입니다.

> 간음하지 말라, 살인하지 말라, 도적질하지 말라, 탐내지 말라 한 것과 그 외에 다른 계명이 있을지라도 네 이웃을 네 자신과 같이 사랑하라 하신 그 말씀 가운데 다 들었느니라 사랑은 이웃에게 악을 행치 아니하나니 그러므로 사랑은 율법의 완성이니라(롬 13:9-10)

이웃을 사랑하는 것은 곧 하나님과 모든 인간을 사랑하는 것이며, 의의 열매를 맺고 그리스도를 영화롭게 하는 것입니다.

자신을 사랑하여야 합니다.

　자신을 사랑하지 않고서는 하나님과 이웃을 사랑하기가 어렵습니다. 예수님은 네 이웃을 네 몸같이 사랑하라고 말씀하셨습니다. 많은 사람들이 자신을 바로 사랑하지 못하기 때문에 이웃을 바로 사랑하지 못하고 있습니다. 자신을 사랑하지 않는 예를 보면 고백하지 않은 죄로 인해 죄 의식에 억눌리거나 자신의 신체적인 장애나 외모로 인해 만족하지 못한 것, 더 나아가 어떤 사람들은 정신적으로, 사회적으로 열등감마저 느끼는 것 등입니다. 이러한 사람들은 하나님께서는 당신을 사랑하시며 당신의 모습 그대로를 받아주신다는 것을 알아야 합니다.

　예수님의 사랑이 성령으로 말미암아 우리 가슴에 들어가고 우리로 하여금 하나님께서 만드신 그대로의 우리 자신을 사랑하게 하십니다. 우리 자신에 대해 만족하여 감사드리고 하나님께서 하시는 것과 같이 우리 스스로를 무조건적으로 사랑하며 다른 사람도 무조건적으로 사랑할 수 있도록 하십니다. 그러므로 우리는 그리스도와 다른 사람에게 우리의 사랑과 관심을 기울여야 하고 또 그들을 위해 헌신적으로 봉사해야 합니다. 우리 자신을 사랑하는 것같이 우리의 이웃을 사랑하라는 하나님의 명령입니다.

　우리가 자신을 사랑하는데 주의해야 할 것이 있습니다. 하나님보다 더 사랑하지 않아야 합니다. 성경은 말세에 하나님을 사랑하기보다 자기를 사랑하게 될 사람들에 대해 경고하십니다.

네가 이것을 알라 말세에 고통 하는 때가 이르리니 사람들은 자기를 사랑하며 돈을 사랑하며 자긍하며 교만하며 훼방하며 부모를 거역하며 감사치 아니하며 거룩하지 아니하며 무정하며 원통함을 풀지 아니하며 참소하며 절제하지 못하며 사나우며 선한 것을 좋아 아니하며 배반하여 팔며 조급하며 자고하며 쾌락을 사랑하기를 하나님 사랑하는 것보다 더하며

(딤후 3:2-4)

원수를 사랑하여야 합니다.

예수님께서 말씀하셨습니다(마태복음 5:43-47). "또 네 이웃을 사랑하고 네 원수를 미워하라 하였다는 것을 너희가 들었으나 나는 너희에게 이르노니 너희 원수를 사랑하며 너희를 핍박하는 자를 위하여 기도하라 이같이 한즉 하늘에 계신 너희 아버지의 아들이 되리니 이는 하나님이 그 해를 악인과 선인에게 비취게 하시며 비를 의로운 자와 불의한 자에게 내리우심이니라. 너희가 너희를 사랑하는 자를 사랑하면 무슨 상이 있으리오. 세리도 이같이 아니하느냐 또 너희가 너희 형제에게만 문안하면 남보다 더하는 것이 무엇이냐 이방인들도 이같이 아니하느냐 그러므로 하늘에 계신 너희 아버지의 온전하심과 같이 너희도 온전하라"

예수님은 원수된 우리를 위해 목숨을 버리셨습니다. 그리스도이신 예수님 안에 항상 거하시며 성령님과 항상 동행하는 하나님의 그 사랑이 우리에게 부은 바 됩니다.

그리스도인의 특성은 사랑하는데 있습니다.

그리스도인들이 그리스도인답게 행동하고 하나님을 사랑하고 이웃을 자신의 몸과 같이 사랑하고 원수를 사랑하고 특히 피부색이나 종족 혹은

계층에 관계없이 우리의 형제들을 사랑하기 시작할 때 우리 교회와 사회와 나라는 주님 보시기에 아름답게 변화될 것입니다.

사랑은 놀라운 위력이 있습니다. 하나님의 사랑은 하나 되게 하는 힘이 있습니다. 바울은 우리들에게 '이 모든 것 위에 사랑을 더하라 이는 온전하게 매는 띠니라' (골 3:14) 라고 말씀하고 있습니다.

사랑은 삶에서 나타납니다.

하나님이 우리를 사랑하시는 사랑을 우리가 알고 믿었노니 하나님은 사랑이시라 사랑 안에 거하는 자는 하나님 안에 거하고 하나님도 그 안에 거하시느니라. 이로써 사랑이 우리에게 온전히 이룬 것은 우리로 심판 날에 담대함을 가지게 하려 함이니 주의 어떠하심과 같이 우리도 세상에서 그러하니라. 사랑 안에 두려움이 없고 온전한 사랑이 두려움을 내어 쫓나니 두려움에는 형벌이 있음이라 두려워하는 자는 사랑 안에서 온전히 이루지 못하였느니라. 우리가 사랑함은 그가 먼저 우리를 사랑하셨음이라. 누구든지 하나님을 사랑하노라 하고 그 형제를 미워하면 이는 거짓말하는 자니 보는 바 그 형제를 사랑치 아니하는 자가 보지 못하는바 하나님을 사랑할 수가 없느니라. 우리가 이 계명을 주께 받았나니 하나님을 사랑하는 자는 또한 그 형제를 사랑할지니라 (요일 4:16-21).

우리는 사랑하기 시작하여야 합니다.

우리는 지금 믿음으로 사랑을 시작할 수 있습니다. 여러분이 사랑하지 않는 사람들의 목록을 만들고 믿음으로 그들을 사랑하기 시작하십시오. 사랑의 모범을 보이신 예수님은 인간의 이성으로는 사랑할 수 없는 사랑을 실천하라고 말씀하셨습니다. 그리고 서로 사랑하라고 하였습니다.

또 네 이웃을 사랑하고 네 원수를 사랑하며 너희를 핍박하는 자를 위하여 기도하라 이같이 한즉 하늘에 계신 너희 아버지의 아들이 되리니 이는 하나님이 그 해를 악인과 선인에게 비치게 하시며 비를 의로운 자와 불의한 자에게 내리우심이니라 너희가 사랑하는 자를 사랑하면 무슨 상이 있으리오 세리도 이같이 아니하느냐(마 5:43-46)

"새 계명을 너희에게 주노니 서로 사랑하라 내가 너희를 사랑한 것같이 너희도 서로 사랑하라 너희가 서로 사랑하면 이로써 모든 사람이 너희가 내 제자인 줄 알리라"(요 13:34-35)

예수님의 제자인 사도 요한도 "서로 사랑하자"고 사랑을 실천할 것을 강조하였습니다.

사랑하는 자들아 우리가 서로 사랑하자 사랑은 하나님께 속한 것이니 사랑하는 자마다 하나님께로 나서 하나님을 알고 사랑하지 아니하는 자는 하나님을 알지 못하나니 이는 하나님은 사랑이심이라 하나님의 사랑이 우리에게 이렇게 나타난바 되었으니 하나님이 자기의 독생자를 세상에 보내심은 저로 말미암아 우리를 살리려 하심이니라 사랑은 여기 있으니 우리가 하나님을 사랑한 것이 아니요 오직 하나님이 우리를 사랑하사 우리 죄를 위하여 화목제로 그 아들을 보내셨음이라 사랑하는 자들아 하나님이 이같이 우리를 사랑하였은즉 우리가 서로 사랑하는 것이 마땅하도다. 어느 때나 하나님을 본 사람은 없으되 만일 우리가 서로 사랑하면 하나님이 우리 안에 거하시고 그의 사랑이 우리 안에 온전히 이루나라
(요일 4:7-12).

우리 인간이 가장 먼저 해야 할 것은 사랑입니다. 사랑이 첫 번째 우선순위라는 사실을 기억하여 합니다. 사도바울은 사랑에 대하여 많은 말씀을 하였습니다. 고린도전서 12장에서 성령의 은사에 대하여 "하나님이 교회 중에 몇을 세우셨으니 첫째는 사도요 둘째는 선지자요 셋째는 교사요 그 다음은 능력이요 그 다음은 병 고치는 은사와 서로 돕는 것과 다스리는 것과 각종 방언을 하는 것이라 다 사도겠느냐 다 선지자겠느냐 다 교사겠느냐 다 능력을 행하는 자겠느냐 다 병 고치는 은사를 가진 자겠느냐 다 방언을 말하는 자겠느냐 다 통역하는 자겠느냐 너희는 더욱 큰 은사를 사모하라 내가 또한 제일 좋은 길을 너희에게 보이리라"

이렇게 말씀하신 후에 13장에서는 "내가 사람의 방언과 천사의 말을 할지라도 사랑이 없으면 소리 나는 구리와 울리는 꽹과리가 되고 내가 예언하는 능이 있어 모든 비밀과 모든 지식을 알고 또 산을 옮길 만한 믿음이 있을지라도 사랑이 없으면 아무것도 아니요 내가 내게 있는 모든 것을 구제하고 또 내 몸을 불사르게 내어 줄지라도 사랑이 없으면 아무 유익이 없느니라........ 그 중에 제일은 사랑이라"

성령의 여러 가지 은사와 능력을 소유하고 있더라도 사랑의 은사가 없으며 유익이 없습니다. 성령의 능력을 가진 사람들은 항상 사랑으로 섬겨야 함을 잊지 말아야 합니다.

하나님께서 그의 아들 예수님의 죽으심을 통해 우리를 향한 그 분의 사랑을 다 나타내셨음으로 우리도 사랑하며 살아야 합니다. 예수님이 우리 안에 계시다면 사랑할 수 있습니다. 그리고 성령님이 우리 안에 충만할 때 많은 성령의 열매 맺을 수 있는 능력을 주십니다.

예수님께서는 신자의 삶의 기준을 말씀하면서 이런 말씀을 하셨습니다.

"그의 열매로 그들을 알지니 좋은 나무는 아름다운 나무를 맺고 나쁜 나무는 나쁜 나무를 맺나니 아름다운 열매를 맺지 아니하는 나무마다 찍혀 불에 던지우느니라 이러므로 그의 열매로 그들을 알지니 나더러 주여 주여 하는 하는 자마다 천국에 다 들어갈 것이 아니요 다만 하늘에 계신 내 아버지의 뜻대로 행하는 자라야 들어가리라"(마 7:16, 18, 21).

영적으로 지금의 시대를 많은 사람들이 열매를 거두는 추수의 시대라고 말하고 있습니다. 추수의 시대가 더욱 가까운 이 시대를 살아가는 그리스도인들은 어떤 열매를 맺어야 합니까? 내가 맺어야 할 열매는 어떤 것입니까? 우리가 맺어야 할 열매는 선한 열매인 성령의 열매입니다. 성령의 열매를 맺는 것은 하나님의 형상을 닮는 것입니다. 성령의 열매는 성부와 성자와 성령 하나님의 품성입니다. 하나님의 품성은 성령의 열매로 나타납니다. 성령의 열매를 맺는다는 것은 하나님의 형상을 닮는 삶이라고 말할 수 있습니다. 그러므로 우리는 반드시 성령의 열매를 맺어야 합니다.

2) 성령의 두 번째 열매는 희락(기쁨)입니다.

성령의 열매 희락은 세상적인 희락이 아닙니다. 그리스도인의 희락은 초월적인 희락입니다. 성령의 희락은 아름다운 구원의 희락, 고난의 와중에서도 지속되는 영원한 것입니다. 우리는 소망 중에 즐거워합니다.

루터교 신학자 렌스키(R.C. Lenski)는 다음과 같이 말했습니다. "…… 이 희락은 세상이 말하는 그런 낮은 차원의 것이 아닙니다. 이것은 하나님의 은혜로 말미암아 생기는 것이고 축복으로부터 생기는 것이며 고난에 의해 사라져 버리는 것이 아닙니다."

마틴 루터(Martin Luther)은 다음과 같이 말했습니다. "하나님께서는 의심이나 낙심을 싫어하신다. 하나님께서는 우울한 교리, 침착하고 어두운 생각을 싫어하시고 밝고 명랑한 것을 좋아하신다. 그의 아들을 우리에게 보내신 것은 우리에게 슬픔을 주려는 것이 아니라 도리어 우리에게 기쁨을 주려는 것이다."

예수 그리스도께서는 "너희 이름이 하늘에 기록된 것으로 기뻐하라"(눅 10:20)고 하셨습니다.

하나님의 품성은 희락이요 기쁨의 원천입니다. 하나님은 모든 기쁨과 복을 주시는 분이십니다.

열왕기상 8장 66절, 여호와께서 그 종 다윗과 그 백성 이스라엘에게 베푸신 모든 은혜를 인하여 기뻐하며 마음에 즐거워하였더라.

"너의 하나님 여호와가 너의 가운데 계시니 그는 구원을 베푸실 전능자시라 그가 너로 인하여 기쁨을 이기지 못하여 하시며 너를 잠잠히 사랑하시며 너로 인하여 즐거이 부르며 기뻐하시리라 하리라"(습 3장 17절)

"우리의 소망이나 기쁨이나 자랑의 면류관이 무엇이냐 그의 강림하실 때 우리 주 예수 앞에 너희가 아니냐 너희는 우리의 영광이요 기쁨이니라"(살전 2장 19-20절)

기쁨의 근원은 하나님이시며 성경은 기쁨의 책입니다.

윌리암 바아클리는 이렇게 말했습니다. "우리가 신약성경을 상세히 연구해 볼 때에 그것이 기쁨의 책이라는 것을 발견하게 된다. 신약성서에서 '기뻐하다'를 의미하는 헬라어 동사 카이레인 (chairein)이 일흔두 번 나온다. 그리고 기쁨을 의미하는 명사형 카라(chara)는 예순 번 나온다. 신약성경은 기쁨의 책이다" 신약 원어 사전에 보니 신약 성경 기쁨이란 단어가 133회나 나온다고 적혀 있었습니다(누가복음 20회 사도행전 11회 요한복음 18회 마태복음 12회 빌립보서 14회 고린도후서 13회 로마서 7회 데살로니전서 6회).

하나님께 기반을 둔 사람에게 참 기쁨이 임하게 됩니다. 이 기쁨은 세상적인 것이나 값싼 승리에서 오는 기쁨이 아닙니다. 참 기쁨은 하나님께 기반을 둔 사람이 예수 안에 있을 때 오는 영적 기쁨입니다.

우리가 기뻐해야 할 이유가 무엇입니까?

구원받았기 때문입니다.

구원받은 것보다 더 기쁜 것은 없습니다. 예수 그리스도의 복음이 유대인에게 한정된 것이 아니라 이방인인 우리에게 이르렀기 때문에 구원의 복음으로 인한 기쁨이 우리에게 임했습니다. 사도행전 13장에 보면 바울과 바나바가 이방인들에게 복음을 전하였을 때 이방인들이 구원의 복된 소식을 듣고 기뻐하고 하나님의 말씀을 찬송하며 영생을 주시기로 작정된 자는 다 믿고 제자들은 기쁨과 성령이 충만하니라. 고 기록되어 있습니다. 구원의 소식을 듣고 기뻐하여야 합니다. 목사는 설교할 때 성도들이 기쁨으로 열심히 듣는 모습을 보면 힘이 나서 더 힘 있게 전 할 수 있습니다.

예수님을 믿음으로 구원받았다는 구원의 감격과 예수님이 나의 구세주이시라는 확신으로 기뻐하시기 바랍니다.

기도가 응답으로 기뻐합니다.

> 지금까지는 너희가 내 이름으로 아무것도 구하지 아니하였으나 구하라 그리하면 받으리니 너희 기쁨이 충만하리라(요 16:24)

병 고침으로 인하여 기뻐합니다.
예수님의 이적이 가져다 준 중요한 결과는 기쁨을 가져다주었습니다.

> "예수께서 이 말씀을 하시매 모든 반대하는 자들은 부끄러워하고 온 무리는 그 하시는 모든 영광스러운 일을 기뻐하니라"(눅 13:17).

이 말씀은 예수님께서 안식일에 한 회당에서 가르칠 때에 18년 동안 귀신들려 앓으며 꼬부라져 조금도 펴지 못한 한 여자를 "여자여 네가 네 병에서 놓였다" 하시고 안수하시자 곧 펴지고 하나님께 영광을 돌리는 일을 하셨습니다. 이때 한 회당장이 안식일에 병 고치는 것을 보고 분 내어 무리들에게 안식일에 말 것이라고 하였을 때 하신 말씀이었습니다.

하나님의 능력으로 이적과 병 고침은 환자는 물론 많은 사람을 기쁘게 합니다. 여러분 가운데 심하게 아프다가 치유함을 받은 경험이 있습니까? 질병으로부터 치유함을 얻었을 때의 그 기쁨은 표현할 수 없는 것입니다.
하나님의 능력과 은사를 받아 사역할 때도 기쁨이 있습니다. 70인 제자들이 악령을 제어 할 수 있는 그리스도의 능력을 공유할 수 있음을 기뻐하였습니다. 그러나 더 기쁜 것은 하나님의 선택적 사랑에 대한 기쁨은 이루 말할 수 없습니다.

"너희 이름이 하늘에 기록된 것으로 기뻐하라"(눅 7:20).

하나님께 회개하고 돌아 올 때 하나님 아버지가 기뻐하십니다.
한명의 죄인이 회개할 때 하나님이 기뻐하십니다. 예수님은 잃은 양의 비유와 돌아온 탕자의 비유를 통해 가르쳐 주었습니다.

잃은 양을 찾아 어깨에 메고 집에 와서 이렇게 기뻐하십니다.

"집에 와서 그 벗과 이웃을 불러 모으고 말하되 나와 함께 즐기자 나의 잃은 양을 찾았노라 하리라 내가 너희에게 이르노니 이와 같이 죄인 하나가 회개하면 하늘에서도 회개할 것이 없는 의인 아흔 아홉을 인하여 기뻐하는 것보다 더하리라"(눅 15:5-7).

또 아버지께 회개하고 돌아온 아들을 보고 기뻐하며 큰 잔치를 베풉니다.
"이 내 아들은 죽었다가 다시 살아났으며 내가 잃었다가 다시 얻었노라 하니 저희가 즐거워하더라."(눅 15:23).

예수와 함께 있음으로 기뻐할 수 있습니다.
예수님은 마태복음 9장 15절에서 "혼인집 손님들이 신랑과 함께 있을 동안에 슬퍼할 수 있느뇨"
"예수와 함께 계시니 시험이 오나 겁 없네" 찬송가 가사처럼 우리가 혼자 있는 것이 아니라 살아 계신 하나님이 우리와 함께 동행하시니 기뻐할 수 있습니다.

사도바울은 감옥에 있을 때 뿐 아니라 심지어 죽는 것조차도 기뻐하였습니다. 그는 복음을 전파하다가 옥에 갇혔고 죽을지도 모를 상황에 처하게 되었습니다. 이런 상황 가운데도 이렇게 고백하였습니다.

"저들은 나의 매임에 괴로움을 더하게 할 줄을 생각하여 순전치 못하게 다툼으로 그리스도를 전파하느니라. 그러면 무엇이뇨 외모로 하나 참으로 하나 무슨 방도로 하든지 전파되는 것은 그리스도니 이로써 내가 기뻐하고 도한 기뻐하리라. 만일 너희 믿음의 제물과 봉사위에 내가 나를 관제로 드릴지라도 나는 기뻐하고 너희 무리와 함께 기뻐하리니 이와 같이 너희도 기뻐하고 나와 함께 기뻐하라. 주 안에서 항상 기뻐하라 내가 다시 말하노니 기뻐하라"(빌1:17-18, 2:17-18, 4:4).

참 그리스도인의 모습은 어떤 상황 가운데서도 기뻐하는 것입니다. 그리스도인의 기쁨은 슬픔과 고통과 근심 가운데서도 기쁨을 얻을 수 있는 역설적인 기쁨입니다. 이 기쁨은 단순한 지상적 인간적 기쁨을 넘어 주안에 있는 기쁨이며 믿음의 기쁨입니다. 그리스도인은 그의 얼굴에 참 기쁨이 넘쳐야 합니다. 기쁨은 창조가 있고 기쁨은 좋은 치료약입니다. 잠언은 "기쁨은 양약"이라고 하였습니다. 기뻐할 때 치유의 역사가 일어납니다.

주안에 있을 때 기쁨이 있습니다.

사도바울은 "주안에서 항상 기뻐하라 내가 다시 말하노니 기뻐하라"고 하셨습니다. 바울이 감옥에서 이 편지를 쓸 때는 앞으로 어떤 일이 일어나게 될지 알지 못하는 상황입니다. 그럼에도 주안에 있음으로 기뻐하고 있습니다.

내가 주 안에서 크게 기뻐함은 너희가 나를 생각하던 것이 이제 다시 싹이 남이니 너희가 또한 이를 위하여 생각하였으나 기회가 없었느니라. 내가

궁핍하므로 말하는 것이 아니라 어떠한 형편에든지 자족하기를 배웠나니 내가 비천에 처할 줄도 알고 풍부에 처할 줄도 알아 모든 일에 배부르며 배고픔과 풍부와 궁핍에도 일체의 비결을 배웠노라 내게 능력 주시는 자 안에서 내가 모든 것을 할 수 있느니라(빌 4:10-13).

신부를 취하는 자는 신랑이나 서서 신랑의 음성을 듣는 친구가 크게 기뻐하나니 나는 이러한 기쁨이 충만하였노라(요 3:29).

내가 이것을 너희에게 이름은 내 기쁨이 너희 안에 있어 너희 기쁨을 충만하게 하려 함이니라(요 15:11).

존 뉴턴은 이렇게 노래하였습니다. "기쁨이라는 열매는 대지의 메마른 땅에서는 자라지 않으리. 그리스도를 알기 전에 우리가 자랑할 수 있는 것 공허와 수고뿐 그러나 주께서 은혜를 심고 주의 영광을 알리신 곳에 하늘의 기쁨과 평화라는 열매가 열리고 이 열매만이 우리의 자랑이리니"

우리가 이 세상에 살 때 항상 좋은 일만 있는 것은 아닙니다. 때로는 슬픔과 곤고한 때도 있습니다. 이런 때에 우리는 어떻게 해야 합니까? 성경은 우리에게 주안에서 항상 기뻐하라고 하십니다.

사도 바울은 "주 안에서 항상 기뻐하라 내가 다시 말하노니 기뻐하라" (빌 4:14). 사도바울이 이 편지를 쓴 곳은 빌립보 감옥이었습니다. 당시의 상황은 공판의 결과를 전혀 알 수 없는 때였는데도 불구하고 감사와 지속적인 기쁨을 누리고 빌립보 교인들을 향하여 기뻐하라고 하신 것은 복음 전파로 인한 믿음의 기쁨입니다.

사도 바울은 항상 기뻐하는 삶을 살았습니다. 이 말씀에 도전을 받으시기 바랍니다. "나는 앞으로도 계속 기쁨으로 살 것입니다" 성령님이 우리에게 기쁨의 열매를 주시기를 원합니다. 하나님이 주시는 기쁨을 누리며 사시기를 간절히 바랍니다.

3) 성령의 세 번째 열매는 화평(평화, 평안)입니다.

이것은 세속적인 화평이 아니라 영원한 승리를 통해 이루어지는 화평입니다. 예수 그리스도께서 남기신 평화입니다.

> "평안을 너희에게 끼치노니 곧 나의 평안을 너희에게 주노라 내가 너희에게 주는 것은 세상이 주는 것 같지 아니하니라. 너희는 마음에 근심도 말고 두려워하지도 말라"(요 14:27).

예수 밖에 있는 사람은 하나님과의 관계에서 일어나는 평안을 모릅니다. 왜냐하면 그의 죄가 항상 그의 앞에 있고 심판 때에 하나님 앞에 서야 한다는 것을 의식하기 때문입니다. 하나님께서 자기의 죄를 완전히 사해 주셨다는 생각이 그의 마음을 사로잡을 때 "하나님과의 화평"을 누릴 수 있는 것입니다.

> "그러므로 우리가 믿음으로 의롭다 하심을 얻었은즉 우리 주 예수 그리스도로 말미암아 하나님으로 더불어 화평을 누리자"(롬 5:1)

성령님이 우리 안에 계실 때 우리는 하나님이 주시는 평화를 누릴 수 있습니다. 성령님께서는 우리에게 내적인 평강, 즉 지각을 초월하는 평강을 주십니다. 우리가 하나님으로부터 멀리 떨어질수록 화평과는 멀어집니다. 하나님과 화평은 믿음으로 구원을 얻을 때 생깁니다.

사도바울은 하나님을 사랑과 평강의 하나님이시라고 소개하였습니다.

> **마지막으로 말하노니 형제들아 기뻐하라 온전케 되며 위로를 받으며 마음을 같이 하며 평안 할지어다. 또 사랑과 평강의 하나님이 너희와 함께 할지어다(고후 13:11).**

> **하나님은 어지러움의 하나님이 아니시요 오직 화평의 하나님이시니라** (고전 14: 33)

하나님은 우리가 화평의 열매를 맺고 살기를 원합니다.

> "그러므로 우리가 믿음으로 의롭다하심을 얻었은즉 우리 주 예수 그리스도로 말미암아 하나님으로 더불어 화평을 누리자"(롬 5장 1절)

하나님은 우리가 평강과 화평이신 하나님과 화평을 누리며 살기를 간절히 원하십니다.

화평이란 말은 무엇인가?

화평이란 헬라말은 '에이레네' 히브리어로는 '샬롬' 입니다. 영어는 'Peace' 입니다. 한국말로는 화평외에 평화, 평안, 평강이라는 단어로 사용하고 있습니다. 그런데 헬라어 원어는 한국말로 된 화평, 평화, 평안, 평강 모두를 하나의 단어인 "에이레네"라는 단어로 성경은 표현하고 있습니다.

화평이란 당시의 말은 여러 가지 뜻이 내포되어 있었습니다.

국가적으로 평온한 상태를 화평이라고 합니다.

　이 말은 전쟁의 반대 상황 즉 전쟁의 소용돌이 속에서 벗어나 휴전한 상태를 말할 때 사용하는 말입니다.

안전이라는 뜻으로 화평이라고 합니다.

　이 뜻은 다른 말로 번영과 그의 소유가 적으로부터 안전하다는 것입니다. 여기서 화평이란 말은 훌륭한 황제의 공평하고도 자애로운 통치 밑에서 즐겨 누리고 있는 평온함과 안온함을 말하며 한 마을이나 거리가 질서 정연한 상태에 있는 것을 두고 하는 말이라고 합니다.

개인들간의 평화, 화목을 화평이라고 합니다.

　이 말은 다른 말로는 화합, 일치, 조화라는 의미가 내포된 것입니다.

메시야의 도래하심으로 평화를 말하기도 하였습니다.

　이스라엘 백성이 기다리는 구세주가 오심으로 평화가 온다는 것입니다.

마지막으로는 기독교의 독특한 개념에 의한 것입니다.

　예수 그리스도를 통하여 오는 화평입니다. 이 화평은 예수 그리스도로 말미암아오는 평화입니다. 예수 그리스도께서 하나님과 화목케 하심으로 오는 평화입니다. 예수 그리스도가 하나님과 화목케 하심으로 얻는 구원의 보증받아 하나님을 믿음으로 말미암아 오는 평화입니다. 예수 그리스도는 십자가에서 하나님과 우리 사이의 화목을 이루어 주셨습니다.

화목케 하신 예수 그리스도께서 우리에게 평안을 주십니다.

> 보혜사 곧 아버지께서 내 이름으로 보내실 성령 그가 너희에게 모든 것을 가르치고 내가 너희에게 말한 모든 것을 생각나게 하시리라 평안을 너희에게 끼치노니 곧 나의 평안을 주노라 내가 너희에게 주는 것은 세상이 주는 것 같지 아니하니라 너희는 마음에 근심도 말고 두려워 말라
> (요 14 26-27)

> 너희로 내 안에서 평안을 누리게 함이라 세상에서는 너희가 환난을 당하나 담대하라 내가 세상을 이기었노라(요 16: 33)

예수 그리스도를 통하여 하나님과 참다운 평화를 누릴 수 있게 하셨습니다. 그러므로 예수님을 믿음으로 참 평안을 누리시길 바랍니다.

성령 안에 있을 때 오는 평화입니다.
마음이 성령 안에 있을 때 생명과 평안이 있습니다. 성령이 충만할 때 평화가 임합니다. 성령님께서 우리 안에 충만하게 계실 때 참 평화가 있습니다. 그리고 모든 염려와 불안을 물리쳐 주십니다.

평화의 근원인 하나님과 함께 있을 때 평강을 누릴 수 있습니다.

> "기드온이 여호와를 위하여 거기서 단을 쌓고 이름을 여호와 샬롬이라 하였더라"(삿 6: 24)

> "평강의 하나님께서 너희 모든 사람과 함께 계실지어다 아멘"(롬 15: 33)

하나님은 하늘에서 평화를 만드시고 또한 우리에게 평화를 약속하시어 그의 백성들에게 평화의 축복을 하십니다. 유대인들은 친구와 헤어질 때 "여호와 샬롬" 하면서 안녕과 평안을 비는 축복을 기원하는 인사를 하면서 떠난다고 합니다.

'샬롬' 이란 말의 의미는 단순히 재난이 없다는 상태를 말하는 것이 아니라 오히려 인간의 최고 및 최선의 상태를 만들어 내는 모든 것을 말하는 것이라는 것입니다. 이것은 우리의 모든 나날들이 하나님의 손에 있다는 것을 알고 모든 의식에서부터 오는 마음의 평온함과 안온함을 의미한다고 바아클리 주석가는 말했습니다.

평화의 하나님은 우리가 화평을 누리며 살기를 원하십니다.

우리가 가장 먼저 화평을 이루어야 할 분은 하나님이십니다. 하나님과 화평을 이루지 못한 사람은 불행하고 가장 불쌍한 사람입니다.

우리는 개인과 개인이 서로 화목하게 살아야 합니다. 사람과 화목하지 못하면 참된 예배를 드리지 못합니다.

> "그러므로 예물을 제단에 드리다가 거기서 네 형제에게 원망들을 만한 일이 있는 줄 생각나거든 예물을 제단에 두고 먼저 가서 형제와 화목하고 그 후에 와서 예물을 드리라"(마 5장23-24절).

형제자매와 화목하는 것이 얼마나 중요한지요! 우리는 서로의 관계를 회복하는 것이 중요합니다. 이 관계를 회복하기 위하여 가장 중요한 것은 회개하는 일입니다.

교회 안에서 교인들끼리 화목해야 합니다. 교회 안에서 서로 시기하고 미워하고 싸우는 것은 하나님의 마음을 아프게 하는 것입니다. 교회와 교단이 서로 사랑하고 화목해야 합니다. 지금은 교단과 교단의 장벽을 넘어 초대 교회 같은 교회관을 가져야 합니다. 내 교회만 잘되어야 한다는 편협한 생각을 버려야 합니다.

우리는 나라와 나라 민족과 민족이 가정과 가정이, 사람과 사람이 화평하게 살아야 합니다. 우리는 지금 싸우며 살 때가 아닙니다. 싸우고 불화하여 사는 것은 사탄의 속임수에 빠져 사탄을 이롭게 하는 것입니다. 지금은 사탄은 하나님과 인간 사람과 사람, 교회와 교회, 민족과 민족, 나라와 나라가 화평하게 살지 못하게 온 힘을 다하고 있습니다. 사탄의 꾀임과 장난에 속지 마시기 바랍니다.

평강의 근원이신 하나님은 평화를 주십니다. 그러나 사탄은 우리에게 평화의 삶을 살지 못하게 합니다. 우리는 하나님의 자녀로서 화평의 모본을 보이고 하나님 안에서 평강을 누리며 살아야 합니다.

사도 바울은 "우리가 믿음으로 의롭다 하심을 얻었은즉 우리 주 예 그리스도로 말미암아 하나님으로 더불어 화평을 누리자" 예수님께서는 우리에게 분명하고 확신 있게 약속하셨습니다.

"너희에게 평강이 있을지어다."(눅 24:36).

지금 우리가 살고 있는 세상은 우리를 두려워하게 하는 것들이 많고 서로 불화하며 사는 사람들이 많이 있습니다. 이러한 세상에 살더라도 우리는 예수 그리스도 말미암아 화평을 누리며 평화의 근원이신 하나님을 더욱 의지하여 하나님과 함께 성령 안에서 참 평화를 누리며 살아야 하겠습니다.

4) 네 번째는 인내(오래 참음)의 열매입니다.

한 권사님이 제에게 이런 질문을 하였습니다. "성령 받은 것을 어떻게 알 수 있나요?" 그 분은 교회 출석한지가 40여년이 되었다고 합니다. 그동안 교회를 다니기는 하였지만 성령의 뜨거운 체험을 하지 못하였다고 합니다. 과거에는 안수기도 하는 것이나 열심히 믿는 사람을 그렇게 달갑게 여기지 않았다고 합니다. 그러나 요즈음은 자기도 성령을 받는 체험을 한번하고 싶은 마음이 간절하다고 하였습니다. 그래서 성령 받은 것을 어떻게 알 수 있느냐고 물으신 것입니다.

여러분, 성령 받은 것을 어떻게 알 수 있습니까?
저는 그 권사님의 질문에 성령을 받은 것을 여러 가지로 알 수 있지만 분명하게 알 수 있는 것은 성령의 열매를 맺힌 것을 보고 알 수 있다고 대답해 주었습니다. 성령의 열매는 사랑과 희락, 화평, 오래 참음, 자비, 양선, 충성, 온유, 절제입니다. 이 열매가 사람에게 있으면 분명하게 성령을 받았다고 할 수 있습니다.

'오래 참음' 이라는 말은 위대한 말입니다. 오래 참음은 한국말로는 인내라고 합니다. 헬라어 원어는 '마크로뒤미아'로 분노 또는 흥분을 오랫동안 억제하는 것을 말합니다. 크리소스톰은 말하기를 "그것은 능히 보복을 할 수 있음에도 보복하지 않는 사람 및 노하기를 더디 하는 사람의 장점이라"고 말하였습니다.

신약성경에서 인내는 하나님의 속성 또는 그리스도와 연합된 인간의 성품 양편에 대해 묘사 되었습니다. 만일 하나님께서 인간이었다면 이 세상을 지금까지 내 버려두지 않으시고 다 멸망시키셨을 것입니다. 그러나 하나님은 오래 참으심으로 우리의 모든 죄를 용서하사 우리를 버리지 않으신 것입니다.

하나님의 속성으로 사랑하시고 참으시고 용서하신 것입니다. 하나님의 오래 참으심은 이웃에 대한 우리의 태도가 어떠해야 함을 보여 주신 것입니다. 오래 참음은 하나님의 인내와 인간의 인내 사이에 있는 어떤 관련성을 보여주고 있습니다. 일반적으로 이 말은 인간에 대한 인내를 나타내고 있습니다. 신약성경에는 인간에 대한 하나님과 예수님의 이내하심이 나타나 있는 것을 볼 수 있습니다.

하나님의 속성은 오래 참음 입니다.

여호와여 주께서 아시오니 원컨데 주는 나를 기억하시며 권고하사 나를 박해하는 자에게 보복하시고 주의 오래 참으심을 인하여 나로 멸망치 말게 하옵시며 주를 위하여 내가 치욕당하는 줄을 아시옵소서(렘 15:15)

하나님은 인간의 불순종과 반역에도 오래 참으시는 모습을 여러 곳에서 볼 수 있습니다.

"그들은 전에 노아의 날 방주 예비할 동안 오래 참고 기다리실 때에 순종치 아니하던 자들이라 방주에서 물로 말미암아 구원을 얻은 자가 몇 명

뿐이니 겨우 여덟 명이라"(벧전 3: 20)

주의 약속이 어떤 이의 더디다고 생각하는 것같이 더딘 것이 아니라 오직 너희를 대하여 오래 참으사 아무도 멸망치 않고 다 회개하기를 이르기를 원하시느니라(벧후 3:9)

예수님께서도 오래 참으시는 분이십니다.

그러나 내가 긍휼을 입은 까닭은 예수 그리스도께서 내게 먼저 일절 오래 참으심을 보이사 후에 주를 믿어 영생 얻는 자들에게 본이 되게 하려 하심이니라(딤전 1:16)

하나님과 예수님의 오래 참으심은 인간에게 새로운 생활로 인도하여 주셨습니다. 마태복음 18장에 "용서하지 않는 종의 비유"에서 예수님의 가르침을 볼 수 있습니다.

첫째 종은 임금에게 1만 달란트의 빚을 지고 있었습니다. 일만 달란트는 그 종이 일생을 벌어도 갚을 수 없는 많은 액수의 돈입니다. 그 종에게는 일만 달란트라는 돈을 지불할 능력이 없었을 것입니다. 그런데도 그 종은 왕에게 참아 주면 다 갚겠다고 하였습니다. 그러나 임금은 실제로는 그 이상의 것을 베풀어 주었습니다. 즉 전액을 탕감해 주었습니다. 반면에 그 종은 동관이 자기에게 진 백 데나리온의 빚을 갚으라고 강요하였습니다. 한 데나리온은 일군의 하루 삯입니다. 이 적은 돈을 빚진 동관의 참아 달라는 간청에도 불구하고 그 빚을 갚을 때까지 그를 감옥에 넣습니다. 이 사실을 안 임금은 그 첫째 종을 그 빚을 다 갚도록 감옥에 넣었습니다.

예수님께서 이 비유의 결론을 다음과 같이 끝을 맺었습니다.

"**너희가 각각 중심으로 형제를 용서하지 아니하면 내 천부께서도 너희에**
게 이와 같이 하시리라"(마 18:35).

이 비유에서 인간의 인내가 하나님의 인내와 관련되어 있음을 말하고 있습니다. 즉 하나님은 오래 참으심을 통하여 새 생활의 문을 열어 놓으신 것입니다. 그러나 여기서 또 하나 꼭 기억 할 것은 하나님의 참으심도 무한정이 아니라는 것을 알아야 합니다. 그러므로 우리들은 빨리 회개하고 하나님의 말씀에 순종하여야 합니다.

예수님께서는 오래 참으신 본을 보여 주셨습니다. 하나님의 뜻을 행하기 위하여 십자가에서 희롱과 고난을 끝까지 참고 십자가로 승리하셨습니다. 예수님께서 희롱과 핍박하는 그들에게 천사들을 명하여 다 멸망시킬 수 있는 능력이 있음에도 참으셨습니다. 히브리서 12장 3절에서는 이렇게 말씀하셨습니다. "너희가 피곤하여 낙심치 않기 위하여 죄인들의 이같이 자기에게 거역한 일을 참으신 자를 생각하라".

성령님께서는 에베소의 교회와 두아디라 교회, 빌라델비아 교회들에 대하여 그들의 인내를 칭찬하였습니다.

"**네가 참고 내 이름을 위하여 견디고 게으르지 아니한 것을 아노라**"
(계 2:3, 19).

"**네가 나의 인내의 말씀을 지켰은즉 내가 또한 너를 지키어 시험의 때를**
면하게 하리니 이는 장차 온 세상에 임하여 땅에 거하는 자들을 시험할

때라"(계 3:10).

그리스도인은 오래 참는 인내가 있어야 합니다.
아브라함은 인내심이 있었습니다. 아브라함은 오래 참아 약속을 받았습니다.

> "내가 이같이 행하여 네 아들 독자를 아끼지 아니하였은즉 내가 네게 큰 복을 주고 네 씨로 크게 성하여 하늘의 별과 같고 바닷가의 모래와 같게 하리니 네 씨가 그 대적의 문을 얻으리라 또 네 씨로 말미암아 천하 만민이 복을 얻으리니 이는 네가 나의 말을 준행하였음이라 하셨다 하니라" (창 22:16-18).

욥도 인내 하였습니다. 욥은 많은 재산과 자녀를 잃는 슬픔과 자신의 몸까지도 병들어 고난을 당하였습니다. 그럼에도 불구하고 성급하게 하나님께 노하거나 원망하지 않았습니다.

> 땅에 엎드려 경배하며 가로되 내가 모래에서 적신이 나왔사온즉 또한 적신이 그리로 돌아 가올지라 주신 자도 여호와시요 취하신 자도 여호와시오니 여호와의 이름이 찬송을 받으실지이다하고 이 모든 일에 욥이 범죄하지 아니하고 하나님을 향하여 어리석게 원망하지 아니하나라..그가 이르되 그대의 말이 어리석은 여자 중 하나의 말 같도다. 우리가 하나님께 복을 받았은즉 재앙도 받지 아니하겠느뇨. 하고 이 모든 일에 욥이 입술로 범죄치 아니하나라(욥 1:20-22).

그리스도인인 우리들도 어떤 일이 일어나도 성급하거나 쉽게 노하지 않아야 합니다. 그리고 예수 믿는 믿음을 인내로 끝까지 지켜 나가야 합니다. 신자에게 요구되는 덕목은 인내인 오래 참는 것입니다.

그리스도인은 하나님의 말씀을 듣는 데도 인내가 있어야 합니다.

"좋은 땅에 있다는 것은 착하고 좋은 마음으로 말씀을 듣고 지키어 인내로 결실하는 자니라."(눅 8:15)

하나님의 말씀을 듣고 좋은 마음에 심어 인내로 좋은 과실을 맺어야 합니다. 농부가 씨를 심고 기다려야 잘 익고 좋은 열매를 거둬들일 수 있습니다. 마찬가지로 하나님의 말씀을 듣는 데도 인내함이 있어야 말씀이 생명의 양식이 되어 여러분의 영혼을 살찌게 합니다.

하나님의 약속의 성취를 보는데도 인내가 필요 합니다.

그러므로 형제들아 주의 강림하시기까지 길이 참으라. 보라 농부가 땅에서 나는 귀한 열매를 바라고 길이 참아 이른 비와 늦은 비를 기다리나니 너희도 길이 참고 마음을 굳게 하라 주의 강림이 가까우니라. 형제들아 서로 원망하지 말라 그리하여야 심판을 면하리라 보라 심판자가 문밖에 서 계시니라 형제들아 주의 이름으로 말한 선지자들도 고난과 오래 참음의 본을 삼으라. 보라 욥의 인내를 들었고 주께서 주신 결말을 보았거니와 주는 자비하시고 긍휼히 여기는 자시니라(약 5:7-11).

예수 그리스도의 강림인 재림도 기다림이 필요합니다. 아브라함과 욥이 보여 주었던 믿음과 인내를 통하여 하나님의 약속들을 상속 받으시기 바랍니다.

> 우리가 간절히 원하는 것은 너희 각 사람이 동일한 부지런을 나타내어 끝까지 소망의 풍성함에 이르러 게으르지 아니하고 믿음과 오래 참음으로 말미암아 약속들을 기업으로 받는 자들을 본받는 자 되게 하려는 것이니라. 저가 이같이 오래 참아 약속을 받았느니라(히 6:11, 15).

우리는 포기해서는 안 됩니다. 마귀는 하나님의 백성들이 포기하기를 바라고 있습니다. 일상생활 속에서 닥치는 불행한 일들 처한 상황들 속에서 포기하게 합니다. 그러나 언제나 인내하고 포기하지 않는 사람은 승리하는 사람입니다. 우리가 인내하고 포기하지 않을 때 마귀는 이내 포기하고 맙니다. 인내의 무기로 무장하여야 합니다.

우리가 간구의 기도를 하고 때로는 참고 기다려야 할 때도 있습니다. 주님께 기도하고 바라고 기다리며 인내하면 하나님께서 응답해 주십니다.

> "여호와여 아침에 주께서 나의 소리를 들으시리니 아침에 내가 주께 기도하고 바라리이다. 여호와여 내가 주를 바랐사오니 내 주 하나님이 내게 응락하시리이다." (시 5:3, 38:15)

바울 사도는 골로새 교인들을 위한 기도에서 오래 참음에 이르게 기도하였습니다.

> "그 영광의 힘을 쫓아 모든 능력으로 능하게 하시며 기쁨으로 모든 견딤과 오래 참음에 이르게 하시고 우리로 하여금 빛 가운데로서 성도의 기업의

부분을 얻기에 합당하게 하신 아버지께 감사하게 하시기를 원하노라"
(골1:11-12).

데살로니가 교인들을 위하여도 기도하였습니다.

"주께서 너희 마음을 인도하여 하나님의 사랑과 그리스도의 인내에 들어가시기를 원하노라"(살후 3:5).

그리스도인의 미덕인 하나는 오래 참음입니다. 사랑의 일차적인 표현도 오래 참는 것입니다. 하나님께서 우리를 위해 오래 참으신 것처럼 우리도 성령님의 지배를 받아 오래 참는 성령의 열매를 맺어서 하나님 나라의 백성으로서 하나님과 사람에게 칭찬과 인정과 사랑을 받으며 영광을 돌려야 하겠습니다.

5) 성령의 다섯 번째 열매는 자비(친절)입니다.

성령의 열매중 다섯 번째는 자비입니다.

"성령의 열매는 사랑과 희락과 화평과 오래참음과 자비.."(갈 5:22).

자비란 무엇입니까?

성령의 열매인 자비에 해당하는 원어는 '크레스토테스'(chrestotes) 선함, 친절 입니다. 제가 원어를 찾아보면서 알게 된 것은 우리가 주로 많이 생각하는 자비인 동정, 긍휼, 불쌍히 여기는 것만을 나타내는 말이 아니었습니다. 고린도후서 1:3 "찬송하리로다 그는 우리 주 예수 그리스도의 하나님이시요 자비의 아버지시요 모든 위로의 하나님이시며" 여기서 자비는 '오이크테이로' 라는 헬라어로 영어로는 "mercy, pity, compassion" 입니다. 그러나 갈라디아서 5장 22절 자비와 골로새서 3장 12절, 디도서 3장 4절 에 있는 자비의 원어인 '그레스토테스' 는 우리가 보통 사용하는 자비의 뜻이 아니라 친절에 해당되는 말이었습니다. 전체적인 의미의 친절한 선의입니다. 이 말은 매우 사랑스러운 말입니다. 오래된 포도주는 '크레스토스한' 즉 단맛이 있는 것으로 일컬어지고 있습니다. 헬라어 원어 사전에는 도덕적 선량, 고결, 인자, 우정, 친절함 (kindness), 자비함 이라고 번역하였습니다.

우리 나라 성경 가운데 새로 번역된 공동번역, 현대인의 성경, 현대어 성경에서는 친절로 번역하였습니다. 특히 현대어 성경에서는 이 자비를 원어에 가깝게 번역하였습니다. "다른 사람에게 따뜻하고 친절하게 대하십시오." 요세프스는 이 단어는 도덕적으로 선량함의 뜻만을 가지고 있음이 아니라 친절한, 상냥한, 인자한, 사려 깊은, 성격이 좋은 등의 뜻도 있다고 하였습니다.

바울은 친절(자비)을 사용함에 있어서 하나님의 무한한 친절(자비)이라는 개념을 반복해서 사용하고 있습니다. 그리고 친절(자비)을 성령의 주요한 은사 중의 하나로 표현하였습니다.

"그러므로 너희는 하나님의 택하신 거룩하고 사랑하신 자처럼 긍휼과 자비와 겸손과 온유와 오래 참음을 옷 입고"(골 3장12절)

이 자비는 그리스도 안에 나타났고 성령으로 말미암아 밖으로 퍼져나간 하나님의 사랑에 대한 체험이 이제는 다른 사람을 향한 자비한 행동을 담고 있는 의미를 보여주고 있습니다. 친절은 사랑의 직접적인 활동과도 연관이 됩니다. 친절은 사랑의 역사입니다. 사랑이 있는 사람은 친절합니다.

자비는 부드러운 마음에서 나온 사려 깊고 예의 바르고 점잖고 신중하고 이해하려는 태도입니다. 자비는 약자를 짓밟지 않으며 사려 깊고 친절합니다. 예수님은 강하고 부드러우셨습니다. 그분은 상처받은 사람을 만났을 때 부드러우셨습니다. 그분은 상한 갈대를 꺾지 않으셨습니다. 예수님은 부드러운 말로 꾸짖었습니다.

> 서기관들과 바리새인들이 간음 중에 잡힌 여자를 끌고 와서 가운데 세우고 예수께 말하되 선생이여 이 여자가 간음하다가 현장에서 잡혔나이다. 모세는 율법에 이러한 여자를 돌로 치라 명하였거니와 선생은 어떻게 말하겠나이까. 저희가 이렇게 말함은 고소할 조건을 얻고자 하여 예수를 시험함 이러라 예수께서 몸을 굽히사 손가락으로 땅에 쓰시니 저희가 묻기를 마지아니하는지라 이에 일어나 가라사대 너희 중에 죄 없는 자가 먼저 돌로 치라 하시고 다시 몸을 굽히사 손가락으로 땅에 쓰시니 저희가 이 말씀을 듣고 양심의 가책을 받아 어른으로 시작하여 젊은이까지 하나씩 하나씩 나가고 오직 예수와 그 가운데 섰는 여자만 남았더라. 예수께서 일어나사 여자 외에 아무도 없는 것을 보시고 이르시되 여자여 너를 고소하던 그들이 어디 있느냐 너를 정죄한 자가 없느냐 대답하되 주여 없나이다. 예수께서 가라사대 나도 너를 정죄하지 아니하노니 가서 다시는 죄를 범치 말라 하시니라 (요 8:3-11)

예수님의 제자들은 어린아이들에게 친절한 행동을 하지 않았으나 예수님은 어린 아이들에게도 친절하셨습니다.

사람들이 예수의 만져 주심을 바라고 어린아이들을 데리고 오매 제자들이 꾸짖거늘 예수께서 보시고 분히 여겨 이르시되 어린아이들이 내게 오는 것을 용납하고 금하지 말라 하나님의 나라가 이런 자의 것이니라 내가 진실로 너희에게 이르노니 누구든지 하나님의 나라를 어린아이와 같이 받들지 않는 자는 결단코 들어가지 못하리라 하시고 그 어린아이들을 안고 저희 위에 안수하시고 축복하시니라(막 10:13-16)

하나님은 자비하십니다.

하나님은 그리스도 안에서 그리스도를 통한 친절을 특별히 표현하고 계십니다.

"우리 구주 하나님의 자비와 사람 사랑하심을 나타내실 때에 우리를 구원하시되 우리의 의로운 행위로 말미암지 아니하고 오직 그의 긍휼하심을 좇아 중생의 씻음과 성령의 새롭게 하심으로 하셨나니"(딛 3:4-5)

우리 구주 하나님은 자비와 인류에 대한 사랑으로 우리를 구원해 주셨습니다.

"이는 그리스도 예수 안에서 우리에게 자비하심으로써 그 은혜의 지극히 풍성함을 오는 여러 세대에 나타내려 하심이니라"(엡 2:7)

하나님은 자비하심으로 죄인인 인간을 구원을 원하셨습니다.

하나님은 예수 그리스도 안에서 그의 무한한 인자함을 나타내 보이셔서 죄악에도 불구하고 계속 자비하심을 보이시고 구원 사역을 달성하게 하십니다. 하나님은 자애로운 아버지와 같습니다. 자비로운 하나님은 예수 그리스도 안에서 거울을 보듯 분명히 볼 수 있습니다. 우리는 예수 그리스도로 말미암아 우리에게 향하신 하나님의 자비로 구원을 받았습니다. 하나님으로부터 자비함(친절함)을 입은 사람들은 타인에게 인자한 친절을 베풀어야 합니다.

성경의 여러 곳에 자비의 모습이 나타나 있습니다.

하나는, 다윗 왕이 요나단의 아들 므비보셋에게 보인 것입니다.
자비의 모습이 가장 아름다운 것은 절름발이 왕자인 므비보셋에 대한 다윗 왕의 행동이었습니다. 사무엘하 9장에 보면 다윗 왕이 사울의 후손인 므비보셋을 돌보는 내용입니다.

사울은 다윗을 죽이려고 여러 번 애쓴 이스라엘 첫 번째 왕입니다. 므비보셋은 사울의 손자이며 동시에 다윗에게 우정을 베풀었던 요나단의 아들입니다. 그리고 원수와 같은 왕의 후손입니다. 다윗은 므비보셋을 정의로 행동한다면 엄단 하였을 것입니다. 왜냐하면 처형된 집의 가족이었기 때문입니다. 그러나 다윗은 사울의 아들 요나단에 대한 사랑 때문에 사울 왕의 가족들에게 하나님의 자비를 베풀었습니다. 불쌍한 절음발이 므비보셋을 자신의 가족의 한 사람으로 왕궁에서 같이 살면서 왕의 식탁에서 같이 먹을 수 있도록 그를 불렀습니다.

사울의 손자이며 요나단의 아들인 므비보셋은 왕 앞에 이르자 엎드려 큰절을 하였습니다. "그대가 므비보셋이오? 하고 다윗이 묻자 ,예, 그렇습니다. 라고 그가 대답하였습니다. 그러자 다윗은 그를 위로하고 안심시켜 주었습니다. 조금도 두려워하지 마시오. 나는 그대에게 호의를 베풀 작정이오. 그대의 할아버지 사울이 옛날에 차지하였던 토지는 모두 그대 앞으

로 되돌려주겠오. 그리고 이후에 그대는 언제나 나의 식탁에서 함께 식사 하도록 하시오"(삼하 9:6-7)

므비보셋은 예루살렘에 살면서 왕의 아들들과 함께 식탁에서 식사를 하였습니다. 다윗 왕의 자비를 베푼 아름다운 모습입니다.

두번째는 리브가가 베푼 낯선 나그네에게 친절입니다.
아브라함의 아들인 이삭의 신부를 찾기 위하여 아브라함의 종 엘리에셀이 메소포타미아까지 갔습니다. 엘리에셀이 우물가에 있는 처녀를 보고 마실 물을 요구했습니다. 이 처녀는 낯선 나그네에게 물을 길어 주었을 뿐 아니라 열 마리나 되는 낙타들을 위해서도 물을 주었습니다. 여자의 손으로 낙타 열 마리의 먹을 물을 우물에서 길어 올린다는 것은 보통 고생이 아니었습니다. 그럼에도 너그러움과 친절을 베풀었습니다. 이 처녀가 리브가 입니다. 리브가는 매우 아름답고 예쁜 처녀였습니다.

이 예쁜 처녀가 바로 아브라함의 종 엘리에셀의 주인의 아들인 이삭의 신부감이었습니다. 친절과 호의로 인하여 믿음의 후손인 이삭의 부인이 되는 축복을 받습니다. 이것은 아브라함의 종의 기도가 응답 받은 것입니다.

아브라함의 종은 주인의 아들의 신붓감을 구하기 위하여 메소포타미아에 도착하여 우물가에서 하나님께 이렇게 기도하였습니다.

우리 주인님 아브라함이 섬겨 모시는 하나님 여호와여, 오늘 이것이 이곳까지 찾아온 목적을 이룰 수 있도록 도와주소서. 우리 주인님께 하신 약속을 꼭 이루어 주소서. 은총을 베풀어 주소서. 성읍에 살고 있는 아낙네들이 이제 이 우물로 물을 길러 나올 것입니다. 그 가운데 한 처녀에게 이렇게 말하렵니

다. 아가씨, 물 항아리를 내려 내게 물을 마시게 해주시오. 그때 그 아가씨가 예, 어르신. 어르신의 낙타에게도 물을 먹이겠어요. 하고 말한다면 그 아가씨가 바로 우리 도련님 이삭의 짝으로 하나님께서 정해 놓으신 아가씨인 줄 알겠습니다. 이런 일이 일어난다면 우리 하나님께서 주인님께 은총을 베푸시어 약속을 들어주신 줄로 믿겠습니다 (창 24:12-14).

얼마나 아름답고 좋은 기도입니까? 이 기도대로 친절한 선의를 베푼 사람이 리브가였습니다. 친절을 베푼 자에게는 하나님의 축복이 임합니다.

이웃에게 친절과 자비를 베푼 자가 어려운 일을 당했을 때 많은 도움을 받습니다. 그러나 평상시 친절하지 못했던 자는 친절한 대우를 다른 사람에게서 받지 못합니다. 사람에게 친절한 자비를 베푼 자는 하나님의 친절한 자비를 받을 수 있습니다.

다른 사람에게 친절하게 대할 때 하나님의 도움과 축복을 받게 됩니다. 뉴욕 맨해튼 소재 성빈센트 병원에서 있었고 뉴욕 타임스에 소개된 감동적인 이야기입니다. 카르멘 마르티네즈의 어머니가 혼수상태에 빠졌습니다. 원인은 암에 의한 복합증세였습니다. 그러나 인공호흡기를 대지 않았습니다. 그것은 병을 앓고 있었던 환자가 자신의 딸과 합의하여 어려운 상태가 되어도 인공호흡기는 대지 말라는 요청을 미리 했었기 때문입니다.

이 할머니가 혼수상태에 들어갔다는 소식이 전해지자 사람들이 몰려오기 시작했습니다. 몇 시간만이라도 할머니 곁에 있고 싶다는 자원자들이었습니다. 카르멘은 순서를 정해 24시간을 잠시도 비우지 않고 어머니 곁에 누군가 지켜 앉아 있을 뿐만 아니라 할머니께 해드리고 싶은 이야기를 조용히 하게 하였습니다. 카르멘의 어머니는 평생을 가난하게 살았던 평범한 노인이었습니다. 그런데 어째서 문병객이 줄을 잇고 밤샘 자원자가 끊이지 않았을까요? 그 많은 서민들은 모두 이 친절한 노인을 아는 사람이었습니다. 혼수상태인 노인 곁에서 일방적으로 속삭이는 이야기들은 모두가 자기가 받았던 친절에 대한 감회 담이었습니다. 노인은 딸 하나를 키우며 힘겨운 생활로 일생을 걸어왔지만 외롭지 않았습니다. 만나는 사람들에게 말 한마디라도 친절하게 해주는 것을 기쁨으로 삼았었던 것입니다.

놀라운 것은 이 노인이 열흘 만에 눈을 떴으며 지금까지 두 달 동안 살아 있고 신문도 읽을 수 있는 정도라는 것입니다. 이 노인은 자기 생명뿐 아니라 다른 사람의 생명도 하늘로부터 받은 귀중한 선물로 믿었기 때문에 친절을 베풀 수 있었다고 합니다.

다른 사람에게 친절하게 대하는 것은 특히 하나님의 택함을 받은 그리스도인, 성령을 받은 사람의 마땅한 생활입니다. 자비는 그리스도인의 생활의 원칙입니다. 친절은 성령을 받은 사람의 열매입니다. 그러나 불친절은 육신의 열매입니다. 성령의 열매인 자비(친절)를 하나님께 보여 주어야 합니다.

하나님은 우리에게 자비를 베푸시고 지금까지도 예수 그리스도 안에서 친절하십니다. 우리는 하나님의 자비와 사랑과 은혜를 무한하게 받았습니다. 이런 자비함을 받은 여러분들은 "다른 사람들에게 따뜻하고 친절하게 대하십시오."라는 바울의 권면을 기억하고 모든 사람들에게 친절(자비)하게 대하는 것을 소명으로 알아 순종함으로 하나님을 영화롭게 하여야 하겠습니다.

6) 성령의 여섯 번째 열매는 양선입니다.

바울은 디도에게 다음과 같은 말씀을 하셨습니다.

> "이 말이 미쁘도다. 원컨대 네가 이 여러 것에 대하여 굳세게 말하라 이는 하나님을 믿는 자들로 하여금 조심하여 선한 일을 힘쓰게 하려 함이라 이것은 아름다우며 사람들에게 유익하니라"(딛 3:8).

양선은 자신의 소유물까지도 인색하지 않고 관대한 것을 의미합니다. 비이기적인 마음에서 나오는 모든 종류의 친절과 선한 것이 다 여기에 포함이 됩니다. 양선은 인격적 성실함을 구체화합니다. 정직한 인격을 증진합니다. 성화의 열매가 양선입니다. 양선이라는 속성은 성령께서 역사하시는 삶 가운데 주입됩니다. 양선은 성령이 우리 안에 만들어냅니다.

사람은 원래 이기심이 많기 때문에 하나님의 말씀과 내주하시는 성령으로 깨우침을 받아 양선에 힘써야 합니다. 예수님께서 말씀하셨습니다.

> "주는 것이 받는 것보다 복이 있다"(행 20:35).

많은 사람들이 자기중심적인 생각으로 좋은 일을 하고자 하는 충동으로 말미암아 실망에 빠지는 경우가 많습니다. 또한 그리스도인이 다른 사람을 위해 좋은 일을 하고자 하는 성령의 충동을 억제해 버림으로서 자신을 속이는 경우가 많습니다. 성령의 충동을 실제의 행동으로 옮기는 용기가 필요합니다. 무디 목사는 자기의 습관을 다음과 같이 소개하였습니다. "우선 성령께 자신을 내어 놓고 성령의 인도하심을 간구한 다음, 머리에 떠오르는 것이 성경 진리에 어긋나지 않는 한 그대로 움직이는 것이 나의 습관이다."

양선이란 원어 뜻과 의미는 무엇인가?

현대어 성경에서는 양선을 "선의" 라고 번역하였습니다. 헬라어 원어는 아가토수네 (agathosune) 로 선함이라는 뜻으로 사용되고 있습니다. 키텔 헬라어 원어 사전에는 "아카토수네란" 뜻은 한 사람의 특질 즉 도덕적 뛰어남을 의미합니다. 이것은 성령의 열매 혹은 빛의 열매이며 그리스도적 삶의 내용이다 라고 하였습니다.

주석가인 바아클리는 양선에 대하여 "양선은 선의를 나타내는 광범위한 말이다. 그리고 모든 점에 대비되어 있는 미덕" 이라고 정의하고 있습니다.

하나님은 선하십니다.

인격적인 하나님의 자기 계시는 선하신 하나님이십니다. 성경속에서 발견할 수 있는 하나님은 공의로운 하나님이시면서도 또 선하신 하나님이십니다. 하나님은 역사 속에서 그의 일을 통해 "선"을 행하십니다.

"내가 네게 명하는 이 모든 말을 듣고 지키라 네 하나님 여호와의 목전에 선과 의를 행하면 너와 네 후손에게 영영히 복이 있으리라"(신 12:28)

"네 하나님 여호와께서 너를 네 열조가 얻은 땅으로 돌아오게 하사 너로 다시는 그것을 얻게 하실 것이며 여호와께서 또 네게 선을 행하사 너로 네 열조보다 더 번성케 하실 것이며"(신 30:5)

신약성경 마태복음 19장 17절에 오직 하나님만이 참으로 선하시다고 하였습니다. 이 세상에는 선하다고 일컬어질 만한 것이 아무것도 없습니다.

> "내 속 곧 내 육신에 선한 것이 거하지 아니하는 줄을 아노니 원함은 내게 있으나 선을 행하는 것은 없노라 내가 원하는 선을 행하지 아니하는바 악은 행하는 도다. 만일 내가 원치 아니하는 그것을 하면 이를 행하는 자가 내가 아니요 내 속에 거하는 죄니라"(롬 7:18-19)

하나님만이 선을 행하십니다. 선하신 하나님의 품성을 따라 여호와를 의뢰하여 선을 행하여야 합니다.

예수님의 삶의 특징도 선함입니다.
> "하나님이 나사렛 예수에게 성령과 능력을 기름 붓듯 하셨으매 저가 두루 다니시며 착한 일을 행하시고 마귀에게 눌린 모든 자를 고치셨으니 이는 하나님이 함께하셨음이라"(행 10장 38절)

하나님이 시작하신 선한 일(착한 일)은 예수 그리스도의 날에 완성 될 것입니다. 예수님은 착한 일 즉 양선을 행하셨습니다. 가난한 자에게 복음을 병든 자 마귀에게 눌린 자를 고치고 자유롭게 하는 일을 그의 공생애 동안 많이 하셨습니다.

> "너희 속에 착한 일을 시작하신 이가 그리스도 예수의 날까지 이루실 줄을 우리가 확신하노라"(빌 1:6)

그리스도인은 그리스도 안에서의 구원은 선을 알고 행할 수 있는 새로운 사명을 주셨습니다.

"너희는 이 세대를 본받지 말고 오직 마음을 새롭게 함으로 변화를 받아 하나님의 선하시고 기뻐하시고 온전하신 뜻이 무엇인지 분별하도록 하라"(롬 12:2)

성경은 그리스도인은 예수 안에서 선하심을 위하여 지으심을 받았다고 말씀하십니다.

우리는 그의 만드신 바라 그리스도 예수 안에서 선한 일을 위하여 지으심을 받은 자니 이 일은 하나님이 전에 예비하사 우리로 그 가운데 행하게 하려 하심이니라(엡 2:10)

주께 합당히 행하여 범사에 기쁘시게 하고 모든 선한 일에 열매를 맺게 하시며 하나님을 아는 것에 자라게 하시고 그 영광의 힘을 좇아 모든 능력으로 능하게 하시며 기쁨으로 모든 견딤과 오래 참음에 이르게 하시고 우리로 하여금 빛 가운데서 성도의 기업의 부분을 얻기에 합당하게 하신 아버지께 감사하게 하시기를 원하노라(골 1:10-12)

하나님께 속한 사람은 선한 일을 하고 선한 일을 하는 사람은 하나님께 속한 사람입니다. 반면에 악한 일을 하는 사람은 하나님께 속한 사람이 아니며 하나님도 보지 못하는 사람입니다.

그리스도인은 가능성을 현실화 하여 선한 양심을 가지고 선한 일을 하여야 합니다.

사랑하는 자여 악한 것을 본받지 말고 선한 것을 본받으라 선을 행하는 자

는 하나님께 속하고 악을 행하는 자는 하나님을 뵈옵지 못하였느니라
(요삼 11절)

혹은 악행 하는 자를 징벌하고 선행하는 자를 포장하기 위하여 그의 보낸 방백에게 하라 곧 선행으로 어리석은 사람들의 무식한 말을 막으시는 것이라(벧전 2:14-15)

이 말씀을 현대인의 성경에는 "관리들은 악한 일하는 사람들을 처벌하고 선한 일하는 사람들을 표창하라고 통치자가 보낸 사람들입니다. 여러분은 선한 일을 하여 어리석은 사람들이 무식한 말을 하지 못하게 하십시오. 그렇게 하는 것이 하나님의 뜻입니다." 그리스도인은 하나님의 성품을 본받아 선을 행하는 자가 되어야 합니다.

성경에서 선행을 행하는 사람의 대표적인 인물은 누구입니까?

구약에서는 요셉입니다.

"당신들은 나를 해하려 하였으나 하나님은 그것을 선으로 바꾸사 오늘날과 같이 만민의 생명을 구원하게 하시려 하셨나니"(창 50:20).

요셉의 형들은 자기들을 만나러 온 어린 요셉을 구덩이에 넣어놓고 죽일 음모를 꾸미고 있었습니다. 마침 그때 이스마엘족의 대상들이 이집트로 내려가는 사람들을 발견하고 요셉을 노예로 팔았습니다. 요셉은 이집트에 종으로 팔렸으나 나중에 애굽의 총리가 되는 높은 위치에 올라갔습니다. 요셉이 애굽의 총리가 되었을 때 형과 아버지가 사는 가나안 땅에

흉년이 들어 아버지의 지시에 따라 요셉의 형들이 이집트에 양식을 구하려 왔습니다.

이때 요셉은 형들을 알았으나 그 형들은 알지 못했습니다. 형들은 요셉 앞에 엎드려 "우리는 당신의 종들입니다." 하였을 때 요셉은 자기를 죽이려고 한 형들에게 악을 행할 수 있었음에도 불구하고 이렇게 말하였습니다. "두려워하지 마십시오. 내가 하나님을 대신할 수 있겠습니까? 형님들은 나를 해치려고 하였으나 하나님은 그것을 선으로 바꾸셔서 오늘날 내가 많은 사람의 생명을 구할 수 있게 하셨습니다. 그러니 형님들은 조금도 두려워하지 마십시오. 내가 형님들의 자녀들을 보살펴 주겠습니다. 이와 같이 요셉은 따듯한 말로 그들을 안심시켰습니다." 요셉은 악을 선으로 갚는 선을 행하였습니다.

신약에서는 다비다는 도르가입니다.

사도행전 9장 36절에 나오는 다비다는 여제자입니다. 다비다의 다른 이름은 도르가입니다. 여기에서 도르가는 "선행과 구제하는 일을 심히 많더니" 라고 표현 된 것을 보면 얼마나 많은 선행을 했는지 짐작케 됩니다.

그 많은 선행을 하였던 다비다가 병들어 죽어 시체를 다락에 뉘었습니다. 이때 베드로가 욥바에 가까운 곳에 있었습니다. 베드로가 가까이 있다는 소식을 듣고 두 사람을 보내어 속히 오라고 간청하였습니다. 베드로가 쾌히 승낙하여 베드로가 욥바에 도착하자 신도들은 도르가의 시신이 안치된 2층 방으로 안내하였습니다.

그 방에는 도르가가 살아 있을 때 친절을 베풀어 준 과부들이 가득 모여 앉아 울면서 도르가가 자기들을 위해 만들어 준 겉옷과 속옷을 베드로에게 보여주었습니다. 베드로는 모든 사람들을 방에서 나가게 한 후에 무릎을 꿇고 기도 드렸습니다. 그리고 시신을 향해 돌아앉아서 "다비다여, 일어나라" 라고 말씀하였습니다. 그러자 그 여자가 눈을 뜨고 베드로를 보자 일어나 앉았습니다. 베드로는 손을 내밀어 그 여자를 일으켜 세우고 나가 있던 신도들과 과부들을 불러 도르가를 보게 하였습니다. 이 일이 온 욥바에 알려지자 많은 사람들이 주님을 믿게 되었습니다.

선행은 그리스도인의 사명입니다. 선행을 통하여 많은 사람을 돕고 전도합니다. 여러분 가운데 제 2의 요셉과 도르가가 많이 나와야 합니다.

중국 남쪽지방에 살고 있던 한 신자가 논을 가지고 있었습니다. 날이 한참 가물 때 그는 물레방아 바퀴로 움직이는 양수기를 사용해서 조그마한 개울물을 퍼 올려 그의 논에 물을 넣어두었습니다. 그 옆에 논 두 개를 갖고 있는 사람이 하루는 밤에 논둔덕을 터서 그 신자의 논에 대어 놓은 물을 전부 자기 논으로 끌어드려서 신자의 논을 바짝 마르게 했습니다. 그래서 그 신자는 둔덕을 다시 잘 보수하고는 더 많은 물을 양수기로 끌어 올려놓았습니다. 그러면 그 이웃 사람은 또 그 물을 자기 논에 끌어넣곤 하였습니다.

이러다가 3, 4차 되풀이 하게 되자 이 신자는 견디다 못해 다른 믿음의 형제와 상담하게 되었습니다. "나는 지금까지도 참고 보복을 하지 않았는데 이게 옳은 처사입니까?" 이 문제를 놓고서 그들이 함께 기도한 후 그 믿음의 형제가 대답하기를 "만일 우리들이 옳은 일을 하려고 노력만 한다면 정말 우리는 부족한 그리스도인 입니다. 우리는 옳은 일 이상의 것을 꼭 해야 합니다."라고 했습니다. 상담을 청했던 형제가 많은 감명을 받았습니다. 다음날 아침 그는 아래 있는 이웃 사람의 논에 먼저 물을 퍼 넣고 오후에 자기 논에 물을 퍼 넣었습니다. 그 이웃 논의 주인이 그가 한 일이 너무도 이상해서 그 이유를 캐묻게 되었습니다. 그 후 이 사람도 시간이 흐름에 따라 자연스럽게 그리스도인이 되었다고 합니다.(워취만 니 좌행참에서 참조)

그리스도인은 믿지 않는 사람에게 선을 행할 뿐 아니라 믿는 사람들에게도 선을 행하는 것을 잊지 않아야 합니다.

> "우리가 선을 행하되 낙심하지 말지니 피곤하지 아니하면 때가 이르매 거두리라 그러므로 우리는 기회 있는 대로 모든 이에게 착한 일을 하되 더욱 믿음의 가정들에게 할지니라"(갈 6:9,10).

지금 말세를 살아가고 있는 여러분들은 선행을 힘써야 합니다. 성경에는 말세가 되면 "많은 사람들이 선을 행하는 것을 좋아하지 않는다."고 기록하였습니다. 성경에는 말세에 처한 사람이 보이는 태도에 대하여 이렇게 말씀하였습니다.

> "네가 이것을 알라 말세에 고통 하는 때가 이르니 사람들은 자기를 사랑하며 돈을 사랑하며 자긍하며 교만하며 훼방하며 부모를 거역하며 감사치 아니하며 거룩하지 아니하며 무정하며 원통함을 풀지 아니하며 참소하며 절제하지 못하며 사나우며 선한 것을 좋아 아니하며 배반하여 팔며 조급하며 자고하며 쾌락을 사랑하기를 하나님 사랑하는 것보다 더하며 경건의 모양은 있으나 경건의 능력은 부인하는 자니 이 같은 자들에게서 네가 돌아서라"(딤후 3:1-5).

지금 우리가 살아가는 시대가 어느 때이며 얼마나 심각한 때인가를 보여 줍니다. 자기를 사랑하고 선함을 미워하고 선한 것을 좋아 아니하며 거짓된 사랑에서 사랑이 없는 것입니다. 여러분은 말세의 사람들의 모습을 바로보고 선한 일에 힘써야 하겠습니다.

그리스도인의 특징은 선한 것을 좋아하고 착한 일을 하는 것입니다.

빛의 열매는 모든 착함과 의로움과 진실함에 있느니라(엡 5:9).

내 형제들아 너희가 스스로 선함이 가득하고 모든 지식이 차서 능히 서로 권하는 자임을 나도 확신하노라(롬 15:14).

우리는 그리스도인으로서 빛의 열매와 성령의 열매인 착한 일을 하여 양선의 열매를 하나님께 보여 드려야 하겠습니다. 하나님의 말씀은 우리에게 이렇게 권면합니다.

사랑엔 거짓이 없나니 악을 미워하고 선에 속하라(롬12:9).

악에게 지지 말고 선으로 악을 이기라(롬12:21).

오직 너희는 원수를 사랑하고 선대하여 아무것도 바라지 말고 빌리라 그리하면 너희 상이 클것이요 또 지극히 높으신 이의 아들이 되리니 그는 은혜를 모르는 자와 악한 자에게도 인자로우시니라(눅 6:35).

너희 원수를 사랑하고 그들에게 선한 일을 하며 아무것도 바라지 말고 꾸어주라 그리하면 하늘에서 너희가 받을 보상이 클것이며 너희는 하나님의 자녀가 될 것이다(눅 6:35 현대어).

예수님은 선을 행하는 자에게는 보상이 있고 하나님의 자녀가 될 것이라고 약속하셨습니다. 선을 행하는 자에게 주시는 크신 축복입니다. 성령의 열매인 선한 일을 많이 하여 하나님의 자녀들로서 하나님께 많은 상을 받는 여러분들 되시기를 바랍니다.

7) 성령의 일곱 번째 열매는 충성(faith, 믿음)입니다.

충성은 하나님께 완전히 맡기고 의지하는 태도가 포함됩니다. 어떤 사람은 이 충성에 신뢰하는 마음도 포함된다고 합니다. 충성은 우리의 목숨을 내걸고 하나님을 신뢰하는 것을 포함합니다. 성령님에 의해 충성심을 가진 사람은 하나님을 완전히 신뢰하며 의지합니다. 윌리암 콜트만(William G. Coltman) 박사는 "성령이 다스릴 때 인간은 하나님의 능력과 권세를 완전히 확신하면서 살게 된다"고 했습니다.

충성이란 무엇인가?

성령의 열매 중 충성의 본래의 의미를 알아보면 충성이 우리에게 주는 교훈을 배우고 적용하여야겠습니다. 충성이라는 말을 신약성경의 원어인 헬라어를 찾아보면서 제가 알게 된 것은 일반적으로 생각하는 것과는 조금 차이가 있음을 발견하였습니다.

우리가 흔히 생각하는 마태복음 25장 21, 23절과 요한계시록 2장 10절 나오는 '충성' 과는 다른 단어가 사용되고 있습니다..

> "그 주인이 이르러 잘 하였도다 착하고 충성된 종아 네가 작은 일에 충성하였으매 내가 많은 것으로 맡기리니 네 주인의 즐거움에 참예할지어다." "네가 죽도록 충성하라 그리하면 생명의 면류관을 네게 주리라"

여기서 '충성' 의 원어는 "피스토스" (pistos) 로 성실한, 신뢰하는 수동적인 의미로 믿을 만한(trustworthy) 신실한(faithful) 능동적인 의미는 신뢰하는, 신임하는, 믿는 뜻입니다. 그러나 성령의 열매인 충성을 헬라어 원어에는 '피스티스' (pistis) 라고 기록하고 있습니다. 헬라어 원어에 믿음이란 단어는 모두 '피스티스' 라고 기록 되어있습니다.

'피스티스' 는 믿음(belief), 신앙(faith), 확실성, 신뢰라는 의미를 가지고 있습니다. 그런데 우리가 사용하는 개역성경 갈라디아서 5장 22절과 디도서 2장 10절에만 충성이라고 사용하고 있습니다. 현대인의 성경에는 '신실함', '선한 충성' 이라고 번역하고 현대어 성경에는 '진실', '믿을만한 사람' 이라고 번역하였습니다. 영어성경에는 믿음 'faith', 'fidelity' 이라고 번역하였습니다.

믿음이란 무엇입니까?

믿음이란 무엇인가? 바르게 알고 신앙생활을 하여야 합니다. 헬라어에서 사용되는 믿음이란 확신(convictiction), 확실성, 의지, 신뢰할 수 있음, 보증이나 보장을 의미합니다.

신약성경에서 믿음에 대하여 우리에게 좀 더 분명하게 가르쳐 주고 있습니다. 신약성경에서는 믿음은 인간과 하나님의 관계 및 신적인 것들에 관한 확신 또는 믿음에 대해 일반적으로 신뢰와 믿음으로 생겨나는 그리고 믿음과 결합된 거룩한 열정의 개념이 함축되어 있습니다.

신약 성경에서 믿음의 의미를 좀 더 살펴보면서 우리가 어떤 믿음을 가져야 하는 가를 깨달아 알아 그 믿음으로 선한 충성을 하여 성령의 열매 충성 즉 믿음과 신뢰, 진실의 열매를 맺고 살아야 하겠습니다. 충성은 진실, 충실, 신실(fidelity, faithfulness) 즉 신뢰받을 수 있는 자의 품성입니다.

우리는 신뢰할 만한 사람을 신뢰하고 충성해야 합니다.

하나님은 신실하십니다. 하나님만이 우리가 믿을 수 있으며 신뢰할 분입니다. 하나님만 변함이 없이 진실하시고 약속을 이행하시는 분이십니다. 이런 의미에서 그리스도인은 신실하신 하나님을 믿고 그 약속을 기다릴 줄 알아야 합니다. 하나님의 약속인 메시야가 오신다는 약속을 신뢰하고 메시아이신 예수를 신실하게 기다리다 아기 예수님을 만나는 축복을 받은 사람이 있습니다. 그들은 시므온과 안나 입니다.

시므온은 의롭고 경건하여 이스라엘의 위로를 기다리던 사람입니다. 그는 그리스도를 보기 전에는 죽지 아니하리라 하는 성령의 지시를 받고 신실하게 기다리다가 아기 예수를 영접하는 영광을 얻었습니다.

안나는 혼자된 지 84년 동안이나 성전을 떠나지 않고 금식하며 기도함으로 신실하게 기다리다 예수님을 뵙는 영광을 맛보게 됩니다.

충성이란 하나님의 약속의 말씀을 신뢰하고 하나님의 때를 기다리는 것입니다. 이런 의미와 믿음으로 아기 예수로 오셔서 공생애를 마치시고 이 땅의 사역을 마치시고 부활하신 예수님이 그 약속대로 다시 재림하여 오실 것을 믿고 끝까지 주님을 사모하고 진실하게 살아야 합니다.

참된 믿음, 충성의 사람은 하나님을 주인으로 나는 종이라는 마음과 태도로 하나님께 순종하고 진실하게 사는 것입니다. 현대어 성경에는 오늘 본문 디도서 2장 9-10절을 이렇게 번역하였습니다.

노예들에게는 주인에게 복종하여 주인이 만족할 만큼 최선을 다해 일하라고 격려하시오 그들은 주인에게 말대꾸를 하거나 주인의 물건을 훔쳐서는 안 됩니다. 그보다는 완전히 믿을 만한 사람 이라는 것을 행동으로 보여주어야 합니다. 그러면 사람들이 그들의 행동을 보고 우리의 구세주 하나님을 믿을 마음이 저절로 우러날 것입니다

여기서 종은 순종합니다. 주인의 것을 도둑질하지 않습니다. 그리고 주인에게 믿을만하고 신뢰받는 사람입니다. 이 본문에서 강조하고 싶은 것은 그리스도인들이 노예나 종이라는 것이 아닙니다. 이 말씀의 참뜻은 신실한 종이 주인에게 순종하고 주인을 기쁘게 하고 주인을 속이지 않는

것처럼 그리스도인들도 하나님께 신뢰받고 하나님과 사람들에게 불신자들에게 신앙의 덕을 나타낼 것을 말합니다.

누구에게 충성해야 합니까?
가장 충성해야 할 분은 하나님이십니다.
아브라함은 하나님께 충성하였다고 하였습니다.

> 주는 하나님 여호와시라 옛적에 아브람을 택하시고 갈대아 우르에서 인도하여 내시고 아브라함이라는 이름을 주시고 그 마음이 주 앞에서 충성됨을 보시고 더불어 언약을 세우사 가나안 족속과 헷 족속과 아모리 족속과 브리스 족속과 여부스 족속과 기르가스 족속의 땅을 그 씨에게 주리라 하시더니 그 말씀대로 이루셨사오니 주는 의로우심이로소이다(느 9:7-8).

모세도 충성하였습니다.
> 저가 자기를 세우신 이에게 충성하시기를 모세가 하나님의 온 집에서 한 것과 같으니(히 3:2)

남의 일에 충성해야 합니다.
> **너희가 만일 남의 것에 충성치 아니하면 누가 너희의 것을 너희에게 주겠느냐(눅 16:12)**

우리는 하나님의 일에 신실하게 충성해야 합니다.
> 그러므로 저가 범사에 형제들과 같이 되심이 마땅하도다 이는 하나님의 일에 자비하고 충성된 대제사장이 되어 백성의 죄를 구속하려 하심이라 (히 2:7)

작은 일에 충성해야 합니다.

> 그 주인이 이르되 잘 하였도다 착하고 충성된 종아 네가 작은 일에 충성하였으매 내가 많은 것으로 네게 맡기리니 네 주인의 즐거움에 참예할지어다 하고(마 25:21).

> 지극히 작은 것에 충성된 자는 큰 것에도 충성되고 지극히 작은 것에 불의한 자는 큰 것에도 불의하니라. (눅 16:10).

맡은 일에 충성해야 합니다.

> 그리고 맡은 자들에게 구할 것은 충성이니라(고전 4:2).

죽도록 충성해야 합니다.

> 네가 장차 받을 고난을 두려워 말라 볼지어다 마귀가 장차 너희 가운데서 몇 사람을 옥에 던져 시험을 받게 하리니 너희가 십일 동안 환난을 받으리라 네가 죽도록 충성하라 그리하면 내가 생명의 면류관을 네게 주리라 (계 2:10)

충성한 자의 결과 자손이 복을 받고, 많은 것을 맡기고, 주인의 즐거움에 참여하고, 다른 사람을 지도하게 되고, 생명의 면류관을 받게 됩니다.

> 주인이 이르되 잘하였다 착한 종이여 네가 지극히 작은 것에 충성하였으니 열 고을 권세를 차지하라 하고 (눅 19:17).

> 그 주인이 이르되 잘 하였도다 착하고 충성된 종아 네가 작은 일에 충성하였으매 내가 많은 것으로 네게 맡기리니 네 주인의 즐거움에 참예할지어

다 하고(마 25:23).

또 네가 많은 증인 앞에서 내게 들은 바를 충성된 사람들에게 부탁하라 저희가 또 다른 사람들을 가르칠 수 있으리라 (딤후 2:2).

네가 장차 받을 고난을 두려워 말라 볼지어다 마귀가 장차 너희 가운데서 몇 사람을 옥에 던져 시험을 받게 하리니 너희가 십일 동안 환난을 받으리라 네가 죽도록 충성하라 그리하면 내가 생명의 면류관을 네게 주리라 (계 2:10).

성령을 받은 그리스도인은 개인과 가정과 사회에서 신실하고 진실하게 살아야 합니다. 이것이 하나님께 신뢰받는 것이요 믿음의 사람입니다. 이런 삶이 하나님께 충성하는 것이요. 성령을 받은 사람이 열매로 나타나는 충성의 열매입니다.

10. 성령의 아홉 번째 열매는 절제입니다.

성령의 마지막 열매는 절제입니다. 절제하는 것은 얼마나 중요한지 모릅니다. 절제란 더 높은 목표와 이상을 달성하려는 욕망을 성취하기 위해 노력하는 것을 말합니다. 헬라어 원어로 절제란 '엥크라테이아인'으로 자제하다, 잠재력을 갖는다는 뜻입니다. 절제의 실제의 뜻은 자제 또는 자기훈련을 의미하는 것입니다. 어떤 사람은 "성령의 힘으로 자신을 억제하는 것"이라고 정의를 내리고 있습니다. 절제는 다른 미덕들로부터 흘러나옵니다. 성령은 무례하거나 강압적이지 않습니다.

바울은 벨릭스에게 "의(義)와 장차 다가올 심판과 더불어 절제"에 대해서 강론했습니다.

"바울이 의와 절제와 장차 오는 심판을 강론하니 벨릭스가 두려워하여 대답하되 시방은 가라 내가 틈이 있으면 너를 부르리라 하고"(행 24:25)

바울은 절제를 성공적인 그리스도인 생활의 필수적인 요소라고 강조하였습니다.

"이기기를 다투는 자마다 모든 일에 절제하나니 저희는 썩을 면류관을 얻고자 하되 우리는 썩지 아니할 것을 얻고자 하노라 그러므로 내가 달음질

하기를 향방 없는 것같이 아니하고 싸우기를 허공을 치는 것같이 아니하여 내가 내 몸을 쳐 복종하게 함은 내가 남에게 전파한 후에 자기가 도리어 버림이 될까 두려워함이로라(고전 9:25-27)

바울은 상을 얻기 위해서 분투 노력하는 운동 선수를 비유로 들어 설명하면서 다음과 같은 말로 분명히 정의하고 있습니다. "그러나 내가 내 몸을 쳐 복종하게 함은 남에게 전파한 후에 나 자신이 실격당하지 않기 위함이다"

사도 베드로는 여러 가지 신의 성품들 중에서 네 번째 덕목을 말하며, 올바른 지식이라면 행위의 절제를 식별하여 분수에 알맞게 하고, 악을 피하여 선으로 옮길 것을 말하고 있습니다.

"이러므로 너희가 더욱 힘써 너희 믿음에 덕을, 덕에 지식을, 지식에 절제를, 절제에 인내를, 인내에 경건을, 경건에 형제 우애를, 형제 우애에 사랑을 공급하라"(벧후 1:6)

사무엘 차드윅은 성령의 열매의 특질을 다음과 같이 표현하였습니다. "성령의 열매는 화가 치미는 상황에서도 애정이 넘치는 사랑의 성질, 빛나는 영, 즐거운 기분, 조용한 마음, 침착한 모습과 끈기 있는 인내를 가지며, 시험하는 자들에 대하여 어떤 경우에도 동정 깊은 통찰과 아낌없는 협조, 관대한 판단과 마음 굵은 사랑, 충성과 신뢰를 갖는 일이고, 타인의 기쁨을 위하여 자기를 망각하는 겸손, 모든 일에 있어서 자제하는 것이야말로 궁극적 완성의 표지이다. 이것이 성령의 열매의 특징이다."

성령이 충만한 성품만이 지속성이 있고 신뢰할 만하게 잘 조절합니다. 오늘날 그리스도인들에게는 이 성령의 열매가 심각하게 결핍되어 있습니다. 성령의 열매가 삶에서 나타나야 하겠습니다.

> 그의 열매로 그들을 알지니 가시나무에서 포도를, 또는 엉겅퀴에서 무화과를 따겠느냐 이와 같이 좋은 나무마다 아름다운 열매를 맺고 못된 나무가 나쁜 열매를 맺나니 좋은 나무가 나쁜 열매를 맺을 수 없고 못된 나무가 아름다운 열매를 맺을 수 없느니라. 아름다운 열매를 맺지 아니하는 나무마다 찍혀 불에 던지우느니라 이러므로 그의 열매로 그들을 알리라
> (마 7:16-19)

성령의 아홉 가지 열매는 성령님의 도우심이 없이는 스스로 노력하여 자신을 발전시킬 수도 없다는 것을 분명히 깨달아야 합니다. 그러므로 항상 성령의 내주하심과 인도하심으로 성령 충만함을 받아야 하겠습니다.

바울은 성령의 열매를 설명하기 전에 육신의 일들을 설명하고 있습니다. 육신의 일들은 성령의 열매와 완전한 대조를 이룹니다.

> 육체의 일은 현저하니 곧 음행과 더러운 것과 호색과 우상 숭배와 술수와 원수를 맺는 것과 분쟁과 시기와 분 냄과 당 짓는 것과 분리함과 이단과 투기와 술 취함과 방탕함과 또 그와 같은 것들이라 전에 너희에게 경계한 것같이 경계하노니 이런 일을 하는 자들은 하나님의 나라를 유업으로 받지 못할 것이요 오직 성령의 열매는 사랑과 희락과 화평과 오래 참음과 자비와 양선과 충성과 온유와 절제니 이 같은 것을 금지할 법이 없느니라
> (엡 5:19-23)

성령의 은사들은 매혹적이고 자극적입니다. 성령의 은사를 받은 사람들은 그 은사로 말미암아 칭송을 받습니다. 이런 저런 이유들 때문이 아니라 성령의 열매로 인해 훨씬 더 주목을 받고 있습니다. 하나님께서는 성령께서 우리에게 주신 은사들을 받아 책임 있게 잘 감당할 때 기뻐하십니다. 그러나 하나님은 하나님의 백성들에게서 성령의 열매를 나타날 때 훨씬 더 기뻐하십니다.

성령만이 성령의 열매를 맺을 수 있습니다. 성령의 열매의 유일한 근원은 우리 안에 계시는 성령의 역사입니다. 성령은 진정한 열매를 산출합니다. 우리의 삶 가운데 구해야 할 것은 성령 충만함으로 성령의 열매와 성령의 능력입니다. 이 기도가 응답이 되어 주님만을 위해 살아야 하겠습니다.

11. 성령의 임재하심 체험이 있어야 합니다.

마가의 다락방에서는 예수님의 약속을 믿고 기다렸던 사람들은 놀라운 성령체험을 하였습니다.

예루살렘을 떠나지 말고 내게 들은바 아버지의 약속하신 것을 기다리라. 요한은 물로 세례를 베풀었으나 **너희는 몇 날이 못 되어 성령으로 세례를 받으리라**(행 1:4)

오순절 날이 이미 이르매 저희가 다 한곳에 모였더니 홀연히 하늘로부터 급하고 강한 바람 같은 소리가 있어 저희 앉은 집에 가득하여 불의 혀 같이 갈라지는 것이 저희에게 보여 각 사람 위에 임하여 있더니 저희가 다 성령의 충만함을 받고 성령이 말하게 하심에 따라 다른 방언으로 말하기를 시작하느니라(행 2:1-4).

오순절날 하나님은 '높은 곳에서' 그의 우편에 앉으신 승천하신 예수 그리스도를 통하여 모인 모든 사람들에게 성령을 쏟아 부어 주셨습니다.

사도행전을 보면 회심한 유대인들이 그 자리에서 성령의 체험을 하고 은사로서 방언이 나타났으며. 어느 정도 후부터 능력을 받고 사역을 시작했습니다.

위대한 복음전도자들은 다 성령을 체험하였습니다. 그 대표적인 사람들을 다음과 같이 소개합니다.

존 웨슬리(1703-1791)

그는 1739년 1월 1일 일기에 다음과 같이 기록하였습니다. "새벽 세 시쯤, 우리는 계속해서 기도하고 있는데 하나님의 능력이 우리 위에 강력하게 내려왔다. 많은 이들이 완벽한 기쁨으로 인해 울음을 터뜨렸으며, 바닥에 쓰러진 사람들도 있었다. 우리가 하나님께서 임재하심으로 인한 놀라움과 경외스러움에서 조금 정신을 차리자마자 우리 입에서는 찬양이 터져 나왔다."

죠지 휫필드(George Whitefield:1714-1770)

35년 동안 조지 휫필드는 영국과 미국의 순회 복음전도자였습니다. 그는 그의 일기에 이렇게 썼습니다. "나는 성령으로 충만해졌다. 아버지의 약속을 부인하는 모든 사람들이 이렇게 성령을 받을 수 있다면 얼마나 좋을까! 그렇다면 나의 기쁨을 나눌 수 있을 텐데!"

찰스 그랜디슨 피니(1792-1875)

피니의 성령 체험을 다음과 같이 묘사하였습니다. "성령이 내 몸과 영혼을 통하여 가는 것처럼 내 위에 임재 하였다. 나는 나를 통하여 계속 흐르는 전기의 흐름 같은 것을 느낄 수 있었다. 참으로 사랑이라는 액체가 계속해서 파도처럼 밀려오는 듯 했다. 그밖에 다른 말로는 그것을 표현할 수가 없었다. 그러나 그것은 물이라기보다는 하나님의 숨결 같았다. 그것이 마치 커다란 날개처럼 나에게 바람을 보냈던 것이 분명하게 기억이 난다. 그리고 이 파도들이 나를 지나갈 때 말 그대로 산들바람이 내 머리카

락을 스치고 지나가는 것처럼 느껴졌다. 내 마음에 가득찬 놀라운 사랑을 표현할 말이 없다. 나는 기쁨과 사랑에 큰 소리로 울었다. 알 수도 없고 말로도 형용할 수 없는 내 마음속에서 솟구치는 감정을 울음으로 뱉어냈다고 말해야 할 것이다. 이 파도들은 나에게 오고, 오고 또 왔다. 나는 결국 이렇게 소리쳤던 것이 기억이 난다. '이 파도가 계속해서 나에게 밀려오면 전 죽을 겁니다! 주님, 더 이상 견딜 수가 없습니다.' 그러나 나는 사실 죽음이 두렵지 않았다."

디엘. 무디(1837-1899)

할머니 두 분이 예배 후에 무디에게 다가오시더니 그에게 성령의 능력이 부족하기 때문에 그를 위해 기도하고 있다고 말했습니다. 그는 그 말에 기분이 상했지만 곰곰이 생각할수록 그들이 옳다는 것을 인정하게 되었습니다. 그는 나중에 이렇게 썼습니다. "내 영혼 속으로 커다란 허기가 파고 들었다. 나는 그것이 무엇인지도 몰랐다. 나는 소리 내어 울기 시작했다. 전에는 한 번도 그런 일이 업었건만, 나는 예배를 위한 그 능력을 가질 수 없다면 살고 싶지도 않다고 진심으로 느꼈다. ......나는 하나님께서 성령으로 나를 채우시는 그 시간 동안 내내 울고 있었다." 약 6개월 후, 그가 뉴욕 월 가를 걷고 있을 때 성령이 그에게 강력하게 임재 하였습니다. 그는 후에 이렇게 기록했습니다. "오! 놀라운 날! 나는 그것을 어떻게 말로 다 표현할 수가 없다. 나는 그것을 감히 뭐라고 언급하지 않겠다. 그것은 너무 놀라운 체험이라서 뭐라고 불러야 할른지...... 오직 내가 할 수 있는 말은 주님께서 나에게 당신을 계시하셨고, 그런 놀라운 사랑을 체험하였기에 나는 벅차서 그분의 손길을 그만 멈추어 달라고 기도 드려야 할 정도였다는 것이다."

오스왈드 J 스미스

1927년 2월 10일 플로리다 캄파에서 있었던 일입니다. "......사람들이 기도함에 따라 이례적인 임재하심을 의식하게 되었다. 하나님이 그 집회를 굽어 살피시는 것 같았다. 즉시 축복이 쏟아지기 시작하였다. 나는 녹아졌고, 깨어졌고, 압도당하였고, 내 마음은 말할 수 없는 사랑으로 충만하여졌다. 그리고 내 영혼이 그를 뵙기를 소원하였을 때 눈물이 나기 시작하였다. 나는 울면서 나의 귀하신 주님을 찬양하는 것밖에 아무것도 할 수 없었다. 그것은 마치 나의 온몸이 성령으로 목욕을 하는 것 같았으며 마침내 나는 경이와 사랑과 찬양에 몰두하기에 이르렀다......."

베니 힌

베니 힌은 성령님을 알고 만나고 싶어 간절히 기도하였습니다. 약 십 분 후에 다음과 같은 체험을 하였습니다. "바로 그때 갑자기 나의 온몸이 떨리기 시작하면서 누군가가 두꺼운 담요로 나를 감싸 주듯이 그렇게 나를 감싸오는 따뜻함을 느끼기 시작했습니다. 형언할 수 없는 황홀감이 내 안에 파도처럼 밀려왔고 순간 설명하기 어려운 사랑으로 내 영혼은 가득 채워졌습니다. 도대체 무슨 일이 일어나고 있는지 알 수 없었지만 내 마음 속 깊은 곳에서는 나의 삶을 향하신 하나님의 계획이 전개되기 시작했음을 알았습니다. 그 체험은 너무도 영광스러운 것이어서 내 자신도 내가 천국에 있는지 피츠버그에 있는지 아니면 토론토에 있는지 분간이 되지 않았습니다. 여전히 하나님의 능력으로 얼얼한 상태에서 마침내 눈을 떠서 주위를 돌아보고서야 비로소 내가 토론토의 내 방에 있는 것을 알게 되었습니다. 다음날 아침 일어나자마자 왠지 모르게 내 입에서 나온 첫 마디가 '안녕하세요, 성령님' 이었습니다. 그러자 즉시로 그분의 임재하심이 내 방을 가득 채웠고 하늘의 따뜻함으로 나를 다시 한 번 감싸 주었습니다......"

성령체험시 나타나는 반응은 어떤 것이 있는가?

인간의 자연과학과 이성과 논리로 이해할 수 있는 범위를 벗어나서 활동하시는 하나님의 신령한 요인이 인간의 육체, 심리에 접촉되면서 그로 인하여 일어나는 반응을 체험이라고 정의합니다.

가시적 반응과 비가시적 반응이 나타납니다. 이 둘의 반응은 두 반응이 수반되거나 또는 한 가지 반응만 나타나는 경우가 있습니다.

육체적, 심리적, 영적. 인간의 몸은 물질계와 비 물질계의 연합체이기에 한 영역이 영향을 받으면 다른 영역에게 전달됩니다.

최근 팔복교회 집회를 인도한 존 스콜트랜드 목사님은 술이 취한 사람처럼 성령에 취하여 설교를 하였습니다. 그 설교를 들은 사람들의 반응은 종교적인 틀에 박히지 않고 성령님의 인도하심을 따라 하는 모습을 보고 은혜를 받았다고 하였습니다.

다 놀라며 의혹 하여 서로 가로되 이 어찐 일이냐 하며 또 어떤 이 들은 조롱하여 가로되 저희가 새 술에 취하였도다 하더라(행 2:12-13).

바울이 다메섹으로 가는 도중에 주님이 나타나셨고 그때 바울은 처음 하나님을 체험했으며 그 때부터 그의 삶이 변하게 됩니다. 바울의 회심은 체험과 밀접한 관계가 있습니다. 주님의 초자연적인 임재와 강한 빛과 영적 능력에 압도당하지 않았다면 정통 바리새인의 가정에서 율법과 종교 교육을 받고 자라나 예수 믿는 자들에 대한 증오로 가득찬 그의 회심은 불가능 했을 것입니다. (행 9:1-8)

성령체험으로 나타나는 육체적 반응은 다음가 같은 현상으로 나타납니다.
- 눈꺼풀이 떨리거나 눈동자가 움직인다.

- 호흡이 깊어지거나 빨라진다.
- 손가락이 움직이거나 손을 떨거나 양손이 위로 올라간다.
- 몸이 심하게 떨리는 현상.
- 몸이 껑충 껑충 뛰는 현상.
- 몸의 균형을 잃고 뒤로 넘어지는 현상.
- 상체가 반복적으로 앞으로 꺾이는 현상.
- 몸이 사시나무 떨듯이 떠는 현상.
- 큰소리로 웃거나 우는 현상.
- 넘어진 상태로 가만히 있는 현상.
- 넘어진 상태에서 물결이 일듯 심하게 진동하는 현상.
- 넘어진 상태에서 몸이 심한 경련을 일으키는 현상.
- 악을 쓰듯이 큰 소리 지르는 현상

어떤 심리적, 감정 체험이 있는가?

- 마음에 기쁨과 평화가 마치 물결쳐 오는 것처럼 다가오는 체험.
- 마음이 눌림으로부터 해방 받는 느낌.
- 병이 나았다는 느낌.
- 몸이 공중에 부상되어 있는 것 같은 체험.
- 몸에 강한 전류에 감전되는 듯한 체험.
- 바람이 불어오는 느낌.
- 몸이 뜨거워짐.
- 매우 어지럽다. 술 취한 것 같다.

영적으로 어떤 신앙적 체험이 있는가?

- 하나님의 임재 하심과 사랑을 체험.

- 방언을 말하거나 은사가 임함.
- 성령께서 몸 안으로 들어오심을 체험
- 강한 빛을 봄.
- 자신이 죄인임을 깨달음.
- 하나님의 음성을 들음.

성령체험을 막는 것은 어떤 것이 있는가?
- 성령체험을 막는 태도는 다음과 같은 것이 있습니다.
- 의식을 굳게 고수 하는 사람.
- 논쟁을 좋아하고 비판적, 부정적인 사람.
- 현상을 논리, 합리적인 해석을 통하여 인정하려는 사람.
- 주변을 너무 인식하여 자신에게 일어나고 있는 현상을 거부, 억제하려는 사람.
- 종교적이고, 미지근한 냉냉한 사람.
- 고집이 세거나 자아를 깨뜨리지 못한 사람.

　우리는 성령체험을 막는 장애물이 무엇인가 알고 그 장매물을 제거하고 성령체험으로 하나님의 자녀로서 사명을 잘 감당하여야 하겠습니다.

12. 성령 세례를 받아야 합니다.

우리가 참된 그리스도인의 삶을 살기위해 반드시 받아야 하는 것은 성령 세례를 받는 것입니다. 알. 에이 토레이 박사는 "성경에서 성령님과 연관되어 사용된 가장 심오한 의미를 지닌 말씀 중에 하나는 '성령으로 세례 받는' 것이다"라고 하였습니다. 우리에게 성령 세례 받는 것은 꼭 필요한 것입니다.

신약성경은 성령님을 통한 세례의 필요성을 언급하고 있습니다. 성령 세례에 대하여 첫 번째로 말씀한 사람은 세례 요한입니다.

나는 너희로 회개케 하기 위하여 물로 세례를 주거니와 내 뒤에 오시는 이는 나보다 능력이 많으시니 나는 그의 신을 들기도 감당치 못하겠노라. 그는 성령과 불로 너희에게 세례를 주실 것이요(마 3:11).

요한이 모든 사람에게 대답하여 가로되 나는 물로 너희에게 세례를 주거니와 나보다 능력이 많으신 이가 오시나니 나는 그 신들메를 풀기도 감당치 못하겠노라 그는 성령과 불로 너희에게 세례를 주실 것이요(눅 3:16)

"요한이 또 증거하여 가로되 내가 보매 성령이 비둘기같이 하늘로서 내려와서 그의 위에 머물렀더라나도 그를 알지 못하였으나 나를 보내어 물로 세례를 주라 하신 그이가 나에게 말씀하시되 성령이 내려서 누구 위에든

지 머무는 것을 보거든 그가 곧 성령으로 세례를 주는 이인 줄 알라 하셨기에"(요 1:32-33)

세례 요한은 예수님을 "세상 죄를 지고 가는 하나님의 어린양과 성령과 불로 세례를 주시는 분으로" 증거하였습니다. 오늘날 예수님께서 하나님의 어린양으로써 그분이 받은 고난과 구속하여주심을 믿는 것뿐만 아니라 성령의 내주하심, 성령의 세례를 받는 것은 너무나 귀중하기 때문에 그리스도인이라면 반드시 받아 누려야 합니다.

예수님의 사역기간에 함께 있었던 제자들은 하나님의 놀라운 기적들을 보았습니다. 그러나 예수님은 사도행전 1장 1-11절에서 그들에게 아버지의 약속을 기다려야 한다고 말했습니다. 바로 그 약속이 성령세례입니다. 제자들이 예수님과 보낸 시간만으로는 그들이 사역하기에 부족했습니다. 그들이 증인이 되기 전에 성령세례가 필요했습니다.

성령세례라는 표현은 신약에 7번 나타납니다(마 3:11, 막 1:8, 눅 3:16, 요 1:33, 행 1:5, 11:16, 고전 12:13). 세례라는 단어는 항상 동사형으로 쓰여서 활동적인 것을 강조합니다.

성령 세례란 무엇인가?

예수님은 성령 세례의 모형이십니다. 성령 세례는 예수님 자신이 받으신 것을 주시고자 하신 것입니다. 예수님은 성령이 그와 함께 하셨고, 성령으로 세례를 베풀 수 있었습니다. 성령 세례란 예수 그리스도께서 성령으로 세례를 주시는 것입니다.

로이드 존스 목사님은 "성령의 세례란 성령에 의해서가 아니라 주 예수 그리스도에 의해 행해지는 그리스도의 사역이다. 예수 그리스도를 통해서 우리에게 하시는 어떤 것 혹은 '특수하게 성령을 우리에게 부어주심'이다."라고 말했습니다(행 11: 15-18).

내가 말을 시작할 때에 성령이 저희에게 임하시기를 처음 우리에게 하신 것과 같이 하는지라 그때에 내가 주의 말씀에 요한은 물로 세례를 주셨으나 너희는 성령으로 세례를 받으리라 하신 것이 생각났노라 그런즉 하나님이 우리가 주 예수 그리스도를 믿을 때에 주신것과 같은 선물을 저희에게도 주셨으니 내가 누구관데 하나님을 능히 막겠느냐?

성령 세례를 받은 증거는 무엇인가?

성령으로 세례 받는 것은 확실한 경험이 있습니다. 성령으로 세례를 받은 것은 실제 경험으로 느낄 수 있습니다. 성령으로 세례 받을 때 능력 주심이 있습니다. 그것을 받는 사람은 하나님의 일을 행하는데 적합한 사람이 되는 것입니다. 오늘날에도 성령으로 세례 받는 것을 개인적으로 체험하지 못한다면 하나님께서 우리를 예수 그리스도의 몸의 일부분으로 그 임무를 수행하게 하실 때 능력 있는 사역을 할 수가 없습니다.

성령 세례를 받으면 하나님의 능력이 있습니다.

안드류 메레이 목사님은 성령으로 세례 받는 의미를 다음과 같이 설명하였습니다. "성령 세례는 그들에게 있어서 영광 받으신 주님이 그들 마음에 거하시기 위해 의식할 수 있는 의식할 수 있는 임재로 하늘에서 다시 오신 것이었으며 또한 그들이 그분의 새 생명의 능력에 참여하는 것이었습니다. 그것은 그들의 삶에서 영광의 보좌 위에 계신 예수님과 교통하게 하는 기쁨과 능력의 침례였습니다....이 성령 세례는 거듭나게 하시는 성령의 사역 이상의 것입니다. 그것은 그리스도의 인격적인 영이 우리 안에 그리스도 자신을 임재하게 하는 것으로서 그리스도께서 모든 원수 위에 높여지신 것처럼 항상 우리 마음에 그리스도의 영화롭게 되신 성품의 능력으로 머무시는 것입니다."

성령의 세례를 받은 베드로, 사도 바울이 능력 있는 복음을 증거 하셨습니다.

> 베드로가 이 말 할 때에 성령이 말씀 듣는 모든 사람에게 내려오시니 베드로와 함께 온 할례 받은 신자들이 이방인들에게도 성령 부어 주심을 인하여 놀라니 이는 방언을 말하며 하나님 높임을 들음 이러라 (행 10:44-46)

성령 세례 받은 증거는 방언을 하는 것입니다.
성령 세례 받은 증거로 방언하는 것에 대하여 스미스 위글스워스 목사님은 세 증거자들을 소개하였습니다.

나는 방언은 성령세례의 증거라는 나의 위치를 증명하기 위해 당신을 성경으로 데리고 가기를 원한다. 사업가들은 법적인 경우에 두 명백한 증거자가 있으면 그들이 어떤 판사 앞에서도 그 재판을 이긴다는 것을 안다. 두 증거자의 명백한 증거 위에 어떤 판사도 평결을 내릴 것이다. 하나님께서 우리에게 무엇을 주셨는가? 그가 성령세례 위에 세 명백한 증거자를 우리에게 주셨다- 법정에서 필요한 것보다 더 많이.

그 첫 번째는 오순절 날 주어졌다: "저희가 다 성령의 충만함을 받고 성령이 말하게 하심을 따라 다른 방언으로 말하기 시작하니라(행 2:4). 여기에 우리가 본래의 모범을 가지고 있다. 하나님께서 베드로에게 영원한 말씀 곧, 이것 전에 온 한 쌍을 이루는 이러한 경험을 약속과 함께 주셨다: "이는 곧 선지자 요엘로 말씀하신 것이니 일렀으되"(행 2:16). 하나님께서는 당신이 이것을 가지기를 원하신다-이것보다 작은 것은 아무 것도 아니다. 그는 당신이 이 최초의 오순절 모범을 따라서 성령세례를 받기 원하신다.

사도행전 10장에 우리는 다른 증거를 가지고 있다. 베드로가 고넬료의 집에 있었는데, 왜냐하면 고넬료가 거룩한 천사의 환상을 보았고 베드로에게 사람을 보내었기 때문이다. ".... 성경은 우리에게 능력이 임할 때 무엇이 일어났는지를 말해줍니다"라고 하였다. 그리고 그것이 고넬료의 집에서 일어났던 일이었다. 성령께서 말씀을 들은 모든 사람들 위에 내려오셨다. 베드로와 함께 온 할례 받은 신자들이 이방인들에게도 성령 부어 주심을 인하여 놀라니 (행 10:45).

성령이 오신 것을 편견 있는 유대인들이 무엇으로 확신하였을까? 이는 방언을 말하며 하나님 높임을 들음이러라(행 10:46). 그들이 알 다른 방법은 없었다. 이 증거는 모순될 수 없었다. 이것이 성경적 증거이다. 우리는 두 가지 증거를 들었고 그것은 세상을 충족시키기에 족한 것이다. 그러나 하나님께서 하나의 더 나은 것으로 가신다. 사도행전 19장 6절을 살펴보자, 바울이 에베소의 어떤 제자들에게 사역하고 있는 기록이다. "바울이 그들에게 안수하매 성령이 그들에게 임하시므로 방언도 하고 예언도 하니"

이들 에베소인 들이 사도들이 처음에 받았던 것과 아주 동일한 성경적 증거를 받았으며 그들이 예언도 하였다. 성경은 우리에게 세 번 이 성령세례의 증거를 보여 주신다. 나는 방언을 칭송하지 않는다. 아니다, 하나님의 은혜에 의해 나는 방언을 주시는 분을 영화롭게 한다. 그리고 더욱이 성령께서 오셔서 우리에게 나타내시는 주 예수 그리스도를 영화롭게 한다. 그가 성령을 보내시는 분이시며 내가 그를 영화롭게 하는 것은 그가 우리와 처음에 믿었던 사람들과 구별이 없게 하시기 때문인 것이다.

그러나 방언은 무엇을 위한 것인가? 고린도전서 14장 2절을 보라, "방언을 말하는 자는 사람에게 하지 아니하고 하나님께 하나니 이는 알아듣는 자가 없고 그 영으로 비밀을 말함이니라." 이 구절들은 나아가서 "방언을 말하는 자는 자기의 덕을 세우고"(고전 14:4)라고 기록되었다.

성령으로 세례 받음은 믿는 사람에게 오는 하나님의 영이시며 그의 마음에 그리스도에 대한 이해로 가득 차며 성령님이 주관자가 되시며 하나님의 자녀에게 하나님의 부르신 일에 적합하도록 능력을 부여하는 것입니다.

세례는 출생, 결혼, 죽음과 같이 한번 있는 성령의 체험의 시작이라고 할 수 있습니다. 성령세례는 끝이 아니요 시작이고 한번 체험하고 기억으로 남아있는 그런 경험이 아니라 새로운 삶으로 들어가는 문이라 할 수 있습니다. 우리가 오순절 날 본 것은 첫 열매인 것입니다. 우리는 더 큰 추수를 기대하고 있습니다. 모든 믿는 사람은 예수님으로부터 성령의 세례를 받아야 능력 있는 그리스도인의 삶을 살 수 있습니다.

성령의 세례를 어떻게 받을 수 있는가?

우리가 성령 세례를 받기 위해서 먼저 알아야 될 것은 성령 세례를 어떻게, 누구를 통해서 받는지 반드시 알아야 합니다. 즉 예수님, 바로 성령이 그 위에 머무시는 분이 성령으로 세례 주는 분이신 것입니다.

"성령이 내려서 누구 위에든지 머무는 것을 보거든 그가 곧 성령으로 침례를 주는 이 인줄 알라 하셨기에"(요 1:33).

첫 번째 죄를 회개하고 예수 그리스도를 구세주와 하나님으로 받아들이고 고백하는 것입니다.

> 그런즉 이스라엘 온 집이 정녕 알지니 너희가 십자가에 못 박은 이 예수를 하나님이 주와 그리스도가 되게 하셨느니라. 하니라 저희가 이 말을 듣고 마음에 찔려 베드로와 다른 사도들에게 물어 가로되 형제들아 우리가 어찌할고. 하거늘 베드로가 가로되 너희가 회개하여 각각 예수 그리스도의 이름으로 세례를 받고 죄 사함을 얻으라. 그리하면 성령을 선물로 받으리니(행 2: 36-38)

두 번째 하나님께 절대적으로 순종하고 맡기는 것입니다.

> 우리는 이 일에 증인이요 하나님이 자기를 순종하는 사람들에게 주신 성령도 그러하니라 하더라(행 5: 32)

순종은 하나님께 자신의 의지를 맡기는 것입니다. 성령의 세례를 받아들이기 위한 전형적인 기도는 다음과 같이 기도하는 것이 좋은 예입니다. "하늘에 계신 우리 아버지, 제가 바로 여기에 있습니다. 저는 당신의 소유입니다. 저로 하여금 값있게 살게 하소서. 저는 온전히 당신의 것이며 모두 당신을 의지하고 저의 모든 것을 당신께 맡기나이다. 저를 당신의 뜻대로 하시고 당신의 뜻대로 써주소서."

세 번째 성령으로 세례받기 위한 갈망이 있어야 합니다.
예수님께서 이렇게 말씀하셨습니다.

> 명절 끝 날 곧 큰 날에 예수께서 서서 외쳐 가라사대 누구든지 목마르거든

내게로 와서 마시라 나를 믿는 자는 성경에 이름과 같이 그 배에서 생수의 강이 흘러나리라 하시니 이는 그를 믿는 자의 받을 성령을 가리켜 말씀하신 것이라 예수께서 아직 영광을 받지 못하신 고로 성령이 아직 저희에게 계시지 아니하시더라(요 7:37-39).

예수님은 이 말씀을 하실 때 이사야 44장 3절에서 하신 약속을 기억하셨을 것입니다.

"대저 내가 갈한 자에게 물을 주며 마른 땅에 시내가 흐르게 하며 나의 신을 네 자손에게 나의 복을 네 후손에게 내리리니"

목마른 사람이 "물!, 물! 물! 물!"을 찾듯이 "성령님! 성령님! 성령님! 성령님!" 영적으로 갈망해야 합니다.

어떤 목회자가 토레이 박사가 성령으로 세례 받는 것에 대해 이야기하고 있을 때 이렇게 말했습니다. "저는 성령으로 세례받기 위한 유일한 목적으로 여기까지 왔습니다. 그 세례를 받지 않고서는 제 교회에 돌아갈 수 없으며 그럴 바엔 차라리 죽는 것이 나을 겁니다." 토레이 박사는 그에게 말했습니다. "형제여! 당신은 지금 그 세례를 받고 있는 것입니다." 다음 날 일찍 그가 토레이 박사님 집으로 찾아왔습니다. "저는 아침 기차로 떠나야 합니다. 가기 전에 제가 성령으로 세례받았다는 것을 말씀드리려고 왔습니다." 그는 기쁨에 가득차 흥분되어 있었습니다.

네 번째는 믿음과 확신을 가지고 기도하는 것입니다.

> 나를 믿는 자는 성경에 이름과 같이 그 배에서 생수의 강이 흘러나리라 하시니(요 7:38).

> 그러므로 내가 너희에게 말하노니 무엇이든지 기도하고 구하는 것은 받은 줄로 믿으라 그리하면 너희에게 그대로 되리라 (막 11:2).

> 너희가 악할지라도 좋은 것을 자식에게 줄줄 알거든 하물며 너희 천부께서 구하는 자에게 성령을 주시지 않겠느냐 하시니라(눅 11:13).

> 그들이 내려가서 저희를 위하여 성령받기를 기도하니 이는 아직 한 사람에게도 성령 내리신 일이 없고 오직 주 예수의 이름으로 세례만 받을 뿐이러라 이에 두 사도가 저희에게 안수하매 성령을 받는지라(행 8: 15-16).

예수님은 말씀하셨습니다. "........하물며 하늘에 계신 아버지께서 구하는 자에게 성령을 주시지 않겠느냐?" (눅 11:13).

성령 세례를 갈망하고 구하고, 구하는 것을 받은 줄로 믿어야 합니다.

안드류 메레이 목사님은 그의 "성령"에서 성령 세례 받는 것을 다음과 같이 알려 주면서 성령 세례 받는 기도를 소개하였습니다. "우리 각각의 믿는 이들 안에 거하시는 성령의 능력으로 우리는 우리를 성령으로 채우시는 예수님을 신뢰합시다. 그리고 사랑과 순종으로 그분께 매달립시다. 예수님이 바로 성령으로 침례 베푸시는 분이십니다. 예수님과 친밀히 교제하고 예수님께 자신을 드림으로, 그리고 예수님이 그분 자신을 우리에게 주셨고 또 온전히 주실 것을 확신함으로 성령 세례가 의미하는 모든 것을 얻기 위해 오직 예수님만을 바라봅시다……

　　나의 거룩하신 주여! 성령께서 제 안에 계심을 인해 찬송합니다. 그러나 당신께 간절히 구하옵나니 당신이 약속하신 대로 이제 흘러넘치도록 채워주소서. 성령께서 제 마음에 계신 당신의 임재를 온전하고도 끊임없이 계시하시되 하늘 보좌 위에 계신 영광스럽고 능하신 분으로 계시하게 하소서. 오 나의 주 예수여! 저를 성령으로 세례 주시고 성령으로 충만케 하소서. 아멘"

다섯 번째 성령이 강하게 역사 하는 모임에서 받을 수 있습니다.
　　성령으로 역사하는 집회나 영적인 기름 부음이 있는 집회에 참석하거나 안수 기도를 받을 때 성령 세례를 받기 쉽습니다.

　　알. 에이 토레이 목사님이 기독교 청년 모임에서 개인적인 일을 효율적으로 수행하려면 우리는 성령으로 세례를 받아야 한다는 것을 설명하였습니다. 연설이 끝났을 때 한 성직자가 그에게 찾아와서 말했습니다. "저는 당신이 방금 말한 것과 같은 은혜를 가지고 있지 않습니다. 그러나 저는 그것을 원합니다. 당신이 저를 위해 기도해 주시겠습니까?" "지금 당장 할까요?" 토레이 박사가 그렇게 묻자 그는 고개를 끄덕이며 대답했습니다." "좋습니다." 두 사람은 두 개의 의자를 양 옆으로 나란히 놓고서 밖으로 나가고 있는 관중들에게 등을 돌린 채 그가 성령으로 세례를 받게 해 주십사고 기도하였습니다. 그리고 나서 헤어졌습니다. 그 뒤 몇 주일 후, 그 광경을 목격한 사람이 다가와서 그 성직자가 얼마나 변모되었으며 그의 교회는 신자들이 붐비며 설교할 때마다 예수님을 영접하는 사람들이 많다는 것을 알려 주었습니다.

성령님은 확신을 가지고 기도하는 모든 무리에게 주신다고 약속하셨습니다. 우리가 성령으로 세례받기를 기도할 때는 반드시 받은 줄로 믿어야 합니다. 많은 사람들이 믿음으로 구하여 받았습니다.

그를 향하여 우리의 가진 바 담대한 것이 이것이니 그의 뜻대로 무엇을 구하면 들으심이라 우리가 무엇이든지 구하는 바를 들으시는 줄을 안즉 우리가 그에게 구한 그것을 얻은 줄을 또한 아느니라(요일 5:14-1).

예수 그리스도를 개인의 구원자로 또 그의 주인으로 모시려는 사람은 누구나 그의 생활에서 모든 죄를 떼어버리고 예수 그리스도를 받아들일 것을 고백하고, 하나님께 완전히 순종하십시오. 또 하나님께 성령으로 세례 받기를 구하고 단순한 마음으로 갈망하고 믿음으로 받아들이십시오. 그리하면 바로 지금 성령님으로부터 세례를 받을 수 있습니다.

오늘날의 우리는 물세례만 받고서 능력 있는 그리스도인의 삶을 살 수 없습니다. 지금 어느 때보다 성령의 세례가 필요합니다. 성령세례를 받아 하나님의 능력을 체험하면 살아야 합니다.

여러분이 혼자서나 다른 누군가와 함께 성령받기를 위해 기도할 때 다음과 같이 기도할 수 있습니다. "하나님 아버지, 예수의 귀하신 보혈로 저를 보호하여 주시고 그 피로 모든 죄를 씻어 주시니 감사합니다. 사랑하는 주님, 성령으로 저를 세례주시어서 제 지식의 선을 넘어 새로운 언어로 하나님을 찬양하게 해 주시옵소서. 감사합니다. 주님, 당신이 바로 지금 응답하실 것을 믿습니다! 예수님의 이름으로 기도합니다."

성령으로 세례 받았다는 것이 영적 수준의 어떤 궤도에 올랐다는 것을 의미하지는 않습니다. 여러분이 우월하다고 느끼게 하는 마귀의 시험에 빠져들지 마십시오. 그 대신 인격의 열매를 위해 기도하십시오. 성령세례는 단지 그리스도인의 삶에 있어 새로운 차원의 시작에 불과합니다.

찰스 피니는 강력한 성령의 세례를 다음과 같이 체험하여 미국 역사상 가장 위대한 복음 전도자로 사역을 하였습니다(찰스 피니 자서전에서 참조).

내 모든 감정이 끌어 올라 분출되는 것 같았다. 내 영혼을 전부 하나님께 쏟아 놓고 싶다는 생각이 들었다. 걷잡을 수 없이 격앙되어 나는 사무실 뒷방으로 급히 들어갔다…들어가 문을 닫는 순간 주 예수 그리스도를 대면하여 뵙는 것 같았다……. 그분은 아무 말씀 없으셨지만 그윽이 바라보시는 눈빛에 나는 그만 그분 발 앞에 엎드리고 말았다. 그분은 실제로 내 앞에 서 계신 것 같았다. 나는 그분 발치에 엎드려 내 영혼을 쏟아 놓았다. 어린아이처럼 엉엉 울면서 목멘 소리로 고백했다. 내 눈물로 그분의 발을 다 적신 것 같았다……. 나는 성령의 강한 세례를 받았다. 전혀 예상치 못한 일이었다. 그런 것이 있을 줄 생각조차 못 해 본 것이 내게 임하셨다. 그 감화는 나를 울고 지나가는 전기 파도처럼 느껴졌다. 사랑의 물결이 밀려드는 것도 같았다……. 그밖에 달리 표현할 길이 없다. 하나님의 호흡 자체 같았다……. 내 마음 가득 밀려오던 그 놀라운 사랑은 말로 표현할 수 없다. 나는 기쁨과 사랑으로 목 놓아 얻었다. 흘러넘치는 말 못할 마음을 문자 그대로 엉엉 울음으로 쏟아 냈다. 그 물결은 쉬지 않고 계속 나를 덮쳐 왔다. 결국 이렇게 부르짖던 것이 기억난다. 이 물결이 계속 저를 덮치면 죽을 것 같습니다. 주님, 더는 견디지 못하겠습니다. 그래도 나는 전혀 죽음이 두렵지 않았다.

이런 체험을 한 후 찰스 피니의 삶은 완전히 달라졌고 그는 그 당시 가장 뛰어난 복음 전도자가 되었습니다.

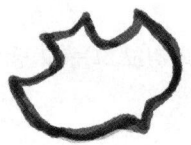

13. 성령 충만을 받아야 합니다.

예수님께서는 성령으로 이끌리고 성령으로 충만하신 후 광야에서 사탄에게 시험을 받으시고 그 시험에 승리하셨습니다 (마 4:1, 눅 4:1-13). 예수님께서 성령의 충만함을 받으시기 전까지는 기적과 능력의 사역을 하지 않으셨습니다. 이런 의미에서 성령 충만함을 받는 것은 매우 중요합니다.

사도 바울은 "오직 성령의 충만을 받으라." (엡 5:18)라고 명령을 하였습니다. 성령의 충만함을 받는 것은 하나님의 자녀로서의 특권입니다. 성령 충만함으로서 그리스도인의 열매 맺는 삶을 살아갈 수 있습니다. 성령 충만함을 받는 것은 그리스도인에게 가장 중요한 것 중에 하나입니다. '성령 충만' 이라는 표현은 구약에서(출 31:3, 35:31) "브사셀이 하나님의 영에 충만하였다" 암시되어 있음을 볼 수 있습니다. 신약에서는 같은 표현이 12군데 사용되는데 사람들이 성령을 경험하는 특이한 방법을 묘사하고 있습니다(눅 1:15, 1:41 1:67, 4:1, 행 2:4, 4:8, 6:5, 7:55, 9:17 11:23, 13:52, 엡 5:18).

누가는 희랍원어 "Pletho"를 충만이라는 단어로 사용하는데 이것은 성령 충만이 빈 컵에 무엇을 담는 것이 아닌 스펀지가 성령 안에 적셔지는 것을 묘사하고 있습니다. 스펀지는 적어지므로 성령이 크신 분임을 이해해야 합니다.

사도행전을 보면 사도들이 성령으로 충만하게 되었다는 기록이 있습니다.

사도행전 4장 8절에서 "이에 베드로가 성령이 충만하여 가로되……"라는 표현이 나옵니다. 사도행전의 저자는 베드로가 성령이 거하시는 이들 중 하나였다는 사실을 기록하고 있습니다. 성령이 베드로의 삶에 어떤 영향을 끼쳤는지, 또한 어떻게 베드로의 삶을 통제했는지에 대한 기록은 없습니다. 베드로는 단지 성령이 충만한 한 사람으로 묘사되고 있을 뿐입니다.

사도행전 9장 17절에 바울이 처음으로 성령충만을 받았습니다. "아나니아가 떠나 그 집에 들어가서 그에게 안수하여 가로되 형제 사울아 주 곧 네가 오는 길에서 나타나시던 예수께서 나를 보내어 너로 다시 보게 하시고 성령으로 충만하게 하신다 하니"

성령 충만에 대한 내용을 담고 있는 사도행전의 구절들의 공통점은 첫 번째로 성령 충만을 주도한 것은 성령 자신이었다는 사실입니다. 성령을 영접한 이들을 보면 모두 자신들도 모르는 사이에 일어난 그 일로 인해 놀라고 있습니다. 심지어 다락방에 있던 이들 조차도 성령 충만이 언제 일어날지 알지 못했습니다. 성령 충만은 그렇게 일어났습니다.

사도행전 10장을 보아도 성령 충만을 주도하고 있는 것은 바로 성령 자신이라는 사실을 알 수 있습니다.

베드로가 이 말 할 때에 성령이 말씀 듣는 모든 사람에게 내려오시니 베드로와 함께 온 할례 받은 신자들이 이방인들에게도 성령 부어 주심을 인하여 놀라니 이는 방언을 말하며 하나님 높임을 들음 이러라 이에 베드로가 가로되 이 사람들이 우리와 같이 성령을 받았으니 누가 능히 물로 세례 줌

을 금하리요. 하고 명하여 예수 그리스도의 이름으로 세례를 주라 하니라 저희가 베드로에게 수일 더 유하기를 청하니라(행 10:44-48)

고넬료의 집에 모인 일단의 사람들이 처음으로 성령 충만을 받았습니다.

아볼로가 고린도에 있을 때에 바울이 윗지방으로 다녀 에베소에 와서 어떤 제자들을 만나 가로되 너희가 믿을 때에 성령을 받았느냐 가로되 아니라 우리는 성령이 있음도 듣지 못하였노라 바울이 가로되 그러면 너희가 무슨 세례를 받았느냐 대답하되 요한의 세례로라 바울이 가로되 요한이 회개의 세례를 베풀며 백성에게 말하되 내 뒤에 오시는 이를 믿으라 하였으니 이는 곧 예수라 하거늘 저희가 듣고 주 예수의 이름으로 세례를 받으니 바울이 그들에게 안수하매 성령이 그들에게 임하시므로 방언도 하고 예언도 하니 모두 열두 사람쯤 되니라(행 19:1-7)

베드로가 설교를 하고 있는 동안 갑자기 청중 위에 성령이 임하였습니다. 이 부분에는 충만하다는 표현이 사용되지 않았습니다. 그러나 베드로는 이것이 오순절에 그와 다른 사도들에게 일어났던 일과 똑같은 것이었다고 말합니다.

이에 베드로가 가로되 이 사람들이 우리와 같이 성령을 받았으니 누가 능히 물로 세례 줌을 금하리요 하고 명하여 예수 그리스도의 이름으로 세례를 주라 하니라 저희가 베드로에게 수일 더 유하기를 청하니라
(행 10:47, 48)

사도행전에 기록된 성령 충만이란(the filling of the Spirit) 신자들의 삶

속에, 또한 그리스도 예수의 부활 승천 이후 이 세상에 성령이 강림한 사건을 언급하고 있습니다. 그리스도는 성령의 강림을 약속했습니다.

> "오직 성령이 너희에게 임하시면 너희가 권능을 받고 예루살렘과 온 유대와 사마리아와 땅 끝까지 이르러 내 증인이 되리라 하시니라"(행 1:8)

사도행전은 그런 성령 강림을 묘사하기 위해 충만한(filled) 이라고 표현을 쓰고 있습니다. 그러면 바울이 에베소의 신자들에게 성령 충만을 받으라고 명했을 때 어떤 일이 일어났을까요? 사도행전에 나온 성령 충만한 그리스도의 약속이 이루어졌음을 나타내고 있습니다. 즉 신자들에게 오셔서 그들 안에 영원히 거하실 보혜사의 강림에 대한 약속이 이루어진 것을 나타내고 있는 것입니다. 그러므로 에베소의 신자들에게도 똑같은 일이 일어났을 것입니다.

바울이 에베소의 신자들에게 준 가르침을 살펴보아야 하겠습니다.

> "술 취하지 말라 이는 방탕한 것이니 오직 성령의 충만을 받으라"
> (엡 5:18).

바울은 성령 충만을 받는 방법을 제시하지 않았습니다. 술에 취하는 것에 대한 바울의 비유는 쉽게 이해될 것 같으나 혼란도 옵니다. 흔히 바울의 비유를 "술로 충만해 취하지 말고 대신 성령으로 충만하라"는 말로 이해했었습니다. 그러나 바울은 그 방법에 대해서는 한마디도 언급하지 않았습니다. 그러나 사도행전과 에베소서에 나타난 성령 충만은 흥미로운 사실이 발견되었습니다. 사도행전은 성령이란 단어 앞에 어떤 전치사도 사용하지 않았습니다. 성령으로 번역되는 헬라어에 전치사를 붙여야 할 필요성을 인식한 번역자가 'with' 라는 전치사를 붙인 것입니다. 'with' 라는 전치사는 내용 또는 내용물의 의미를 담고 있기 때문입니다. 즉 신자들은 성령이라는 내용물로 충만해 있었던 것입니다. 그러나 에베소서 5장 18절의 경우 헬라어 원전에도 'with' 라는 전치사가 사용되고 있음을 알 수 있습니다. 물론 영어 성경에도 이 전치사 'with' 는 그대로 번역되고 있습니다. 그러나 이 조그만 전치사는 내용이나 내용물의 개념이 아닌 행위자의 개념을 전달해 줍니다. 즉 이 전치사 하나로 누가 성령 충만을 주도하는지 확연해지는 것입니다. 바울은 에베소 교인에게 성령으로 충만하기보다는(filled with the Spirit) 성령에 의해 충만함을 받으라(filled by with the Spirit)고 훈계했던 것입니다.

누군가 여러분에게 물 한 컵을 부탁했다고 생각해 보세요. 여러분은 물을 채워 주는 행위자가 될 것이며, 물은 채워지는 내용물이 될 것입니다. 바울은 채워 주는 행위자로 성령을 언급했습니다. 다시 말해 "성령이 여러분을 채우도록 하라"고 말한 것입니다. 그러면 의문점이 생길 것입니다. "무엇으로 나를 채우는가?"

에베소서 5:18에 나타난 술과의 비유를 살펴보면 그 답을 찾는데 도움이 될 것입니다. 바울은 '채운다(fill)' 는 단어를 '취한다(drunk)' 는 말과 동일하게 사용했습니다. 취한다는 것은 술을 마신다는 것 이상을 의미합니다. 취한다는 것은 알코올의 지배를 받는 것을 의미하며 몸과 마음과 영혼을 모두 알코올에 던져 버리는 것을 말합니다. 성령 충만을 받는 것, 또는 성령에 취하는 것은 어디까지나 자발적으로 우리 자신을 성령의 지배 하에 놓는 것을 말합니다. "술 취하지 말라(Be not drunk with wine)" 와 "성령 충만을 받으라(Be filled with the Spirit)"는 두 명령을 비교해 볼 때

술 취한 사람이 술에 의해 지배를 받고 통제되는 것처럼 당연히 성령 충만을 받는 사람은 성령의 지배와 통제를 받는다는 결론을 내릴 수 있습니다.

'성령 충만함을 받으라.'는 바울의 말은 수동적으로 앉아 성령이 우리 위에 부어지는 것을 기다리라는 뜻이 아니라 성령이 이미 우리 위에 임하신 상태입니다. 신자라면 여러분도 사도행전에 나오는 이들과 똑같은 식으로 이미 성령을 영접한 것입니다. 성령은 이미 여러분의 마음속에 영원한 당신의 거처를 지으셨습니다. 여러분은 이미 성령의 모든 것을 소유하고 있는 것입니다.

예수님, 바울도 성령 충만함을 입었습니다.
누가복음 4장 1절에서는 예수님이 성령의 충만함을 입었고, 사도행전 9장 17절에서는 바울이 성령 충만함을 입었습니다.

성경은 성령의 충만을 받으라고 명령합니다. "술 취하지 말라 이는 방탕한 것이니 오직 성령의 충만을 받으라."(엡 5: 18). 성령의 충만을 받지 않고 하나님의 일을 하려는 것은 방탕한 것이라고 말씀하십니다. 바울은 "성령의 충만함을 받으십시오." 라고 말할 때 현재 진행형 시제를 쓰고 있습니다. 우리에게 계속해서 성령으로 충만할 것을 격려하고 있는 것입니다.

- 성령 충만한 삶은 자유 가운데 사는 삶입니다(고후 3:6, 17).
- 성령 충만한 삶은 앉아 있는 것이 아니라 행하는 것입니다.
- 성령 충만한 삶은 달리는 것이 아니라 행하는 것입니다.
- 성령 충만한 삶은 인도함을 받아 사는 것입니다.
- 성령 충만한 삶은 드러나는 열매로 입증됩니다(갈 5:22-23).

- 성령 충만은 그리스도인들이 알고 있는 그 이상의 경험입니다.

핸들리 모울(Handly Moule) 박사는 "성령 충만한 영혼과 그렇지 않은 영혼 간의 차이는 물길이 막힌 우물과 장애물이 제거되어 물이 샘솟아 물이 가득 채워진 우물 간의 차이와 같은 것이다"라고 의미 있는 말을 했습니다.

앤드류 메레이는 성령으로 충만케 되는 것을 다음과 같이 표현하였습니다. "성령으로 충만케 되는 것은 지식이나 느낌보다 더 깊이 있는 감추인 내면에서 일어나는 것입니다. 그곳은 믿음으로 가까이하는 영역이며 우리가 깨닫거나 느끼기에 앞서 이미 우리가 거기 존재하며 소유하고 있는 영역입니다."

성령 충만의 목적은 무엇인가?

성령 충만의 목적은 죄를 이기는 권능을 얻기 위함입니다.

> 이는 그리스도 예수 안에 있는 성령의 법이 죄와 사망의 법에서 너를 해방하였음이라(롬 8:2).

> 또 내 신을 너희 속에 두어 너희로 내 율례를 행하게 하리니 내 규례를 지켜 행할지니라(겔 36:27).

성령 충만의 목적은 그리스도인으로서 봉사를 하기 위함입니다.

성령 충만은 봉사를 위한 그리스도인의 장비입니다. 성령 충만한 생활을 떠나서는 무력하나 성령에 힘입어 하나님 안에서 가장 강력합니다.

어떻게 성령 충만할 수 있는가?

1) 먼저 자기 자신을 살피고 모든 죄를 고백하고 회개하여야 합니다.

> 만일 우리가 우리 죄를 자백하면 저는 미쁘시고 의로 우사 우리 죄를 사하시며 모든 불의에서 우리를 깨끗케 하실 것이요(요일 1:9)

베드로는 오순절에 예루살렘에 모인 무리들에게 이렇게 설교했습니다.

> 베드로가 가로되 너희가 회개하여 각각 예수 그리스도의 이름으로 세례를 받고 죄 사함을 얻으라. 그리하면 성령을 선물로 받으리니(행 2:38)

예수님의 도우심을 힘입어 우리 삶의 모든 잘못된 것, 즉 잘못된 태도들, 잘못된 관계들, 잘못된 우선순위들, 잘못된 시간과 재물 사용, 잘못된 야망을 바로잡아야 합니다. 우리의 삶에서 모든 죄가 사라져야 합니다.

자신의 죄를 깨닫고 하나님께 자백하고 회개하면 죄에서 깨끗함을 받은 후 성령이 충만할 수 있습니다. 하나님은 깨끗한 그릇에 채우십니다.

> 그러므로 누구든지 이런 것에서 자기를 깨끗하게 하면 귀히 쓰는 그릇이 되어 거룩하고 주인의 쓰심에 합당하며 모든 선한 일에 예비함이 되리라 (딤후 2:21)

2) 하나님께 완전히 순종하고 드려야 합니다.

바울은 우리 자신을 하나님께 온전히 드리라고 명령하였습니다.

> 그러므로 너희는 죄로 너희 죽을 몸에 왕 노릇 하지 못하게 하여 몸의 사

욕을 순종치 말고 또한 너희 지체를 불의의 병기로 죄에게 드리지 말고 오직 너희 자신을 죽은 자 가운데서 다시 산 자같이 하나님께 드리며 너희 지체를 의의 병기로 하나님께 드리라 (롬 6:12-13)

베드로도 이렇게 말했습니다.

"사람보다 하나님을 순종하는 것이 마땅하니라." 이 말씀을 하신 것은 하나님께서 자신에게 순종하는 사람들에게 성령을 주시기 때문입니다 (행 5:32).

3) 성령님에 대한 목마름이 있어야 합니다.

예수님께서 팔복의 네 번째 복에서 이렇게 말씀하셨습니다. "의에 주리고 목마른 자는 복이 있나니 저희가 배부를 것임이요"

팔복의 처음 세 가지 복은 무엇이 그러한 주림과 목마름을 초래하는지를 분명하게 밝히고 있습니다. 첫째는 하나님의 시야로 나의 철저한 영적 가난을 깨닫는 것이요. 둘째는 나의 영적 상태를 깊이 슬퍼하는 것입니다. 셋째는 하나님께 "나의 뜻대로 마옵시고 아버지의 뜻대로 하옵소서."라고 말하는 겸손한 영혼입니다. 그 다음으로 하나님과 바른 관계를 맺고자 하는 이 위대한 갈망, 그분의 사랑과 능력으로 충만하기를 바라는 위대한 갈망이 임하는 것입니다. 예수님은 그런 사람이 "복이 있고, 배부른 사람"이라고 말씀하셨습니다.

4) 성령이 충만하도록 간구하여야 합니다 (눅 11:1-13).

예수님께서는 한밤중에 찾아 온 배고픈 방문객 때문에 당황한 한 사람에 관한 재미있는 이야기를 말씀하셨습니다. 그 사람은 그를 영접하고 즉시 이웃에게 찾아가 그 문을 두드리며 이렇게 말했습니다. "내 벗이 여행 중에 내게 왔으나 내가 먹일 것이 없노라." 그것이 성령에 대한 약속이 주어진 배경입니다. 우리는 개인적인 필요를 충분히 의식하고 있을 때, 도움을 청하러 우리를 찾아오는 사람들에게 영적으로 줄 것이 아무 것도 없을 때, 예수님은 우리에게 성령의 능력을 확신하라고 격려하십니다.

하나님을 영화롭게 하고자 하는 소원을 가지고 주님께 나아갈 때 불신과, 주저하거나 두려워하지 않고 구하면 그 소원을 이루어 주십니다.

너희가 악할지라도 좋은 것을 자식에게 줄줄 알거든 하물며 너희 천부께서 구하는 자에게 성령을 주시지 않겠느냐 하시니라(눅 11:13).

그러므로 내가 너희에게 말하노니 무엇이든지 기도하고 구하는 것은 받은 줄로 믿으라 그리하면 너희에게 그대로 되리라(막 11:24).

5) 마지막으로 성령 충만을 간구한 후에는 성령 충만했음을 믿고 감사를 드려야 합니다.

기도한 후 믿음으로 쫓아 아니하는 것은 죄입니다. 성령 충만함의 말씀은 이미 약속하셨습니다. 성령 충만함을 주심을 믿고 감사해야 합니다.

성령 충만하면 어떤 현상이 일어나는가?

(a) 구원받은 사실과 하나님의 자녀임에 대한 확신이 있습니다.

사람이 물과 성령으로 거듭나지 않으면 하나님의 나라를 볼 수 없느니라 (요 3:3).

성령이 친히 우리 영으로 더불어 우리가 하나님의 자녀인 것을 증거하시나니(롬 8:16)

(b) 하나님을 찬양하며 즐겁고 감사하는 마음과 순종하는 마음이 생깁니다.

성령은 우리의 우울하고 막힌 마음이 열리고 찬양이 가득차고 감사하는 마음으로 변화시킵니다. 또한 하나님께 순종하고 복종케 합니다.

술 취하지 말라 이는 방탕한 것이니 오직 성령의 충만을 받으라 시와 찬미와 신령한 노래들로 서로 화답하며 너희의 마음으로 주께 노래하며 찬송하며 범사에 우리 주 예수 그리스도의 이름으로 항상 아버지 하나님께 감사하며 그리스도를 경외함으로 피차 복종하라(엡 5:18-21)

그리스도의 말씀이 너희 속에 풍성히 거하여 모든 지혜로 피차 가르치며 권면하고 시와 찬미와 신령한 노래를 부르며 마음에 감사함으로 하나님을 찬양하고 또 무엇을 하든지 말에나 일에나 다 주 예수의 이름으로 하고 그를 힘입어 하나님 아버지께 감사하라 아내들아 남편에게 복종하라 이는 주 안에서 마땅하니라(골 3:16-18)

(c) 감동적이고 영적인 예배를 드리게 됩니다.

영이신 하나님께 예배를 드리기 위하여서는 우리가 영적이 되어야 합니다. 우리가 영적이 되기 위하여서는 성령의 충만한 인도함이 있어야 합니다(요 4:24). "하나님은 영이시니 예배하는 자가 신령과 진정으로 예배할지니라."

(d) 기도에 대한 문이 열립니다.

　기도는 하나님과의 교제입니다. 성령의 체험을 하게 되면 기도의 문이 열립니다. 성령님의 감동이 있으므로 기도하지 않을 수 없고 기도하면 깊이 들어갈 수 있습니다. 그리고 어느 때보다 기도에 확신이 있고 기도의 능력이 있습니다.

(e) 신앙생활에 활력이 생겨 예수 그리스도를 담대하게 증거합니다.

> 오직 성령이 너희에게 임하시면 너희가 권능을 받고 예루살렘과 온 유대와 사마리아와 땅 끝까지 이르러 내 증인이 되리라 하시니라(행 1:8)

　오순절에 성령이 임했을 때 힘 있게 예수님을 증거하였습니다. 그 결과 한 번에 3천 명이나 주님을 영접하였습니다.

(f) 성령의 능력이 강력하게 부어짐을 느낍니다.

　성령 충만한 사람이 설교하였을 때 능력이 나타납니다. 그리고 확실히 성령의 임재를 느낄 수 있고 성령의 임재 속에 안식이 있습니다.

(g) 예수 그리스도께 영광을 돌립니다.

> 그러하나 진리의 성령이 오시면 그가 너희를 모든 진리 가운데로 인도하시리니 그가 자의로 말하지 않고 오직 듣는 것을 말하시며 장래 일을 너희에게 알리시리라 그가 내 영광을 나타내리니 내 것을 가지고 너희에게 알리겠음이니라(요 16:13-14)

성령은 그리스도인으로 하여금 항상 자신보다는 예수 그리스도를 생각하게 해줍니다. 하나님은 우리가 성령 충만한 삶을 살기를 원하고 있습니다. 마귀는 우는 사자처럼 굶주린 뱀처럼 우리를 유혹하고 넘어뜨리려고 수시로 노리고 공격하고 있습니다. 마귀의 공격 목표는 목회자와 그리스도인의 가정입니다. 목회자를 넘어뜨리고 그리스도인의 가정을 파괴하려고 하고 있습니다. 그리고 하나님의 자녀를 낙담하고 좌절케 하는 여러 중독으로 고생하게 합니다. 이러한 것으로부터 승리하기 위해서는 하나님은 성령 충만함을 받으라고 명령하고 있습니다. 지금 우리는 영적으로 깨어서 매일 날마다 항상 성령 충만함을 받고 살아야 합니다. "성령의 충만을 받으라."

14. 성령을 좇아 행하여야 합니다.

사도 바울은 성령을 좇아 행하라고 갈라디아 교인들과 그리스도인들에게 명령 하였습니다.

내가 이르노니 너희는 성령을 좇아 행하라 그리하면 육체의 욕심을 이루지 아니하리라(갈 5:16)

그리스도 예수의 사람들은 육체와 함께 그 정과 욕심을 십자가에 못 박았느니라 만일 우리가 성령으로 살면 또한 성령으로 행할지니(갈 5:24-25)

많은 사람들이 그리스도 안에 거하며 그리스도인으로서 성결한 삶을 살지 못하는 이유는 하나님의 영이 내 안에 역사하심을 갖지 못했거나 성령님께서 인도하심을 온전히 따르지 못하기 때문입니다. 우리는 성령께서 바라는 것과는 정반대로 악한 일 하기를 좋아하는 본성을 지니고 있습니다. 그러므로 성령께서 인도하는 길을 따라 살며 선한 일을 하고자 하는 마음은 우리 본성의 욕망과는 정반대의 것입니다.

우리 속에 있는 이 두 힘은 서로 우리를 마음대로 조종하려고 끊임없이 싸우고 있습니다. 그리고 우리는 양쪽 틈에 끼여서 자유롭게 원하는 대로 할 수가 없습니다. 그러나 성령이 인도하는 대로만 따라 살면 더 이상 억지로 율법에 복종하려고 애쓸 필요가 없습니다.

여러분이 본성이 시키는 대로 육체의 욕망에 따라 살면 여러분의 생활은 다음과 같은 결과를 가져옵니다. 곧 더러운 생각, 육신의 쾌락을 찾는 마음, 우상숭배, 마술, 헐뜯음과 싸움, 질투와 분노, 언제나 자기 이익을 추구하는 일, 불평과 비판적인 태도, 자기의 작은 당파 외에는 모두 나쁜 것으로 인정하는 배타주의와 거기서 나오는 잘못된 교설, 시기, 살인, 술주정, 흥청대며 먹고 마시는 것 따위입니다. 전에도 말했지만 한 번 더 당부합니다. 누구든지 이런 생활을 하는 사람은 하나님 나라를 물려받을 수 없습니다.

"성령을 좇아 행하라."라는 다른 말로 성령의 인도하심을 따라 살라는 것입니다. 하나님이 우리에게 보내 준 성령은 우리 안에 거하면서 우리의 삶을 인도하고 우리의 도덕적 기준이 되어 줍니다. 또한 그는 우리에게 가야 할 길을 보여 주는 분이시기도 합니다. 성령은 차량의 움직임을 지시하는 교통 경찰관이나 관제탑에서 비행기의 이착륙을 지시하는 관제관 같은 존재가 아닙니다.

성령은 우리를 인도하시는 분이며 우리의 안내자입니다. 성령은 완벽한 속도로 우리를 인도하십니다. 성령은 항상 우리의 약한 부분과 강한 부분 모두를 고려하십니다. 인도자이며 안내자로서 성령의 주된 역할은 신자들을 거룩함으로 이끄는 것입니다.

하나님이 우리 각자에 대해 품고 계신 궁극적인 뜻은 우리 모두가 그리스도를 닮는 것입니다. 즉 하나님은 우리가 그리스도의 성품을 본받고 그가 행하신 것을 따르기를 바라십니다. 그러므로 안내자로서 성령의 주된 목표는 우리로 하여금 그리스도를 닮도록 만드는 것이라는 사실은 전혀 놀라울 것이 없습니다.

성령의 주된 목표는 우리를 의의 길로 인도하는 것입니다.

"무릇 하나님의 영으로 인도함을 받는 그들은 곧 하나님의 아들이라 성령을 좇아 행하는 것은 성령의 인도하심을 받는 것입니다"(롬 8:14).

바울은 우리의 내면에서 동전의 양면처럼 성령과 육체가 서로 갈등을 야기한다고 하였습니다. "육체의 소욕은 성령을 거스리고 성령의 소욕은 육체를 거스리나니 이 둘이 서로 대적함으로 너희의 원하는 것을 하지 못하게 함이니라."

성령님의 다스림을 막는 하나의 큰 세력은 육체의 소욕입니다. 바울은 로마서에서 이런 고백을 하였습니다.

"나의 행하는 것을 내가 알지 못하나니 곧 원하는 이것은 행하지 아니하고 도리어 미워하는 그것을 함이라....내가 원하는 바 선은 하지 아니하고 도리어 원치 아니하는바 악은 행하는 도다(롬 7:15, 19).

바울은 우리 자신의 힘과 의지로는 육체를 이길 수 없다는 것을 가르치고 있습니다. 바울은 육체의 일을 열거하였습니다.

육체의 일은 현저하니 곧 음행과 더러운 것과 호색과 우상 숭배와 술수와 원수를 맺는 것과 분쟁과 시기와 분 냄과 당 짓는 것과 분리함과 이단과 투기와 술 취함과 방탕함과 또 그와 같은 것들이라 전에 너희에게 경계한 것같이 경계하노니 이런 일을 하는 자들은 하나님의 나라를 유업으로 받지 못할 것이요(갈 5:19-21).

음행은 간통과 간음 이 둘을 합하여 표현하였습니다.
더러운 것은 사람을 타락시키는 마음과 정신의 부패를 말합니다.

호색은 부끄러움을 모르는 음탕한 마음을 말합니다.

술 취함과 방탕함은 같이 연결되어 있습니다.

우상숭배는 단순히 하나님보다 사물과 사람을 앞서 올려놓는 것을 말합니다. 하나님을 섬기는 것보다 사물과 사람을 경배하고 섬기는 것은 우상숭배에 빠질 위험이 있습니다(골 3:5).

술수란 말은 '파르케니아'라는 헬라말로 "약물사용"이란 뜻입니다. 바울 시대의 술사들은 자주 사악한 효과를 발생시키기 위하여 약물을 사용했었다고 합니다.

원수 맺는 것은 다른 이들을 물리치고 도전하고자 하는 마음인 적의를 뜻합니다.

시기는 건강하지 못한 경쟁심입니다.

분 냄은 분노의 표출을 뜻합니다.

당 짓는 것은 자기추구, 이기적 야심을 뜻합니다.

분리와 이단은 분리는 갈라섬을 의미하며 이단은 파벌의식으로 생기는 파당을 의미합니다. 즉 분열과 당파를 말합니다.

투기는 원한을 품다, 혹은 다른 사람의 것에 대한 깊은 욕심을 뜻합니다.

살인과 술 취함, 이러한 죄를 범하는 사람은 하나님의 나라를 유업으로 받지 못할 것입니다.

    바울은 죄의 습관을 말하는 것입니다. 옛 성품이 이러한 엄청난 죄를 범할 수 있고 하나님의 나라를 물려받을 수 없습니다. 그리스도인이 이러한 옛 성품을 어떻게 해결할 것인가요? 바울은 사악한 충동과 의를 행하고자 하는 마음이 자리 잡고 있는데 우리는 사악한 충동을 이기고 그 반대편에 서서 의를 실천해야 한다고 말하였습니다.

"내가 이르노니 너희는 성령을 좇아 행하라 그리하면 육체의 욕심을 이루

지 아니하리라"(갈 5:16).

성령님을 좇아 행하는 것만이 육체를 이길 수 있습니다.

성령을 좇아 행하는 것은 무엇인가?

1) 성령을 좇아 행하는 것은 즉각적으로 육체의 욕망을 거부할 수 있는 의지입니다.

성령을 좇아 행한다면 우리는 당연히 육체의 욕망을 거부하게 될 것입니다. "만일 우리가 성령으로 살면 또한 성령으로 행할지니"(갈 5:25) 이것은 다음과 같이 번역되어 있습니다. "우리가 성령으로 따라 살므로 성령과 보조를 맞추게 되었나니" 성령을 좇아 행하는 것이 사악한 욕망을 따라 행하는 일을 피할 수 있을 것입니다.

우리는 육신이 즐거워하는 일을 만족시킴으로써 육신의 일을 도모하지 말아야 합니다.

> "오직 주 예수 그리스도로 옷 입고 정욕을 위하여 육신의 일을 도모하지 말라"(롬 13:14).

2) 성령을 좇아 행하는 것은 바로 진리 안에서 행하는 것입니다.

진리와 친숙해질수록 거짓되며 그릇된 것을 찾아내는 것이 쉬워질 것입니다. 성경은 진리의 원천이며 성령이 사용하는 무기입니다. 예수님은 성령을 일컬어 진리의 영이라 하셨습니다.

> "저는 진리의 영이라 세상은 능히 저를 받지 못하나니 이는 저를 보지도

못하고 알지도 못함이라 그러나 너희는 저를 아나니 저는 너희와 함께 거하심이요 또 너희 속에 계시겠음이라"(요14:17).

인도자로서 성령이 하는 주된 역할 중 하나는 우리를 인도하는 것입니다. 따라서 우리가 영의 생각을 하면 우리의 마음은 진리로 가득 찰 것이며 항상 진리에 초점을 맞추게 될 것입니다.

"그러하나 진리의 성령이 오시면 그가 너희를 모든 진리 가운데로 인도하시리니 그가 자의로 말하지 않고 오직 듣는 것을 말하시며 장래 일을 너희에게 알리시리라"(요 16:13).

예수님은 자신을 진리라고 말씀하셨습니다.

"예수께서 가라사대 내가 곧 길이요 진리요 생명이니 나로 말미암지 않고는 아버지께로 올 자가 없느니라"(요14:6).

성령을 좇아 행하는 것은 진리이신 예수님 안에서 사는 것입니다.

3) 성령을 좇아 행하는 것은 성령의 인도하심을 받아 자유를 누리며 사는 것입니다.

"너희가 만일 성령의 인도하시는 바가 되면 율법 아래 있지 아니하리라"(갈 5:18).
율법은 우리가 자유를 누리지 못하게 하며 억누릅니다. 그러나 성령은 우리를 자유롭게 합니다. "주의 영이 거하는 곳에 자유 함이 있느니라." 성령 안에 거하면 자유 함이 있습니다. 자신이 자유롭다는 사실에 대한 확신이 없다면 아직 성령을 좇아 행하는 것이 아닙니다. 우리는 성령님의 인도하심을 받아 자유와 평안을 누리며 살아야 합니다.

4) 성령을 좇아 행하는 것은 매순간마다 성령을 의지하고 성령과 교감하며 살아가는 것입니다.

성령을 좇아 행하는 것은 자동적으로 이루어지는 일은 아닙니다. 성령을 좇아 행하기 위하여 우리가 담당해야 할 부분이 있습니다. 그것은 우리의 의지를 성령께 복종시키는 것입니다. 한 사람이 두 주인을 섬길 수 없습니다. 성령의 인도를 따르든가 아니면 육체의 욕망을 따르든가 그 둘 중의 하나밖에 할 수 없는 것입니다.

> **이와 같이 너희도 너희 자신을 죄에 대하여는 죽은 자요 그리스도 예수 안에서 하나님을 대하여는 산 자로 여길지어다. 그러므로 너희는 죄로 너희 죽을 몸에 왕 노릇 하지 못하게 하여 몸의 사욕을 순종치 말고 또한 너희 지체를 불의의 병기로 죄에게 드리지 말고 오직 너희 자신을 죽은 자 가운데서 다시 산 자같이 하나님께 드리며 너희 지체를 의의 병기로 하나님께 드리라 죄가 너희를 주관치 못하리니 이는 너희가 법아래 있지 아니하고 은혜 아래 있음이니라**(롬 6:11-14).

성령을 좇아 행하는 삶은 매순간마다 성령님을 의지하며 성령님을 교제하며 인도하심을 따라 사는 것입니다.

성령을 좇아 행하기 위해서 어떻게 해야 합니까?

1) 옛 성품은 십자가에 못 박아야 합니다.

> 그리스도 예수의 사람들은 육체와 함께 그 정과 욕심을 십자가에 못 박았느니라 (갈 5: 24).

우리 자신의 능력만 가지고 감당할 수 없으며 그리스도의 십자가의 능력에 힘입을 때에만이 가능합니다. 바울은 신자가 그리스도의 죽음과 장사지냄과 부활에 그리스도와 연합한다고 설명합니다. 그리스도께서 나를 위해서 돌아가신 것만이 아니라 나도 "그리스도와 함께 죽은 것" 입니다.

안드류 메레이는 성령을 좇아 행하기를 원하는 비결을 다음과 같이 소개하였습니다. "육체를 십자가에 못 박았느니라" 는 말씀을 이해하고 체험하는 것이 육체를 좇지 않고 성령을 좇아 행하는 비결입니다. 성령을 좇아 행하기를 원하는 사람이라면 누구나 육체를 십자가에 못 박은 것의 의미를 이해하고자 해야 합니다.

예수 그리스도는 십자가 위에서 돌아가심으로써 우리와 죄악간의 관계를 바꾸어 놓으셨습니다. 그리스도를 구세주로 믿을 때 우리는 그에게 속하게 되었고 죄악의 노예 된 상태에서 해방되었습니다. 성령을 좇아 행하기 위해서는 여러분이 죄악에서 해방되었다는 사실을 깨달아야만 합니다.

2) 성령을 좇아 행하기 위해서는 영의 생각을 해야 합니다.

성령을 좇아 행하는 데 있어 우리의 생각과 실제적인 능력 사이에는 중요한 관계가 있습니다.

> 육신을 좇는 자는 육신의 일을, 영을 좇는 자는 영의 일을 생각하나니 육신의 생각은 사망이요 영의 생각은 생명과 평안이니라. 육신의 생각은 하나님과 원수가 되나니 이는 하나님의 법에 굴복치 아니할 뿐 아니라 할 수도 없음이라. 육신에 있는 자들은 하나님을 기쁘시게 할 수 없느니라
> (롬 8:5-8).

우리가 꼭 알아야 할 것이 있습니다. 우리의 마음속에 떠오르는 생각에 대해 우리 자신은 책임이 없다는 사실입니다. 우리에게는 마음속에 떠다니는 생각을 지배할 권한이 없습니다. 사악한 생각, 그 자체가 죄악이 아닙니다. 그런 사악한 생각을 붙잡고 그 안에 머무르고자 하는 것, 바로 그것이 죄악인 것입니다.

> "나는 너희에게 이르노니 여자를 보고 음욕을 품는 자마다 마음에 이미 간음하였느니라"(마 5:28).

우리가 어떤 생각을 하는가에 따라 우리가 따르게 될 존재(사탄 또는 그리스도)와 우리의 행동이 결정됩니다. 성령을 좇아 행하기 위해서는 영의 생각을 해야 합니다.

바울이 말하고자 한 것은 성령 자체에 대해서가 아니라 성령과 관련된 일들에 대해서 생각하라는 것입니다. 육의 생각에 대한 이야기도 그런 식으로 받아들이면 될 것입니다. 우리를 미혹하고 타락시키는 것은 육신 그 자체에 대한 생각이 아닙니다. 육신과 관련된 일들에 대해 생각할 때 우리

는 곤경에 빠지게 되는 것입니다.

　많은 사람들이 성령을 좇아 행하는 것은 성령의 가르침대로 행동하는 것이라고 생각했습니다. 그래서 선한 행동을 하는 일에만 전념했습니다. 그러나 아무리 열심을 다해 노력해도 선한 행동을 계속 이어갈 수 없었습니다. 사악한 행위는 두 번씩 저질러집니다. 한 번은 머리로, 그리고 또 한 번은 행동을 통해 저질러지는 것입니다. 우리의 행동이 사악해지지 않으려면 우선 우리의 마음이 사악해지는 것을 막아야 합니다. 즉 우리 자신이 저지를 수 있는 사악한 행동과의 싸움에서 승리하려면 먼저 사악한 마음과의 싸움에서 승리해야 합니다.

　많은 사람들이 사악한 마음과의 싸움에서 오랫동안 패배를 거듭했었습니다. 그 이유는 내가 마음보다는 행동에 거의 모든 주의를 기울였기 때문입니다.

　성령을 좇아 행하기 위해선 먼저 영의 생각을 해야 합니다. 그것은 우리의 생각이 진리로 가득 차는 것을 의미합니다.

3) 성령을 좇아 행하기 위해서는 진리와 상충되는 어떤 생각도 용납하지 않는 자세를 가져야 합니다.

　진실과 상충되는 것은 성령에게 속한 것이 아니며 성령에게 속하지 않은 것은 무엇이 됐든 우리가 성령의 인도하심을 따르는 데 방해가 되기 때문입니다. 그러므로 성령을 좇아 행하기 위해서는 우리의 마음을 지키는 일에 많은 신경을 써야만 합니다. 그러므로 영의 생각을 하는 것이 얼마나 중요한지 모릅니다. "모든 이론(그릇된 상상)을 파하며 하나님 아는 것을 대적하여 높아진 것을 파하고 모든 생각을 사로잡아 그리스도에게 복종케 하니"(고후 10:5). "모든 생각을 사로잡아 그리스도에게 복종케 하니" 이것은 근본적으로 영적 싸움입니다.

거짓되고 음탕하며 우리 자신을 파멸시킬 생각이 우리 마음에 떠오를 때 바울은 이렇게 말하라고 하신 것입니다. "그것을 물리치라! 그것이 무엇인지 인식하고 그것을 거짓이라 부르며 그것에 대한 생각을 거부하라. 그리고 진실 된 것을 생각하며 즉각 그 진실 된 것을 행하라!" 모든 그릇된 상상을 파하고 모든 생각을 포로로 잡아 그리스도께 복종시키면 내 삶에 즉각적인 변화를 가져옵니다. 성령님은 하나님의 말씀을 무기 삼아 하나님의 자녀들에게 대적하는 거짓을 폭로하고 파괴합니다.

4) 성령을 좇아 행하기 위해 먼저 치러야 할 전투가 있습니다.

그것은 어떤 행동을 하고픈 유혹이 아니라 진실과 상충되는 어떤 것에 눌러앉으려는 유혹과의 전투인 것입니다. 어디에 주의를 기울일 것인가를 결정하는 전투입니다. 그것만이 육신의 욕망에 휘둘리는 것을 방지할 수 있는 유일한 방법입니다. 이것을 깨달아야 다음의 성경 구절들이 새로운 의미로 다가옵니다.

> 그러므로 너희 마음의 허리를 동이고 근신하여(벧전 1:13).
> 위엣 것을 생각하고 땅엣 것을 생각지 말라(골 3:2).
> **너희는 이 세대를 본받지 말고 오직 마음을 새롭게 함으로 변화를 받아** (롬 12:2).
> 종말로 형제들아 무엇에든지 참되며 무엇에든지 경건하며 무엇에든지 옳으며 무엇에든지 정결하며 무엇에든지 사랑할 만하며 무엇에든지 칭찬할 만하며 무슨 덕이 있든지 무슨 기림이 있든지 이것들을 생각하라(빌 4:8).

생각 또는 마음이란 단어를 이렇게 강조하고 있는 것은 전혀 이상한 일은 아닙니다. 마음이 가는 데로 몸도 간다는 말이 있습니다. 만약 우리가 그릇된 행동을 하고픈 유혹을 이겨내는 일에 앞서 거짓된 마음이 우리 안에 자리 잡지 못하도록 해야 한다는 사실을 깨닫지 못한다면 우리의 행동이 변화될 가능성은 전혀 없습니다.

성령을 좇아 행하기 위해서 우리가 해야 할 전투는 기도입니다.

킬 패트릭 목사님은 "나는 무엇보다도 열심히 기도하리라. 그리고 내가 기도하는 한 그 어떤 세력도 나의 교회와 가정과 나 자신을 허물어뜨리지 못하리라!"

킬 패트릭 목사님은 펜사콜라 대 부흥이 일어나기 전 2년 반 전에 주일 밤에 드리는 기존의 예배와 성경 공부를 없애고 기도회를 시작했는데 사람들이 주일 밤에 참석하지 않으면 어쩌나 하고 염려되었다고 합니다. 그러나 하나님께서는 마태복음 21장 31절 말씀을 일깨워 주셨다고 합니다.

"내 집은 만민이 기도하는 집이라 일컬음을 받으리라" 이 명령을 순종하여 1992년 8월 주일 밤부터 최초의 기도모임을 열었습니다. 주일밤 기도모임에 참석인원이 줄어들까 걱정했던 것과는 반대로 참석자가 이십 배 이상으로 늘어났습니다. 이렇게 해서 주일 밤 기도모임은 3년 동안 계속되었습니다. 부흥의 원동력은 중보 기도로 영적 전투를 하였던 것입니다.

여러분의 생각이 어디에 초점을 맞추고 있는가에 따라 여러분이 가는 길도 정해집니다. 그러므로 성령을 좇아 행하기 위해서는 성령과 관련된 것들을 생각해야 합니다. 성령님이 진리 가운데 인도할 것입니다. 그러나 성령은 여러분이 의지를 무시한 채 억지로 끌고 가진 않을 것입니다. 바로 여기에 여러분이 담당해야 할 부분인 여러분의 마음에서부터 시작해야 합니다. 성령님은 우리가 그를 따르게 될 때까지 기다리십니다.

성령을 좇아 행하는 사람은 매순간 성령을 절대적으로 의지하고 성령님과 교감을 나누며 살아갑니다. 이제 우리들도 성령님을 좇아 행하는 삶을 살아가야 하겠습니다. "우리가 성령으로 살면 또한 성령으로 행할지니"(갈5:24). 우리는 육체와 함께 정과 욕심을 십자가에 못 박아야 합니다. 그리고 다시 새로운 생각인 영의 생각을 가지고 진리의 영인 성령을 좇아 행하는 삶을 시작하는 것입니다.

15. 오늘날 성령의 부어 주심을 받아야 합니다.

요엘 선지자는 말세에 하나님의 자녀들에게 성령을 부어 주실 것을 예언하였습니다.

그 후에 내가 내 신을 만민에게 부어 주리니 너희 자녀들이 장래 일을 말할 것이며 너희 늙은이는 꿈을 꾸며 너희 젊은이는 이상을 볼 것이며 그 때에 내가 또 내 신으로 남종과 여종에게 부어 줄 것이며 내가 이적을 하늘과 땅에 베풀리니 곧 피와 불과 연기 기둥이라 여호와의 크고 두려운 날이 이르기 전에 해가 어두워지고 달이 핏빛같이 변하려니와 누구든지 여호와의 이름을 부르는 자는 구원을 얻으리니 이는 나 여호와의 말대로 시온 산과 예루살렘에서 피할 자가 있을 것임이요 남은 자 중에 나 여호와의 부름을 받을 자가 있을 것이니라(욜 2:28-32).

이는 곧 선지자 요엘로 말씀하신 것이니 일렀으되 하나님이 가라사대 말세에 내가 내 영으로 모든 육체에게 부어 주리니 너희의 자녀들은 예언할 것이요 너희의 젊은이들은 환상을 보고 너희의 늙은이들은 꿈을 꾸리라 그 때에 내가 내 영으로 내 남종과 여종들에게 부어 주리니 저희가 예언할 것이요 또 내가 위로 하늘에서는 기사와 아래로 땅에서는 징조를 베풀리니 곧 피와 불과 연기로다 주의 크고 영화로운 날이 이르기 전에 해가 변하여 어두워지고 달이 변하여 피가 되리라 누구든지 주의 이름을 부르는 자는 구원을 얻으리라 하였느니라 이스라엘 사람들아 이 말을 들으라 너희도 아는 바에 하나님께서 나사렛 예수로 큰 권능과 기사와 표적을 너희 가운데서 베푸사 너희 앞에서 그를 증거하셨느니라(행 2:16-22).

성령을 부어 주실 것을 요엘 선지자가 예언하였습니다. 그 예언을 베드로 사도가 오순절 설교를 하면서 인용하였습니다. "말세에 내가 내 영으로 모든 육체에게 부어 주리니 너희의 자녀들은 예언할 것이요 너희의 젊은이들은 환상을 보고 너희의 늙은이들은 꿈을 꾸리라 그 때에 내가 내 영으로 내 남종과 여종들에게 부어 주리니 저희가 예언할 것이요"

천지 창조시 성령님은 하나님으로부터 생명의 성령으로 나오셨습니다. 하나님은 사람들을 흙으로 만드시고 성령인 생령을 불어 넣으셨습니다.

성부 하나님이 예수님에게 성령을 풍성하게 주셨습니다.

그의 증거를 받는 이는 하나님을 참되시다 하여 인 쳤느니라 하나님의 보내신 이는 하나님의 말씀을 하나니 이는 하나님이 성령을 한량없이 주심이니라(요 3:33-34).

하나님이 오른손으로 예수를 높이시매 그가 약속하신 성령을 아버지께 받아서 너희 보고 듣는 이것을 부어 주셨느니라(행 2:33).

표준새번역 개정판

하나님께서 이 예수를 높이 올리셔서 자기의 오른쪽에 앉히셨습니다. 그는 아버지로부터 약속하신 성령을 받아서 우리에게 부어 주셨습니다.

여러분은 지금 이 일을 보기도 하고 듣기도하고 있습니다.

> 하나님이 나사렛 예수에게 성령과 능력을 기름 붓듯 하셨으매 저가 두루 다니시며 착한 일을 행하시고 마귀에게 눌린 모든 자를 고치셨으니 이는 하나님이 함께 하셨음이라(행 10:38).

하나님 아버지께서 약속하신 성령이 오순절 다락방에 모인 사람들에게 강림하셨습니다.

> 오순절 날이 이미 이르매 저희가 다 같이 한 곳에 모였더니 홀연히 하늘로부터 급하고 강한 바람 같은 소리가 있어 저희 앉은 온 집에 가득하며 불의 혀같이 갈라지는 것이 저희에게 보여 각 사람 위에 임하여 있더니 저희가 다 성령의 충만함을 받고 성령이 말하게 하심을 따라 다른 방언으로 말하기를 시작 하니라(행 2:1-4).

베드로는 성령 충만하여 성령의 부어 주심에 대한 설교를 하였습니다. 이 설교를 듣는 사람들이 성령의 선물과 세례를 받았습니다.

> 베드로가 가로되 너희가 회개하여 각각 예수 그리스도의 이름으로 세례를 받고 죄 사함을 얻으라 그리하면 성령을 선물로 받으리니 이 약속은 너희와 너희 자녀와 모든 먼 데 사람 곧 주 우리 하나님이 얼마든지 부르시는 자들에게 하신 것이라 하고 또 여러 말로 확증하며 권하여 가로되 너희가 이 패역한 세대에서 구원을 받으라 하니 그 말을 받는 사람들은 세례를 받으매 이 날에 제자의 수가 삼천이나 더하더라 저희가 사도의 가르침을 받아 서로 교제하며 떡을 떼며 기도하기를 전혀 힘쓰니라(행 2:38-42).

베드로의 설교를 듣고 많은 사람들이 회개하고 성령을 선물로 받았습니다.

> 베드로가 가로되 너희가 회개하여 각각 예수 그리스도의 이름으로 세례를 받고 죄 사함을 얻으라 그리하면 성령을 선물로 받으리니 이 약속은 너희와 너희 자녀와 모든 먼 데 사람 곧 주 우리 하나님이 얼마든지 부르시는 자들에게 하신 것이라 하고 또 여러 말로 확증하며 권하여 가로되 너희가 이 패역한 세대에서 구원을 받으라 하니 그 말을 받는 사람들은 세례를 받으매 이 날에 제자의 수가 삼천이나 더하더라 저희가 사도의 가르침을 받아 서로 교제하며 떡을 떼며 기도하기를 전혀 힘쓰니라(행 2:38-42).

오늘날 성령의 부어 주심은 절정에 다다르고 있습니다.

현재 한국, 중국, 인도, 아프리카에 성령님의 부어 주심이 풍성하게 임하고 있습니다. 지난 5월에 베니 힌 목사님이 인도에서 집회를 하였는데 3백만 명이 운집하고 수천 명의 사람들이 치유 받고 수백만 명이 구원을 받았다고 합니다.

지금 아프리카 모잠비크에는 성령의 부어 주심이 놀랍게 임하고 있습니다. 그중에 아프리카에서 선교사역으로 추수와 부흥을 일으키고 있는 하이디 베이커 선교사 부부가 쓴 "항상 부족함이 없으리로다." 책에 있는 것을 다음과 같이 소개합니다.

우리가 가장 좋아하고, 가장 기억하고 싶은 집회들 중의 하나는 중앙 모잠비크의 돈도(Dondo)에서 2001년 늦은 10월에 있었던 집회이다. 마크 듀퐁(Marc Dupont)은 서방 세계로부터 확산되어지면서 온 세상을 덮으며, 가난한 자들에게 임할 마지막 시대의 부흥에 대하여 예언하였다.

우리는 하나님의 영광이 우리 센터들 위에서 운행하시는 것을 느꼈다.

우리는 건물들이나 카페트도 없다. 우리의 얼굴들은 먼지로 뒤 덮여있다. 하지만, 마크 듀퐁은 너무 밝은 하나님의 광채로 인하여 앞을 볼 수 없었다. 그래서 내가 연단으로 기어 올라갔다. 나도 하나님의 영광이 너무 무서웠기 때문에 서있을 수 없었다.

나는 성령님께서 그가 원하시는 모든 것을 할 수 있도록 환영하였다. 거의 모든 사람들이 쓰러졌다. 아무도 그들을 만지지 않았다. 우리가 기도해 준 첫 번째 사람은 청각 장애와 시각 장애를 가지고 있는 사람이었는데, 즉시로 치유함을 받았다. 악한 영들이 쫓겨나갔다. 어떤인간의 노력도 없었다. 어린아이들은 눕고, 얼굴을 땅에 대고, 손을 흔들고, 울기도 하고 웃기도 했으며, 하나님의 것들에 완전히 빠져있었다. 그 시간은 잊을 수 없는 거의 확정적인 시간이었다. 그 후, 사람들은 하나님과 사랑에 빠지게 되었고, 예수님과 그의 선하심으로 가득 찬 채 일어나서 수백 개가 넘는 교회들을 개척하였다.

오늘날은 롤랜& 하이드 선교사를 통하여 모잠비크에 성령의 역사로 대 부흥이 일어나서 표적과 기사 그리고 치유를 통해 7,000개 이상의 교회가 세워지고 주변 나라에게 성령이 강하게 임하고 있습니다. 최근에 말세에 부어 주신다고 약속한 "성령의 부어 주심" 으로 역사하고 있습니다.

성령님은 지금도 살아 계셔서 우리와 함께 하실 뿐만 아니라 한량없이 부어 주십니다. "주여, 성령을 거두지 마시고 주의 성령을 더 부어 주옵소서!"

16. 성령님과 친밀함을 누려야 합니다.

사랑의 성령님, 거룩하신 성령님, 진리의 성령님 하나님께서 성도들과 함께 친밀하게 지내고 싶어 하지만 많은 성도들은 성령님을 무시하고 살아가고 있습니다. 그리고 교회에서도 성령님에 관심이 없거나 무시하여 친밀함에서 주시는 축복을 누리지 못합니다. 그 이유는 많은 성도들이 하나님과 친밀함을 누리는 방법을 모르고 나아가고 있습니다. 우리가 바르게 알아야 할 것은 예수님과 친밀함을 누리려면 먼저 성령님과 친밀함을 누려야 합니다.

예수님이 이 땅에 계실 때 유대인들도 예수님을 무시하면서 하나님과 직접 교통하려고 하였습니다.

"너희가 나를 알았더면 내 아버지도 알았으리로다 이제부터는 너희가 그를 알았고 또 보았느니라"(요 14:7).

예수님을 알아야 아버지를 알 수 있듯이 성령님을 알고 만나야 하나님을 알 수 있습니다.

성령님의 조명과 도움 없이는 예수님과 바른 관계를 유지하지 못합니다. 그 이유는 하나님 아버지는 이 땅에 계시지 않고 천국에 계십니다. 그리고 예수님께서도 더 이상 지상에 계시지 않습니다. 그러나 성령님은 우리와 함께 지구상과 성도들의 마음 안에 있기 때문입니다. 여러분이 성령님을 알면, 곧바로 예수님을 알게 됩니다. 성령님과 예수님은 하나입니다. 곧 "그리스도의 영"이라고 불리웁니다(롬 8:9).

우리는 성령님은 어떤 분으로 성도들과 친밀하게 지내고 싶어하신지를 알고 누려야 합니다.

성령님은 인격을 가지신 분으로 성도들과 친분관계를 맺고 친밀함을 누리기를 원하십니다. 성령님은 지식과 의지와 감정을 가지신 분이십니다. 그리고 성령님은 말씀하십니다. 야보고 사도는 성령님이 우리를 사모하신다고 말씀하였습니다.

> "너희가 하나님이 우리 속에 거하게 하신 성령이 시기하기까지 사모한다 하신 말씀을 헛된 줄로 생각하느뇨"(약 4:5).

인간을 창조하신 능력의 성령님이 우리와 동행하시기를 원하십니다. 인간을 창조하실 때 성부 하나님, 성자 예수님, 성령님이 함께 하셨습니다.

> 하나님이 가라사대 우리의 형상을 따라 우리의 모양대로 우리가 사람을 만들고 그로 바다의 고기와 공중의 새와 육축과 온 땅과 땅에 기는 모든 것을 다스리게 하자 하시고(창 1:26).
> 하나님의 신이 나를 지으셨고 전능자의 기운이 나를 살리시느니라 (욥 33:4).

주의 영을 보내어 저희를 창조하사 지면을 새롭게 하시나이다(시 104:30).

처녀의 몸에서 예수님을 잉태하신 성령님이 우리와 동행하시기를 원하십니다. 예수님께서 인간의 몸을 입으신 성육신 하신 것은 성령의 능력에 의해 탄생하셨습니다.

예수 그리스도의 나심은 이러하니라 그 모친 마리아가 요셉과 정혼하고 동거하기 전에 성령으로 잉태된 것이 나타났더니(마 1:18).

이 일을 생각할 때에 주의 사자가 현몽하여 가로되 다윗의 자손 요셉아 네 아내 마리아 데려오기를 무서워 말라 저에게 잉태된 자는 성령으로 된 것이라(마 1:20).

그가 내게 일러 가로되 여호와께서 스룹바벨에게 하신 말씀이 이러하니라 만군의 여호와께서 말씀하시되 이는 힘으로 되지 아니하며 능으로 되지 아니하고 오직 나의 신으로 되느니라(슥 4:6).

예수님과 동일한 다른 분이신 성령님이 우리와 함께 계시면서 친밀함을 누리기를 원하십니다.

너희가 나를 사랑하면 나의 계명을 지키리라 내가 아버지께 구하겠으니 그가 또 다른 보혜사를 너희에게 주사 영원토록 너희와 함께 있게 하시리니 저는 진리의 영이라 세상은 능히 저를 받지 못하나니 이는 저를 보지도 못하고 알지도 못함이라 그러나 너희는 저를 아나니 저는 너희와 함께 거하심이요 또 너희 속에 계시겠음이라 내가 너희를 고아와 같이 버려 두지

아니하고 너희에게로 오리라(요 14:15-18).

예수님께서 제자들을 떠나기 바로 전에 하신 아버지께 구하는 것이 "다른 보혜사를 너희에게 주사 영원토록 너희와 함께 있게 하리니 그는 진리의 영이라"라고 말씀하셨습니다. "다른 보혜사"이신 성령님은 예수님과 같은 종류의 다른 한쪽입니다. 그리고 '보혜사'는 신자들의 편에서서 돕기 위해 부르심을 받은 "변호인, 대변인, 상담자"을 말합니다. 즉 예수님이 우리들의 대언자(요일 2:1)이듯이 성령님도 똑같이 성도들을 돕기 위한 가장 좋은 변호사가 계시는 분이십니다.

예수님께서는 그의 제자들에게 내가 너희와 함께 한 것과 같이 동일한 방법으로 성령님이 너희와 함께 하실 것이라고 말씀을 하셨습니다.

"그러하나 내가 너희에게 실상을 말하노니 내가 떠나가는 것이 너희에게 유익이라 내가 떠나가지 아니하면 보혜사가 너희에게로 오시지 아니할 것이요 가면 내가 그를 너희에게로 보내리니"(요 16:7).

예수님이 떠나시는 것이 좋은 일들이 있습니다. 그 이유는 보혜사 성령님이 오시기 때문입니다. 만약 예수님이 지상에 머문다면 사람들이 예수님을 만나려고 북새통을 이루며 아무나 만나기가 어려울 것입니다. 그러나 성령님은 주무시지도 않고 우리와 24시간 함께 하십니다. 그러므로 언제나 성령님과 대화를 나누고 싶으면 뵐 수 있고 신실하게 이야기를 할 수 있습니다.

신약 성경에서 하나님의 신실한 사람들은 성령님과 동행하고 친밀한 대화를 나누었습니다.

빌립: 성령이 빌립더러 이르시되 이 병거로 가까이 나아가라 하시거늘(행 8:29).

베드로: 베드로가 그 환상에 대하여 생각할 때에 성령께서 저더러 말씀하시되 두 사람이 너를 찾으니 일어나 내려가 의심치 말고 함께 가라 내가 저희를 보내었느니라 하시니(행 10:19-20).

바울: 성령이 아시아에서 말씀을 전하지 못하게 하시거늘 브루기아와 갈라디아 땅으로 다녀가무시아 앞에 이르러 비두니아로 가고자 애쓰되 예수의 영이 허락지 아니하시는지라(행 16:6-7).

사도 바울은 성령님과 교통하시기를 간절히 선포하였습니다.

> 주 예수 그리스도의 은혜와 하나님의 사랑과 성령의 교통하심이 너희 무리와 함께 있을지다(고후 13:13).

잔 베비어 목사님은 "교통"이라는 단어를 다음과 같이 연구한 것이 우리에게는 귀한 도움이 되었습니다.

첫째는 "성령의 친교하심"으로 친하게 교제 나누기 것을 말한다.
둘째는 "성령의 공유하심"으로 생각과 감정을 함께 나누는 것을 말한다.
셋째는 "성령의 파트너쉽"으로 동역자로 공동 협력관계를 의미한다.
넷째는 "성령의 밀접한 상호연합"으로 밀접한 상호관계에 관한 것이다.

다섯 번째는 성령의 교통을 "친밀함"으로 정의하였다. 그래서 이렇게 번역하였습니다. "성령님과의 우정의 친분관계가 여러분 모두에게 이루어지기를 축원합니다."

잔 베비어 목사님은 성령의 교통을 가장 흡사하게 생각한 단어는 "친밀함"이라고 생각하였습니다. '나는 바로 이 친밀함이라는 것이 '성령의 교통' 이라는 단어와 가장 흡사하다고 생각한다"

성령님은 우리와 친구가 되어 친밀한 교제를 나누기를 원하십니다. 성령님은 하나님으로, 성령님은 능력을 가지는 분으로 우리를 도와주고 우리에게 능력을 주셔서 하나님을 위하여 살기를 원하십니다.

진리의 성령님, 능력의 성령님, 친구와 같은 성령님, 예수님과 같은 보혜사 성령님이십니다. 성령님은 우리 곁에 계셔서 도움을 필요한 사람, 영적으로 배고픈 사람, 성령님을 사모하는 사람들에게 반드시 찾아 오셔서 도와 주십니다. 우리는 이런 성령님을 바로 알고 그분의 말씀을 듣고 그분을 사랑하며 함께 접촉하며 친밀한 대화를 나누는 축복을 누려야 하겠습니다.

참고도서

- 오스왈드 J 스미스, 성령의 권능을 받을 때 / 여일사
- J. I 패커, 성령을 아는 지식 / 새순출판사
- 캠벨몰간, 성령론 / 아가페
- 니키 검볼, 인생의 의문점들? / 서로사랑
- 사무엘 채드윗, 성령을 체험하셨나요? /소망사
- R.A. Torrey, 너희가 믿을 때에 성령을 받았느냐? / 한국양서
- 척 스미스, 진짜 성령의 은사 가짜 성령의 은사 / 나침반
- 레슬리 B. 플린, 성령의 19가지 은사 / 아가페
- 데이비드 왓슨, 성령 안에서 하나 주 안에서 하나 / 햇불
- R.C 스플룰, 성령의 신비 / 생명의 말씀사
- R.C 스플룰, 영혼의 갈망 / 생명의 말씀사
- 디. 마틴 로으드죤즈, 성령론 / 새순출판사
- 스탠리 M. 홀톤, 성경이 말하고 있는 성령 / 서울서적
- 데니스. 리타 베네트, 성령과 나 / 두란노
- 아더 핑크, 성령론 / 풍만
- 빌 브라♡, 능력있는 삶과 성령 / 순출판사
- 프란시스 맥너드, 성령의 권능이 임할 때 / 예루살렘
- H. B 수웨트, 신약 속의 성령 / 은성
- 팀 라헤이, 성령과 기질 / 생명의말씀사
- 존 T. 시먼즈, 성령의 충만을 받으라 / 세복
- 로이드 존스, 성령세례, /기독교문서선교회
- 잭 하일즈, 성령님을 만나세요 / 두란노
- 베니 힌, 성령님 안녕하세요 / 은혜출판사
- 베니 힌, 어서오세요 성령님 / 은혜출판사

- 스티븐 하퍼, 성령과 동행하라 / 세복
- 레만스트라우스, 성령론 / 생명의말씀사
- 릭 욘, 은사를 사모하는 그리스도인 / 두란노
- 웨슬리 듀엘, 부흥의 불길 / 생명의말씀사
- 니키 검불, 알파 시작하기 / 서로사랑
- 라인하르트 본케, 성령의 은사와 능력 / 서울말씀사
- 라인하르트 본케, 타오르는 전도의 열정 / 서울말씀사
- 부루스 윌킨슨, 영적 도약의 경험 / 규장
- A. B. 심슨, 성령님에 대한 묵상 / 두란노
- 안드류 메레이, 성령 / 벧엘
- 제이미 버킹햄, 주의 성령을 거두지 마옵소서 / 서로사랑
- 잭 디어 박사, 놀라운 성령의 능력 / 은성
- 허 철, 이제 나는 성령님을 알아요 / 은혜출판사
- 허 철, 내가 내 영으로 부어 주리니 / 은혜출판사
- 허 철, 마지막 때의 기름부으심 / 은혜출판사
- 허 철, 성령 안에 거하는 삶 / 은혜출판사
- 허 철, 치유하는 믿음의 사람 / 은혜출판사
- 스미스 위글스워스, 항상배가하는 믿음 / 순전한 나드
- 데이스& 리타 베넷, 성령님과 당신 / 서로사랑
- 존 베비어, 날마다 하나님께로 더가까이 / 순전한나드

성령님을 아는 놀라운 지식

지은이   허 철

초판발행   2006년 8월 12일
2쇄발행   2009년 5월 25일

펴낸이   허 철
펴낸곳   도서출판 순전한 나드
등록번호   제 313-2003-00162
주 소   서울시 서초구 양재동 289-4 다모빌딩 3층
도서문의   02)574-6702 / 010-6214-9129
         Fax. 02)574-9704
홈페이지   www.purenard.co.kr

ISBN   89-91455-53-0 03230

PURE  NARD